KB033368

감정들

감정들

자기 관찰을 통한 내면 읽기

김성환 지음

교양인
GYOYANGIN

감정은 매우 흥미로운 주제이다. 감정, 또는 정서라 불리는 그 것은 온갖 방식으로 전개되는 일상 경험의 정수와도 같은 것으로 서, 우리가 특정 방식으로 반응하고 행동하는 이유를 설명하는 열 쇠 역할을 해준다. 그래서인지 사람들은 오래전부터 그 주변을 맴 돌면서 감정이라는 이 문제에 끊임없이 관심을 기울여 왔다. 한편, 감정은 상당히 골치 아픈 문젯거리이기도 하다. 그것은 대체로 이 몸보다도 더 가까운 어딘가에서 일어났다 사라지기를 반복하면서 경험 당사자를 끊임없이 괴롭혀댄다. 감정이 일단 안으로부터 솟 아나 관심을 호소하기 시작하면, 억지로라도 신경을 써주는 수밖 에는 다른 도리가 없다. 감정으로부터 달아난다는 건 현실적으로 불가능한 일이기 때문이다.

이처럼 감정이라는 것은, 한편으로는 관심을 끌어들이면서, 그 리고 다른 한편으로는 관심을 거의 강요하다시피 하면서 오랜 세 월에 걸쳐 사람들의 이목을 집중시켜 왔다. 마치 자신을 이해해 달라고 호소하기라도 하듯이. 하지만 그럼에도 불구하고 이 감정이라는 것의 본성은 여전히 어둠 속에 가려져 있다. 정서에 인접한 주변 대상들의 변화 방식 등에 관해서는 많은 사실이 밝혀졌지만, 정작 감정의 진행 과정 그 자체에 대해서는 알려진 바가 별로 없다. 감정과 연계된 현상들에 몰두하느라 감정에 대한 경험적 탐구 작업을 너무 소홀히 해왔기 때문이다.

그렇다면 사람들은 왜 감정 자체를 직접 들여다보지 않는 것일까? 그것은 아마도 감정이라는 것이 너무 가까이 있기 때문일 것이다. 감정이라는 것은 관찰자와 사실상 밀착해 있다시피 하기 때문에 객관적으로 바라보기가 결코 쉽지 않다. 게다가 감정은 일어남과 거의 동시에 습관적 반응 속으로 몸과 마음을 끌어들이기 때문에 관찰 대상으로 삼기가 더더욱 힘들다.

하지만 그렇더라도 감정을 관찰하는 것은 가능하다. 감정을 감지하는 즉시 기존에 중심을 잡고 있던 자리에서 떨어져 나오면, 감정에 휩쓸리지 않을 수 있을뿐더러 그 감정과의 거리까지도 확보해낼 수 있다. 그리고 이렇게 해서 일단 감정을 대상화해놓고 나면, 이제부터는 그 느낌의 흐름을 따라가면서 움직임과 질감 등을 더듬어볼 수 있게 된다. 물론 처음에는 막상 관심을 기울여도 어디를 어떻게 보아야 할지 감이 잘 잡히지 않아 당황스럽기만 하다. 하지만 이 같은 관찰을 계속해서 반복하다 보면 특정 정서에 공통된 어떤 규칙 같은 것이 눈에 들어오기 시작한다. 그리고 이 거친 형태의 규칙 또는 원리를 실마리 삼아 관찰을 거듭하다 보면, 단순했던 원리가 점점 더 정교하게 가다듬어지는 것을 느끼게 된다.

이 책은 바로 이와 같은 관찰과 탐구로부터 비롯되었다. 오랜 기간에 걸쳐 내면을 관찰하다 보니 감정 문제와 연관된 의미들이 모습을 드러내기 시작했고, 그렇게 서서히 전개된 의미들 가운데 보편적이라 해도 좋을 만한 내용들을 주제별로 정리하다 보니 글이 지금과 같은 형태로 굳어지게 되었다. 하지만 내용을 풀어내는 일은 결코 쉽지 않았다. 핵심적인 몇 가지 의미를 전달하려고 글을 시작했지만, 내용을 전개하면 할수록 예기치 못했던 새로운 문제들이 끊임없이 등장해 골머리를 썩여야 했다. 그렇지만 이런 문제들에 대한 해답을 구하는 동안 상상도 못했던 새로운 의미들이 주어졌고, 이 의미들 덕에 감정에 대한 이 탐구 작업이 처음 계획했던 것보다 훨씬 먼 곳까지 뻗어 나갈 수 있었다.

물론 이런 식의 접근 방식에도 한계는 있을 것이다. 축적된 경험으로부터 보편적 원리를 이끌어내려 애쓴다 해도 거기에는 어느 정도 주관이 개입될 수밖에 없을 것이고, 또한 손에 잡히지 않는 그 의미를 충실히 묘사하려 아무리 애를 쓴다 해도 전달 과정에서 오해가 발생하는 것을 완전히 차단하지는 못할 것이다.

하지만 글쓴이는 감정의 정체를 드러내려면, 그리고 감정의 드러냄을 통해 우리 자신에 대한 이해를 심화하려면, 주의 깊은 관찰자들의 경험을 한데 모으는 수밖에 없다고 생각한다. 각 개인이 자신의 경험을 모아 나름의 의미를 드러내듯, 내적 관찰의 결실들을 다시 하나로 모아 전체를 아우르는 무언가를 드러낸다면, 아마도 상당히 신뢰할 만한 하나의 원리 또는 법칙에 가 닿을 수 있을 것이라고 생각한다.

그렇다면 지금까지는 어땠을까. 지금까지는 감정을 대상으로 한 직접적이고 경험적인 탐구 작업이 수행된 적이 없었을까? 물론 그렇지 않다. 불교 철학의 한 유파인 유식 사상에서는 오래전 이미 내면에 대한 심도 깊은 관찰을 통해 마음*의 구성과 원리 등을 매우 포괄적이고 입체적으로 드러내놓았다. 비록 요즘 글들에 비해 묘사가 다소 거칠고 난해하긴 하지만, 인내심을 갖고 그 뜻을 더듬어 나가다 보면 거기에 묘사된 내용이 마음이란 것의 가장 근본적인 작용 원리임을 의심할 수 없게 될 것이다. 특히 이 사상의 대가들은 자기 자신을 탐구하는 방법과 검증 수단을 제시하면서 내적 성찰의 의미와 필요성을 끊임없이 강조해주었는데, 아마도 이들의 이와 같은 도움이 없었다면 이 글은 결코 써낼 수 없었을 것이다. 하지만 이 인물들은 감정의 진행 과정 자체에 대한 탐구를 특별히 중시하지는 않는다. 그들이 중요시하는 것은 개별적 정서들이 갈라져 나오는 뿌리 부분, 즉 자아를 통째로 다루면서 그 자아의 속성을 변화시키는 일종의 심리적 연금술 작업이다. 그들은 전반적으로 관심의 초점을 훨씬 더 높은 곳에 두고 있다. 따

---

* 감정은 이 마음이란 것의 일부이다. 따라서 마음의 기본 원리는 감정에도 그대로 적용된다.

라서 적어도 남겨진 문헌을 참조하는 것만으로는 각각의 감정 과정과 관련된 만족스러운 이해를 얻어낼 수 없었다.

한편, 이른바 정신 분석이라 불리는 접근법에서도 내면의 문제, 특히 불안과 연관된 문제들을 상당히 깊이 있게 다룬다. 이 분야의 저자들은 불안을 경계로 하는 내면의 힘들이 서로 작용을 주고받는 모습을 상당히 생생히 묘사해내는데, 이런 묘사는 내면의 느낌에 대한 직접적 관찰이 없었다면 아마도 불가능했을 것이다. 사실 불안을 다루는 이 책의 한 장, 특히 그 중반부는 이들의 상세하고 풍부한 서술에 힘입은 바 크다. 아마도 이 분야의 저작들에 익숙한 독자라면 그들의 관점이 이 글 속에 어떤 식으로 녹아들어 있는지 눈에 들어올 것이다. 하지만 이 접근법에서는 불안을 불안 자체로서 다루지 않는다. 대상과 환경을 설정하고 그들이 관계 맺는 방식을 다각도로 묘사해내긴 하지만, 정작 그 모두를 관통하는 뼈대에는 별다른 주의를 기울이지 않는 것이다. 따라서 이 접근법에 의지하는 것만으로는 불안 자체가 무엇인지 이해할 수 없었고, 불안을 원동력 삼아 일어나는 기묘한 현상들 간의 연관 관계를 밝혀낼 수도 없었다.

이런 이유로 인해 이 탐구 작업을 처음 시작할 때는 마치 완전히 낯선 영역으로 들어서는 듯한 기분을 느끼지 않을 수 없었다. 누구나 경험하는 바로 그 영역이긴 했지만 관객이 되어 바라보는 광경은 주연 배우일 때와는 사뭇 달랐고, 특히 동료 관객들의 의견을 경청할 수 있는 상황이 아니었기 때문에, 일단 의미가 이끄는 대로 따라갔다가 되돌아와서 확인하는 과정을 수차례 반복할 수밖에 없었다. 따라서 일부 독자에게는 이 글이 상당히 투박하게 느껴질 수 있을 것이다. 특히 손에 잡히는 증거를 중시하는 사람이라면 요즘 같은 시대에 아직도 이렇게 단순하고 원시적인 방식으로 생각하는 사람이 남아 있다며 개탄스러워 할지도 모른다.

하지만 그 영역이 어디든 간에 처음부터 지나치게 엄격한 기준을 부과하려 들어서는 안 된다. 시작 단계에서는 도리어 모든 요구 조건을 벗어던지고 자유롭게 실험하면서 유희를 벌일 수 있도록 분위기를 조성해주어야 한다. 그처럼 안정되고 개방적인 환경 속에서만 기존 경계를 넘나들면서 새로운 가능성을 모색해볼 수 있기 때문이다. 어쩌면 애초에 이 글이 나올 수 있었던 것도 바로 그와 같은 여건 덕분이었는지 모른다. 만일 기존의 요구 사항을 의식할 수밖에 없는 곳에 있었다면, 그 단단한 요구 조건들에 집착하느라 전체 시야를 잃어버리고 말았을지도 모른다.

그러니 간혹 이 글이 다소 서툴고 거칠게 느껴지더라도 편견 없이 열린 마음으로 읽어주기 바란다. 말보다는 뜻에 집중하면서, 그리고 자신의 경험과 직접 비교해 가면서 천천히 읽어 나가다 보면, 여기 제시한 내용들이 결코 허황된 소리가 아님을 느낄 수 있을 것이다. 각 장의 내용들은 서로를 뒷받침하면서 하나의 전체를 이루게 될 것이고, 그 전체는 일상에서의 경험과도 어긋남이 없을 것이다. 이 책은 결국 일상에서의 감정 경험을 되도록 있는 그대로 묘사하고자 시도한 결과일 뿐이기 때문이다.

그렇다면 일상에서의 감정 경험은 무엇을 기반으로 삼을까? 다시 말해, 감정 경험을 가능하게 하는 감정의 몸체 또는 그 기본 원료는 대체 무엇일까? 그것은 일단 몸 자체는 아니다. 그 무언가가 움직임에 따라 몸에도 어떤 식으로든 변화가 일어나긴 하겠지만, 그 자체가 몸인 것은 분명 아니다. 하지만 그것을 정신이라고 해서도 안 된다. 정신은 그 배후에 드리워진 그 무엇이기 때문이다. 정신이 없다면 감정 경험이 불가능한 건 사실이지만 정신 앞에서 정신에게 자신을 제시해 보이는 그 무언가가 분명 있다. 그렇다면 그것은 대체 무엇일까? 그것은 어떤 힘의 느낌, 나름의 저항력과 방향성을 지닌 채 움직이는 힘의 느낌이다. 그것은 정신과 신체 사이에 걸쳐 있는 일종의 정신적 힘으로서, 일상생활에서는 보통 '의지'라는 이름으로 불린다. 따라서 이 글에서도 그것을 단순히 의지라고 부를 생각이다. 앞으로 전개될 모든 내용은 바로 이 의지라는 것의 질감과 촉감에 현실적 근거를 두고 있다. 거의 만져질 듯한 이 느낌, 또는 기분이 없었다면 감정의 성질과 원리 등을 드러내는 작업은 아예 불가능했을 것이다.

이 책이 주로 부정적 감정에 초점을 맞추고 있는 것도 이런 사정과 무관하지 않다. 직접 관찰해보면 알겠지만, 희망이나 기쁨과 같은 감정에 사로잡혔을 때는 의지의 활동이 거의 정지되다시피 한다. 물론 완전히 멎는다고는 할 수 없겠지만, 어쨌든 이런 정서를 느낄 때는 의지의 흐름이 나타내 보이는 결의 느낌을 감지해내기가 지극히 힘들다. 그 감정들은 거의 신체적 속박을 넘어서 있는 것만 같다. 하지만 고통스러운 감정들은 움직임이 거칠고 요란하여 비교적 관찰하기가 쉽다. 이런 감정들은 의지의 윤곽을 비교적 뚜렷이 드러내주기 때문에, 탐구의 대상으로 삼기에 더없이 적합하다. 문제가 되는 감정 상태일수록 그만큼 더 물질적인 성질을 나타내 보이는 것이다.

하지만 긍정적 감정을 소홀히 다룬 것이 이 같은 관찰의 어려움 때문만은 아니다. 그것은 그럴 필요성을 못 느꼈기 때문이기도 하다. 적어도 내게는 이런 감정 상태를 탐구하는 것이 일종의 사치처럼 느껴졌다. 그런 일은 나중에 마음에 여유가 생겼을 때나 시도해볼 만한 흥미로운 도전거리 이상도 이하도 아니었다. 하지만 부정적 감정에 대한 탐구는 절실했고, 심지어 실용적이기까지 했다. 그런 상태에 처했을 때 거리를 두고 바라보는 것이 얼마나 위안이 되는지는 직접 경험해본 사람만이 알 것이다.

이쯤에서 이런 물음을 던지고 싶을지도 모르겠다. 의지가 그토록 중요한 기반이라면 의지의 속성부터 먼저 밝히는 것이 순서 아니겠느냐고. 하지만 여기서는 그렇게 하지 않을 것이다. 우리 모두가 이미 경험을 통해 의지의 성질을 모호하게나마 알고 있기 때문이다. 앞으로 등장하게 될 감정에 대한 설명을 이해하는 데는 일단 그 정도의 인식만으로도 충분하다. 따라서 우리는 특별한 준비 작업 없이 바로 본론부터 시작하게 될 것이다. 하지만 이 의지의 속성이 끝까지 불분명한 채로 남지는 않을 것이다. 아마도 의지에 대한 모호한 경험적 인식을 바탕 삼아 감정 과정을 하나하나 해명해 나가다 보면, 의지란 것의 속성이 점점 뚜렷해지는 것을 느낄 수 있을 것이다. 다양한 형태로 발현된 의지, 즉 감정이야말로 의지의 속성 그 자체라 할 수 있기 때문이다.

그러니까 이 책은 결국, 의지에 대한 경험을 바탕으로 하여 감정 과정을 해명하고, 감정에 대한 이해를 바탕으로 하여 다시 의지의 성질을 심화하는 순환적 형태를 취하게 될 것이다. 또한 앞서 말했다시피, 각 감정에 관한 설명은 서로를 지탱하면서 한데 뒤얽히게 될 것이다. 그러니 어느 한 부분만을 보고 성급하게 판단하지 않았으면 한다. 근거가 뒤에 제시되거나 아예 이 글 전체의 밑바탕에 깔려 있을 수도 있기 때문이다.

하지만 일단 책의 내용을 전체적으로 충분히 이해한 뒤에는, 그 내용이 정말로 그런지 자신의 경험을 관찰해 가면서 직접 확인하기 바란다. 결국 이 글을 통해 전하고 싶은 건 개인적인 견해가 아닌 있는 그대로의 사실 그 자체이기 때문이다. 비록 오랜 숙고 끝에 내린 결론들이긴 하지만 이 책에도 결함은 분명 존재할 것이다. 그러니 당신 스스로 확인해 가면서 옳다는 확신이 서는 내용만 받아들이기 바란다. 그릇되거나 치우친 부분은 바로잡고, 불완전한 부분은 심화하는 식으로 책의 내용을 소화해낸다면, 여기 제시된 것보다 한층 더 심화된 의미에 가 닿을 수도 있을 것이다. 이 책이 내적 탐구를 촉진하는 자극제이자 발판으로 활용되었으면 하는 바람이다.

시
기
와

질
투

시기심과 질투는 성질이 매우 유사하여 서로 간의 차이를 구분해내기가 상당히 힘들다. 그래서인지 사람들은 보통 일상에서 이 두 표현을 섞어 쓰곤 한다. 그런데 시기 또는 질투로 표현되는 이 감정에 대한 가치 판단은 종종 극과 극으로 나뉜다. 즉, 한편에서는 이 감정이 파괴적 행동을 촉발하는 동인이라며 죄악시하지만, 다른 한편에서는 그것이 노력을 촉진하는 자극제 역할을 한다며 가치를 부분적으로 긍정하기까지 한다. 그렇다면 이 같은 차이는 어디서 발생하는 것일까? 그 감정에 대처하는 사람의 태도에 따라 결과가 달라지는 것일까? 물론 그런 측면도 있을 것이다. 감정에 대한 반응은 이어지는 행동을 좌우하는 주요 요인이기 때문이다. 하지만 그것이 전부는 아니다. 이 경우에는 시기와 질투라는 두 감정의 차이가 당사자의 태도 못지않게 큰 역할을 담당한다. 외관상 비슷해 보이는 두 정서 사이의 질적 차이가 생각보다 훨씬 큰 것이다. 그러므로 시기와 질투라는 감정을 들여다보면서 양자의 속성을 비교해보는 것도 상당히 의미 있는 일일 것이다. 이 감정들에서 비롯된 사람들의 행동 방식도 결국 그 속성이 외부로 전개되어 나타난 것에 지나지 않기 때문이다.

그러면 먼저 시기심의 성질부터 파악해보기로 하자.

관 심 의   차 단

시기심은 그 느낌 자체만 놓고 보면 고유한 질적 특성을 지니는 독립된 감정처럼 보인다. 마치 덜 익은 열매를 먹을 때 단맛이나 쓴맛과 구분되는 독특한 맛을 느끼게 되는 것처럼, 이 정서를 경험할 때도 그와 유사한 시기심 특유의 불쾌감에 사로잡히게 되기 때문이다. 시기심의 그 시큼한 고통과 팽팽한 긴장감은 다른 어디서도 찾아볼 수 없는 고유의 질감을 나타내 보인다. 하지만 시기심을 일으키는 주변 여건을 고려하다 보면 그 감정이 단순한 하나의 감정이 아님을 곧 인식하게 된다. 시기심은 상대의 탁월성을 긍정하는 의지와 상대를 향한 어떤 거부감이 중첩되는 지점에서 유발되는 감정이기 때문이다. 그것은 분명 이 상반되는 감정 요인들 간의 관계에서 파생되어 나온 산물일 것이다. 그 느낌 속에서 이 두 요인의 흔적이 동시에 발견되기 때문이다. 그렇다면 시기심을 구성하는 요인들은 서로 어떤 연관성이 있는 것일까? 아마도 이 의문에 대한 해답이야 말로 시기심의 본성을 드러내는 핵심 요인이라 할 수 있을 것이다. 하지만 시기심을 둘러싼 환경 요인들은 이 점에 대해 말해주는 바가 아무것도 없으므로, 문제를 해결하려면 다시 시기심의 느낌 자체를 더듬으면서 그 느낌들 간의 관련성을 추론해볼 필요가 있다.

이를 위해 먼저 시기심을 느꼈던 기억을 돌이켜 보면서 그 느낌을 성질별로 나누어보기로 하자. 그러면 가장 먼저 외부를 향해 뻗어 나아가는 의지의 움직임이 눈에 들어올 것이다. 이 느낌은 분명 시기심을 구성하는 욕망에 의해 일어난 것이겠지만, 일반적 욕망보다 어딘지 모르게 더 치열하고 격렬하다는 느낌도 든다. 마치 욕망이 산산이 부서진 채로 그 대상을 향해 치고 나가는 듯한 느낌이다. 한편, 이 움직임의 배후나 저변에서 무언가에 가로막히는 듯한 느낌과 그와 같은 차단에 저항하는 듯한 느낌도 식별해낼 수 있을 것이다. 이 느낌은 보통 쓰라린 마찰감으로 경험되는데, 이 마찰 또는 충돌의 느낌이 바로 상대방을 향한 거부감의 토대일 것이다. 또한 이 느낌들과 더불어 무언가 찢어지는 듯한 느낌, 혹은 양방향으로 팽팽하게 잡아당겨지는 듯한 느낌도 감지해낼 수 있을 것이다. 이 긴장감은 비록 위의 두 느낌과 뚜렷이 구분되지는 않지만, 시기심에 어떤 고집과 갈등의 측면이 내포되어 있음을 암시해준다. 아마도 이 느낌이야말로 시기심의 원리를 드러내는 가장 중요한 실마리라 할 수 있을 것이다.

그렇다면 이 느낌들은 대체 무얼 의미할까? 위의 관찰 내용들을 포괄적으로 바라보면서 이 모든 느낌을 동시에 일으킬 수 있는 작용 방식이 무엇일지 숙고해보기 바란다. 아마도 상이 하나 떠오를 것이다. 여러 방식으로 묘사할 수 있겠지만, 그것은 쏟아져 내리는 물에 손가락을 가져다 대었을 때 일어나는 현상과도 비슷하다. 즉, 일관되게 쏟아져 내리던 물이 손가락이라는 장애물을 만나 한편으로는 부서지고 다른 한편으로는 가속되듯이, 시기심이 일어날 때도 특정한 차단 요인에 의해 동일한 의지가 둘로 찢기면서 성질 변화를 일으키는 것이다. 그것은 마치 요구 대상을 향해 뻗어 나아가던 의지가 더 나아가지 못하도록 뒤에서 발목을 잡혔는데도 계속 나아가겠다고 고집을 부리면서 자신의 몸체를 길게 늘어뜨리는 것과도 같다. 아마 시기심에 내포된 마찰의 느낌 또는 거부감의 강도가 욕망의 강도에 거의 비례하는 것처럼 보이는 것도 바로 이런 사정 때문일 것이다.

요컨대, 시기심은 차단 요인에 의해 양극화된 의지가 서로를 잡아당기면서 팽팽히 맞설 때 일어나는 감정 상태라 할 수 있다. 그것은 이러지도 저러지도 못하는 내적 갈등의 표현으로서, 대립된 요소들 간의 긴장을 자신의 본질로 삼는다. 아마도 이 긴장이 없다면 욕망과 거부감은 단순히 서로를 상쇄해버릴 것이다.

하지만 분명 이 두 요인 사이의 긴장 상태가 시기심의 전부는 아닐 것이다. 이 기본적인 대립 구도가 시기심의 뼈대를 형성하는 것은 사실이지만, 당사자가 이 대립 너머로 상대방의 탁월성을 향유할 경우, 이 순수한 형태의 시기심에 동경의 특성이 배어들 수도 있기 때문이다. 실제로 일상에서 일어나는 시기심을 관찰해보면, 그중 상당수가 이처럼 동경 쪽으로 치우친 모습을 하고 있음을 발견할 수 있을 것이다. 그렇다면 순수한 의미의 동경, 즉 부러움이란 또 무엇일까? 그것은 한마디로 시기심의 기본 갈등 구도가 배경으로 완전히 스며들었을 때 일어나는 감정 상태이다. 즉, 관심의 초점을 눈앞의 갈등 상황에 맞추면 의지의 분열에서 비롯되는 치열한 시기심을 느끼게 되지만, 그곳에서 눈을 돌려 저 너머에 자리 잡은 탁월성을 바라보면, 시기심에서 비롯되는 격한 갈등의 느낌이 배경으로 물러나 모호해지면서 동경 속으로 빠져들게 되는 것이다. 그것은, 어떤 의미에서는, 강조점을 이동시키는 것만으로 의미 전체가 변하는 농담 또는 빈정거림과도 같다. 따라서 동경과 시기 사이에 단순한 강도 차이만 있는 것으로 생각해서는 안 될 것이다. 이 둘은 이처럼 구성 방식에서도 상당한 차이를 드러내기 때문이다.

어쨌든, 이를 통해 시기심의 가장 기본적인 윤곽은 그려졌을 것이다. 그러면 이제 시기심의 사례를 들어 가면서 이 기본 원리를 현실과 연관 지어 보기로 하자. 이 작업을 수행하다보면 의지의 분열을 일으키는 차단 요인이 대체 무엇인지 한층 분명히 이해하게 될 것이다. 이 차단 요인은 사실상 시기심의 핵을 이루는 것이지만, 그 자체만으로는 별다른 특색을 나타내지 않으므로, 그 성질을 이해하려면 시기심의 구체적 사례들을 살펴보면서 힘의 움직임을 파악해낼 필요가 있다.

먼저 차단 요인이 차후에 개입하는 특수 사례부터 다루는 편이 좋을 듯하다. 이 사례는 비록 드물기는 하지만 위에서 설명한 시기심의 원리를 가장 뚜렷하게 드러내준다는 점에서 우선적으로 주목할 가치가 있다. 이 특수 사례란 다름이 아니라 상대를 향하던 호감어린 관심이 시기심으로 퇴색하는 경우를 말한다. 잘 알다시피, 사람은 상대방에게서 자신보다 뛰어난 면을 발견하는 것만으로는 시기심에 빠지지 않는다. 그들 사이에 거슬리는 요인이 아무것도 없다면 당사자는 상대방의 탁월성을 예찬하면서 그에게 호감을 느낄 수도 있을 것이다. 사실 이는 매우 자연스러운 반응으로서 시기심만큼이나 빈번히 발견된다. 하지만 둘 사이에 어떤 장벽이 개입할 경우에는 이 같은 호의적 관계조차도 즉시 경쟁적 성질을 띠면서 변질되고 만다. 간단한 차단 요인 하나만으로 아군과 적군이 갈리는 것이다. 예를 들어, 상대의 탁월한 면에 호감을 느끼고 가까이하려던 누군가가 상대로부터 거절을 당한다고 해보자. 상대방은 어떤 이유에서인지 당사자가 보내는 호의적 관심에 호응을 해주지 않는다. 그러면 아마도 상대방으로 향하던 당사자의 호의적 관심은 즉시 시기의 성질을 띠면서 변질되기 시작할 것이다. 상대의 거절이라는 장벽에 가로막힌 관심이 가속되면서 거부감과 욕망으로 양분될 것이기 때문이다. 아마도 이 둘을 동시에 느낀 당사자는 상대가 순식간에 적대적 경쟁자로 돌변했다고 느낄 것이다. 그리고 어쩌면 상대가 오만하게 자기를 무시했다고 화를 내면서 시기심의 부정적 측면을 강화할지도 모른다. 상대의 차단 행위가 어떤 의도에서 비롯된 것인지는 알 수 없지만, 어쨌든 자기 내면에서 그런 느낌과 추측이 일어나기 때문이다.

한편, 이와 정반대되는 경우도 생각해볼 수 있다. 관계 당사자들 사이에 이미 차단 요인이 존재하는 상태에서 시기심이 촉발되는 경우가 그것이다. 사실 대부분의 시기심은 바로 이런 방식으로 유발되지만 지금 말하려는 것은 그중에서도 가장 노골적인 경우, 즉 양자가 서로를 싫어하는 경우이다. 보통 서로 거부감을 느끼는 이들은 상대와 자기 사이에 어떤 보이지 않는 벽을 세워놓는다. 이 벽은 일종의 영토 분계선으로서 양자의 심리 영역을 둘로 나누는 동시에 둘 사이의 감정적 소통을 완전히 차단하는 역할을 한다. 이 벽은 물론 낯선 사람들 사이에도 존재하지만, 이때는 그 벽이 마치 거품을 나누는 막과도 같아 사소한 호감 표시만으로도 제거될 수 있다. 하지만 적대적인 사람들 사이에 세워진 이 장벽은 훨씬 확고하고 단단하여 무너뜨리기가 매우 힘들다. 아마 당사자들은 특별한 사정이 없는 한 그 벽 쪽을 거들떠보지도 않을 것이다. 그 벽 너머에는 자신이 거부하여 밀쳐낸 것들, 한마디로 불쾌한 것들이 자리 잡고 있기 때문이다. 하지만 이 경계 너머로 욕구 대상이 모습을 드러낸다면 사정이 달라진다. 예컨대, 적대적 관계에 있는 상대방이 탁월한 특성을 획득했다고 해보자. 그러면 당사자는 상대를 싫어하면서도 그리로 관심을 쏟을 수밖에 없을 것이다. 자신의 의도야 어찌 되었든 간에 그 탁월성이 관심을 빨아들이기 때문이다. 그런데 이 양자 사이에는 견고한 장벽이 이미 쳐져 있으므로 탁월성을 향해 일으켜진 온전한 형태의 의지는 즉시 저항을 받아 시기심으로 변색되고 말 것이다.* 말하자면, 탁월성에 현혹된 의지가 앞뒤 안 가리고 달려 나가다가 벽에 긁히면서 상처를 입는 것이다.

하지만 이처럼 차단 요인이 명백한 경우만 있는 것은 아니다. 때로는 양자 사이에 아무런 거리낌이 없는 듯 보이는데도 시기심이 발생할 때가 있다. 예를 들어, 같은 분야에서 일하면서 좋은 관계를 유지하던 윗사람과 아랫사람이 있다고 해보자. 그들은 상호 간에 완전히 개방적이고 서로를 깊이 존중하기 때문에, 겉으로만 보면 그들 사이에는 어떠한 장벽도 들어설 수 없는 것처럼 보인다. 하지만 이 상황에서 낮은 지위에 있는 사람이 그 지위에 걸맞지 않은 어떤 자질을 획득한다고 해보자. 그러면 지위가 높은 사람은 지금껏 아무 허물없이 지내 온 그 사람을 향해 다소간 시기심을 느낄 수도 있을 것이다. 그가 잘되길 바라긴 하지만 자신의 지위를 위협할 정도로 잘되길 바라진 않기 때문이다. 그렇다면 이들 사이에는 대체 어떤 차단 요인이 들어선 것일까? 그것은 분명 당사자의 내면에만 존재하는 심리적 요인일 것이다. 상황이 이런

---

* 양자 사이의 반감이 재차 활성화 될 경우, 이 시기는 다시 질투로 변형될 것이다. 이 점에 대해서는 질투에 관한 후반부의 내용을 참조하기 바란다.

식으로 조성된다 해도 시기와는 완전히 다른 반응을 보이는 사람들도 있기 때문이다. 그러니 상하 관계와 연관된 심리 요인들부터 우선 더듬어보기로 하자. 그럼 아마도 당사자의 지위 의식, 즉 자신이 상대보다 위에 있어야 한다는 일종의 고정 관념이 먼저 눈에 들어올 것이다.

하지만 이 지위 의식이 어떤 식으로 거부감을 일으키는지는 아직 불분명하다. 이 과정을 이해하려면 전형적인 사례에 느낌을 대체할 수 있는 비유적 심상을 하나 덧붙일 필요가 있다. 예컨대, 아래로 관심을 흘려보내면서 그 같은 관용의 행위에서 만족을 얻어내던 누군가가 있다고 해보자. 그는 관심을 베풀면서 아래 있는 사람을 돌보는 것이 자신에게 걸맞은 역할이라고 생각하고 있다. 그런데 어느 날 갑자기 아래 있던 사람이 자신보다 높은 곳으로 솟아오르는 바람에 더는 관심을 흘려보낼 수 없는 처지에 놓인다. 아니, 차라리 이제는 사정이 완전히 역전되어 상대가 흘려보내는 관심을 도리어 받아야 할 처지가 되었다고 하는 편이 낫겠다. 그러면 기존의 관계 방식에 익숙한 당사자는 이 변화된 흐름을 받아들이려 하지 않을 것이다. 마땅히 그래야 한다고 생각하는 것과 정반대로 관심이 흐르기 때문이다. 그는 분명 자신에게로 흘러드는 관심을 거스르면서 그 흐름을 반대로 되돌려놓으려 할 것이다. 그리고 이 과정을 통해 본의 아니게 상대방을 향해 거부감을 품게될 것이다. 그의 내면에서 현재의 흐름과 과거의 흐름이 충돌을 일으키기 때문이다. 하지만 이 같은 충돌이 인식 전체를 점유하지는 않을 것이다. 그것은 오직 의식의 저변부에서만 영향력을 행사할 것이다. 과거의 고정 관념은 현재의 인식을 향해 저 아래 어딘가로부터 밀려들지만, 대개 의식의 중심부까지는 도달하지 못하기 때문이다. 따라서 현재에 대한 순수 인식과 그로부터 촉발되는 의지의 측면은 여전히 과거로부터 자유로울 것이다. 즉, 그 인식은 상대가 획득한 탁월성을 향해 뻗어 나아가면서 의지를 팽팽히 늘어뜨릴 것이다.

아마도 이것이 지위 관계가 변동될 때 높은 자리에 있던 사람의 내면 풍경일 것이다. 그가 자신이 더 높아야 한다는 식의 고정 관념에 집착하지만 않는다면 마음놓고 상대를 인정해줄 수도 있겠지만, 그렇게 하는 것이 쉬운 일만은 아니므로 상당수의 경우에는 이처럼 과거의 고정 관념으로 자신의 태도를 억제하게 될 것이다.

그런데 일상을 관찰해보면 이런 과정이 상하 관계가 존재하는 곳뿐만 아니라 대등한 관계를 유지하던 사람들 사이에서도 발생한다는 사실을 발견할 수 있을 것이다. 평소 아무런 허물 없이 지내면서 외관상 대등한 관계를 맺고 있던 집단이라 해도 누군가가 특정 분야에서 앞서간다면 그에게 시기심을 품는 사람이 나타날 수 있다. 물론 그가 획득한 탁월성이 나머지 구성원들에게는 접근 불가능한 성질의 것이라면, 그의 주변을 에워싼 환경적 차단 요인*을 시기심의 원인으로 지목할 수 있겠지만, 문제는 사정이 그렇지 않은데도 시기심을 품는 사람이 있다는 것이다. 그렇다면 이런 일은 왜 발생하는 것일까? 그것은 아마도 시기심을 느끼는 당사자 내면의 지위 의식 탓일 것이다. 겉으로 드러내지는 않더라도, 내심 자신이 이 분야에서 만큼은 위이고 위여야 한다고 생각하고 있었는데 그 관계가 현실에서 뒤집히니 어쩔 수 없이 시기심으로 빠져드는 것이다. 분명 그 분야와 관련해 이처럼 내면화된 형태의 지위 의식을 품고 있지 않았던 다른 사람들은 상대의 탁월성을 기꺼이 인정해주려 할 것이다.

결국 문제가 되는 것은 외형적으로 굳어진 지위 관계가 아니라 내면에 품고 있는 지위 의식인 셈이다.

질 투 로 의 이 행

이제 질투의 특성을 파악할 차례다. 그런데 질투는 사실 특성이 따로 있다기보다 순수한 형태의 시기심에 변형만 가하면 얻어낼 수 있는 감정이므로 여기서는 그 변형 방식만 다뤄볼 생각이다. 그러면 먼저 가장 전형적인 형태의 질투가 어떻게 형성되는지 그 과정부터 짚어보기로 하자.

---

* 예컨대, 누군가가 동료와 함께 어떤 자격 요건을 획득하려 노력하다 자신만 실패한다고 해보자. 그러면 그는 비록 동료와 여전히 좋은 관계를 유지한다 하더라도 그 특정 자격 요건이 부각되는 순간만큼은 상대를 향해 시기심을 느낄 수 있을 것이다. 이처럼 차단 요인은 상대의 인격을 다소간 에워싸고 있을 수도 있다. 더 자세한 내용은 '질투로의 이행' 후반부를 참조하기 바란다.

가장 뚜렷한 형태의 질투는 보통 만족스러운 관계를 유지하던 사람들 중 누군가가 외부에 있는 욕망의 대상을 향해 관심을 돌릴 때 촉발된다. 서로에게 관심을 쏟으며 만족스러운 합일감을 누리던 구성원 중 한 명이 외부 대상으로 상대방을 대체하려 할 때 그 상대방의 내면에서 일어나는 감정, 그것이 바로 가장 일반적인 의미의 질투이다. 이런 과정은 대부분 사랑하는 사람들 간의 관계가 제삼자에 의해 교란되는 상황에서 일어나는데, 여기에는 몇 가지 분명히 밝혀 두어야 할 점들이 있다. 먼저 확실히 해 두어야 할 것은 새롭게 등장한 욕망의 대상이 질투 당사자가 인정할 만한 탁월성을 실제로 지닌다는 점이다. 만일 이 측면이 결여된다면 당사자의 내면에서 일어나는 감정을 질투라 부를 수는 없을 것이다. 그런 상황에서라면 당사자는 아마도 어처구니없어 하며 화를 내겠지만, 이 같은 태도에서는 질투 특유의 긴장감을 찾아볼 수 없기 때문이다. 또 한 가지 분명히 해 둘 점은 이 질투가 기존의 상대방이 아닌 제삼자를 대상으로 한다는 사실이다. 때로는 상대방에 대해서도 질투가 일어나는 것처럼 보일지 모르지만, 이 질투는 사실 상대를 향한 것이 아니라 그가 불러일으킨 기억을 향한 것이다. 즉, 상대를 보는 순간 질투의 직접적 대상이라 할 수 있는 외부 대상의 기억이 덧씌워지기 때문에 상대방에게도 질투가 일어나는 것처럼 보이는 것이다. 하지만 엄밀히 말하자면 상대는 질투의 대상이 아니라 애증의 대상일 뿐이다.

이처럼, 가장 전형적인 질투는 탁월성을 지닌 누군가가 나타나 자신으로 향하던 상대의 관심을 돌려놓을 때, 바로 그자를 대상으로 일어나는 것이 보통이다. 그것은 시기심과는 달리 원칙적으로 다수의 관계 당사자를 필요로 한다. 그렇다면 질투는 시기와 대체 어떤 연관성이 있는 것일까? 이 점을 파악하려면 서로에게 관심을 쏟던 구성원들을 동시에 바라보면서 그들을 합일된 한 인격체로 간주할 필요가 있다. 즉, 다소간 상상력을 동원하여 두 사람을 하나로 합쳐놓아야 한다. 그러므로 이 두 사람에게서 잠시 개체성을 박탈한 뒤 그들을 더 큰 인격체의 심리 요소들로 변환해보기로 하자. 그러면 새롭게 등장한 욕망의 대상에 의해 이 거대한 인격체의 내면에서 어떤 일이 촉발되는지 눈에 들어올 것이다. 그 과정은 분명 시기심의 그것과 다르지 않다.

우선, 욕망의 대상을 향해 뻗어 나아가는 인격의 일부는 시기심을 구성하는 욕망의 측면과 본질적으로 다르지 않다. 즉, 그들은 오직 규모에서만 차이가 나며, 그 성질과 작용 방식 자체는 사실상 일치한다. 게다가 이 부분 인격과 합일을 유지하고자 하는 다른 일부가 그 인격의 측면에 묻어 나가다 현실의 벽에 부딪히는 모습은, 시기심에서 거부감이 일어나는 방식을 거의 그대로 묘사해준다. 또한 현실에 가로막힌 인격의 측면이 욕망의 대상으로 내달리는 부분 인격을 뒤에서 잡아당기는 모습과, 이 같은 만류에도 불구하고 욕망을 충족하겠다며 고집을 부리는 부분 인격의 모습은, 마치 시기심에 내포된 긴장감을 연극의 형태로 재현해낸 것과도 같다. 그러니까 결국, 이 전 과정이 시기심을 경험하는 자의 내면 상황에 그대로 대응되는 것이다. 따라서 이 관계 상황을 한 차원 높은 곳에서 일어나는 시기로 보아도 별 무리가 없을 것이다. 이 합일된 인격이 정서를 지닐 수 있다면 그것은 분명 새롭게 등장한 욕망의 대상을 향해 일종의 시기심을 느낄 것이기 때문이다. 물론, 두 인격이 하나로 합쳐져 감정을 느낀다는 것 자체가 말도 안 되는 소리이긴 하다. 하지만 거기 내포된 유비 관계는 결코 무시할 만한 성질의 것이 아니다. 그것은 한 단계 높은 현실의 표현으로서 헛된 공상과는 분명히 구분된다. 그러므로 이 같은 이해를 바탕으로 하여 시기와 질투의 연관성을 해명한다 해도 터무니없는 일은 아닐 것이다.

그러면 시기로부터 질투가 어떻게 파생되어 나오는지 살펴보기로 하자. 이를 위해서는 앞서 묘사한 관계 상황을 포괄적으로 파악할 필요가 있다. 일단, 통합된 인격체가 새로운 욕망의 대상에게 느끼는 이 커다란 규모의 시기심이 기존의 시기심과 마찬가지로 그 안에 치열한 갈등 상황을 내포하고 있다는 점부터 분명히 해 두기로 하자. 그것은 기본적으로 불안정하고 불쾌하기 짝이 없는 갈등 상태이다. 그런데 욕망의 대상으로 관심을 돌리는 상대방은 이 시기심의 한 구성원이면서도 그 대상을 향해 호감이나 욕망만을 느낀다. 즉, 그는 어떤 형태의 부정적 감정도 느끼지 않는다. 뒤에서 잡아당기는 인력을 불쾌하게 느낄 수도 있긴 하지만, 어쨌든 그것조차 대상으로 향한 것은 아니다. 그렇다면 당사자가 느끼는 질투란 결국 무엇일까? 그것은 온전한 형태의 시기심에서 욕망의 측면이 떨어져 나간 시기심의 변종이 아닐까? 분명 그럴 것이다. 그리고 이것이 다름 아닌 질투의 본성인 듯하다. 시기심의 한 측면인 욕망을 다른 누군가가 상당 부분 대신 느끼게 될 때 일어나는 감정, 그것이 곧 질투인 셈이다. 사실 질투란 감정이 그토록 견디기 힘든 것도 이처럼 상대방이 호감과 욕망이라는 능동적 측면을 지닌 채 떨어져 나가기 때문일 것이다. 상대가 시기심의 능동적 측면을 독차지하다시피 하므로, 당사자는 주체성의 상당 부분을 상실한 채 수동적으로 거부감을 떠맡을 수밖에 없는 것이다. 어쩌면 질투 당사자가 상대방에게 내는 화에 이런 인식이 어느 정도 스며들어 있는지도 모르겠다.

어쨌든, 이것이 질투가 형성되는 가장 전형적인 방식이다. 질투라는 정서는 한마디로 시기심의 특정 부위만 선별적으로 느낄 때 일어나는 감정 상태라 할 수 있다. 느낌이 배분되는 방식에 따라 그 유형이 갈리긴 하지만, 이 기본 원칙에는 아무런 변함이 없다. 그런데 이처럼 질투가 시기심의 한 부분을 형성하는 것이 사실이라면, 그 속에서 차단 요인으로 작용하는 것은 또 무엇일까? 지금까지 시기와 질투 사이의 연관성에만 지나치게 초점을 맞춘 나머지 이 점을 다소 애매하게 남겨 둔 것 같다. 그러니 이쯤에서 잠시 이 문제를 짚고 넘어가기로 하자.

위에서 질투에 대해 설명하면서 당사자가 현실의 벽에 가로막힌다고 말한 바 있다. 여기서 현실이란 물론 상대방이 타인을 향해 관심을 쏟고 있는 그 현실을 말한다. 하지만 이것만으로는 아직 차단 요인으로 작용하는 것이 무엇인지 분명하지가 않다. 그것이 무엇인지 구체적으로 말하려면 객관적인 외부 현실뿐만 아니라 그 현실에 대한 당사자의 주관적 반응까지도 함께 고려해봐야 할 것이다. 그렇다면 그 차단 요인이란 대체 무엇일까? 결론부터 말하자면, 그것은 일종의 당위 의식, 즉 마땅히 자신에게로 와야 할 관심을 타인이 대신 받고 있다는 느낌이나 관념이다. 핵심이 되는 것은 바로 이 주관적 요인이며, 나머지는 이 요인을 불러일으키는 수단에 불과하다. 당사자 내면에서 이런 느낌이나 관념이 일어나지 않는다면 설령 상대방이 타인에게 관심을 기울인다 해도 질투는 일어나지 않기 때문이다. 예를 들어, 한 남성이 자신의 아이, 특히 여자아이에게 관심을 기울이고 있다고 해보자. 이런 상황에서는 그의 배우자가 이 광경을 목격한다 해도 결코 질투하지 않을 것이다. 아버지가 아이에게 사랑을 베푸는 것은 지극히 당연한 일이기 때문이다. 하지만 그가 아이에게 지나칠 정도로 애정을 쏟아붓는다면 배우자는 상대적으로 무시당한다고 느끼면서 아이를 질투할 수 있을 것이다. 자신에게로 와야 할 사랑을 아이가 대신 받는다고 생각하기 때문이다.

그렇다면 이 차단 요인은 어떤 식으로 거부감을 일으키는 것일까? 이 문제에 대한 해답은 차단 요인으로 작용하는 관념 자체에 들어 있다고 할 수 있다. 자신이 받아야 할 관심을 남이 대신 받고 있다는 생각은 타인을 뚫고 지나가 상대와 합일하고자 하는 의지를 불러일으키기 때문이다. 하지만 물론 이런 일은 현실적으로 불가능하다. 상대방으로 향하는 의지는 분명 타인의 존재에 가로막혀 부서지면서 거부감으로 변할 것이다. 결국, 자신의 몫을 대신 받는다고 느끼는 바로 그만큼 타인의 존재에 대해 거부감을 느끼게 되는 것이다.

다시 질투의 구성 방식과 관련된 문제로 돌아와서, 이제 두 번째 유형의 질투를 살펴보자. 다소 다른 방식으로 형성되는 그 질투란 다름 아닌 편애에 의한 질투를 말하는데, 이 질투는 전형적 질투만큼 강도가 심하지는 않지만 매우 흔하게 목격되는 질투 유형이므로 특별히 관심을 기울일 가치가 있다.

잘 알다시피, 편애에 의한 질투는 보통 권위가 있거나 영향력 있는 누군가가 집단 내 특정 구성원의 장점을 치켜세우면서 찬사를 보낼 때 다른 구성원들의 내면에서 촉발된다. 자신들도 그 권위 있는 인물의 인정을 바라지만 지금 당장 인정을 받고 있는 것은 다른 사람이므로 그에게 질투심을 품게 되는 것이다. 하지만 모두가 다 그를 질투하는 것은 아니다. 질투를 일으키는 사람은 대개 일부에 지나지 않으며, 나머지 구성원들은 타인의 뛰어난 면모를 기꺼이 인정하려 한다. 그렇다면 이 같은 차이는 왜 생기는 것일까? 그것은 아마도 상당 부분 성격 탓일 것이다. 다시 말해, 질투를 일으키는 사람들이 일반적으로 다른 사람들보다 인정받고자 하는 욕구를 강하게 품고 있을 것이다. 인정에 대한 욕구가 강할수록 인정받는 타인을 바라보면서, 그가 자신에게로 와야 할 관심을 대신 받는다고 느끼기 쉽기 때문이다. 그들은 분명 타인을 인정하기보다는 그 타인을 뚫고 지나가 대신 인정받으려 할 것이고, 이 성급한 욕구를 일으키는 정도만큼 자신의 내면을 질투로 오염시키게 될 것이다.

하지만 이런 성격 요인이 없다 해도 당사자가 그 사람을 개인적으로 싫어한다면, 역시 그에게 질투심을 품을 수 있을 것이다. 타인을 인정하는 권위 있는 인물의 관심에 함께 휩쓸려 들어가던 당사자의 관심이 양자 사이에 미리 쳐져 있던 장벽에 부딪히면서 거부감을 일으킬 것이기 때문이다. 이 같은 과정은 사실 시기심을 다루면서 이미 설명한 바 있지만, 여기서는 관심을 끌어들이는 주된 요인이 타인의 외부에 존재한다는 점에 주목할 필요가 있다.

그런데 어떻게 보면 위 두 가지 요인에 의해 일어난 질투를 편애와 연관 짓는 것 자체가 부적절해 보이기도 한다. 그 권위 있는 인물이 아무런 치우침도, 과장도 없이 정당한 찬사를 보낸 것이라면, 문제는 당사자들 내면에 있지, 권위를 지닌 인물의 편파성에 있는 것이 아니기 때문이다. 하지만 외부 인물의 태도와 당사자들의 심리 상태는 긴밀하게 연관된 채 서로 영향을 주고받으므로, 여기서는 주관적으로 느끼는 편애도 광범위한 의미의 편애에 포함시킬 생각이다.

그렇다면 외부 권위자의 치우친 태도는 당사자들의 내면에 어떤 식으로 영향을 끼치는 것일까? 이 문제를 해결하려면 일단 구성원들의 내면에 앞서 언급한 심리적 요인들이 없다고 가정하는 편이 좋을 것이다. 그러므로 질투가 유발되는 현장에 객관적으로 확인 가능한 외부 권위자의 편애만 존재한다고 생각해보자. 이 권위 있는 인물은 모두에게 관심을 베풀어주어야 마땅한 지위에 있으면서도 탁월한 면이 있는 특정 인물에게만 지나칠 정도로 관심을 쏟아붓는다. 게다가 가끔씩 그 특정 인물에 못 미치는 나머지 구성원들을 나무라면서 깎아내리기까지 한다. 말하자면, 치우침이 지나쳐 부족한 곳에서 빼앗아 넘치는 곳에 더하는 지경에 이른 것이다. 이런 상황이 일정 기간 지속된다고 해보자. 그러면 나머지 구성원들은 분명 받아 마땅한 최소한의 관심조차 못 받는다고 느낄 것이고, 그 특정 인물이 자기 몫의 관심까지 대신 받는다고 생각하면서 그를 질투하게 될 것이다. 또한 권위자에게 비판을 받은 일부 구성원들은 그 비판에 수반되는 화를 우회시켜 질투의 표적이 된 상대방에게로 향하게 할 것이다. 상황이 극단으로 치닫지 않는 한 인정받고자 하는 그 권위 있는 인물에게 화를 낼 수는 없을 것이기 때문이다.

이처럼 권위 있는 인물의 편애는 구성원들의 내면에 애초에 없었던 장애 요인을 불어넣는다. 즉, 그것은 구성원들의 심리 상태에 영향을 끼쳐 그들을 외부의 인정에 집착하는 사람처럼 만들기도 하고, 타인에게 개인적으로 반감을 품고 있던 사람처럼 만들기도 한다. 이 모두가 정당한 관심을 박탈하여 이미 넘치는 곳에 쏟는 단 하나의 태도로부터 파생되어 나온다. 질투를 일으키는 내외부 요인들이 긴밀하게 연관되어 있다고 한 것은 바로 이 같은 사정 때문이다.

그러면 이제 이 두 번째 유형의 질투가 시기와 어떤 식으로 연관되어 있는지 알아보기로 하자. 이 관계를 이해하려면 앞서 그랬던 것처럼 두 인물을 하나로 통합할 필요가 있을 것이다. 하지만 이번에는 그 통합 인격에 질투 당사자가 포함되지 않는다. 이 경우 하나의 인격체처럼 합일감을 누리는 것은 외부의 권위 있는 인물과 그의 인정을 받는 타인이기 때문이다. 당사자는 그들의 모습을 밖에서 그저 바라보기만 한다. 그러므로 이번에는 인정을 주고받는 두 인물을 하나로 융합시켜 보기로 하자. 이때 그 합일체를 바라보는 당사자의 심정이 어떨지 추론해보자. 그러면 당사자의 내면이 시기심으로 자극받을 것이란 점을 어렵지 않게 파악할 수 있을 것이다. 그 대상은 분명 당사자의 욕망과 질투를 동시에 자극할 것이기 때문이다. 이는 사실 경험만 돌이켜 보더라도 충분히 확인할 수 있는 내용이다. 관계를 시기한다는 말이 나오는 것도 어쩌면 이 때문인지 모른다.

하지만 이 시기심이 오래 유지되지는 않을 것이다. 이 상태가 지속된다는 것은 사실 현실적으로 불가능하다. 그 두 사람의 유대가 아무리 긴밀하다 해도 항상 함께 다니지는 않을 것이기 때문이다. 이 둘 중 한 사람, 특히 권위 있는 인물은 얼마 지나지 않아 당사자의 시야에서 벗어날 것이고, 그의 눈앞에는 인정을 독차지한 인물만이 남을 것이다. 질투는 바로 이 같은 관계 상황에서 비롯된다. 즉, 시기심의 대상 가운데 욕망을 일으키는 핵심적 요인이 떨어져 나가고 나면, 그 욕구 대상으로 접근하는 것을 가로막는 요인으로 관심이 국한되면서 당사자의 태도가 질투로 변형되는 것이다.

이 경우 외부의 권위 있는 인물은 시기심과 더불어 욕망을 불러일으키고 난 뒤, 차단 요인을 남겨둔 채 배경으로 물러남으로써 차단 요인에 해당하는 인물을 질투의 표적으로 만들어놓는데, 이 과정은 마치 편애라는 태도의 대가를 그 편애의 수혜자에게 대신 떠넘기는 것과도 같다. 도가 지나친 애정, 아마도 도취적 성향이 다분한 애정이 상대에게 도리어 해를 입히는 과정을 극명하게 드러내는 사례라 할 수 있을 것이다.

지금까지 살펴본 것처럼, 이 두 번째 유형의 질투는 시야의 편향을 그 본질로 삼는다. 권위 있는 인물을 포괄하던 시야가 질투 대상 쪽으로 좁혀지지만 않는다면, 그것은 계속해서 시기심의 특성만을 나타내 보일 것이다. 그것이 질투로 변형되는 건 욕구 대상이 하나의 독립된 인격체이기 때문이다. 질투 대상과 뚜렷이 구분되는 데다 자율적인 의지마저 지니고 있기 때문에 시야의 편향을 일으키기도 그만큼 더 쉬운 것이다.

하지만 일상의 사례들을 검토해보면 인정을 베푸는 권위, 즉 욕구 대상이 명백히 분리된 인격체가 아닌 경우도 있음을 발견할 수 있을 것이다. 누군가가 권위 있는 단체나 추상적 집단의 인정을 받거나 그들로부터 소속을 허가받는 경우가 대표적인 예이다. 이 같은 상황에서는 권위 주체의 인격 자체가 모호하기 때문에, 인정을 받는 주체 인격과의 경계를 설정하기가 훨씬 더 힘들다. 그뿐만 아니라 인정은 일단 주어지고 나면 기억의 형태로 인정을 받은 주체를 계속 따라다니기 때문에, 그의 인격에서 떼어내기도 더 힘들다. 말하자면, 공간적 측면과 시간적 측면 모두에서 주체의 인격과 어느 정도 일체를 이루고 있는 것이다. 따라서 이 광경을 바라보는 당사자는 이제 더는 질투 방향으로 시야 편향을 강요받지 않아도 될 것이다. 즉, 그는 원하는 대로 시야를 넓혔다 좁혔다 하면서 시기와 질투 사이를 오갈 수 있을 것이다. 또한, 그는 욕망 대상 쪽으로 시야를 국한함으로써 기존의 시기심에 동경의 성질을 불어넣을 수도 있을 것이다. 시기의 대상이 욕망과 질투 양방향으로 다소 늘어진 채 눈앞에서 선택을 기다리고 있기 때문이다.

하지만 여기서 더 나아가면 이 같은 선택권은 다시 줄어들기 시작한다. 권위의 인격적 속성이 점점 더 희미해져 상대의 인격 속으로 통합될수록 양자를 나누어 보기도 점점 더 힘들어지기 때문이다. 추상적 명예나 소속 따위가 인격적 자질로 근접해 들어감에 따라 당사자가 느끼는 감정도 다시 시기심 쪽으로 기울게 되는 것이다.

그렇다면 질투의 차단 요인으로 작용하는 당위 의식은 어떻게 될까. 그것도 결국 지위 의식으로 수렴되는 것 아닐까? 분명 그럴 것이다. 내가 받아야 할 인정을 상대가 대신 받는다는 관념은 나의 자질이 상대의 자질보다 높아야 한다는 관념으로 통합될 것이다. 위에서 보았듯이 인정이라는 요인에서 인격성을 제거할수록, 한 개인이 소유한 자질에 가까워지기 때문이다. 하지만 이는 반대 경우에도 마찬가지이다. 즉, 뛰어난 자질은 이미 그 안에 인정 즉 일종의 관심을 내포하고 있다고 할 수 있다. 그 자질은 애초에 관심의 집중을 통해 획득된 것이고, 또한 앞으로도 관심을 끌어들일 것이기 때문이다. 결국, 자질이란 것도 응고된 인정 또는 관심에 다름 아닌 것이다.

이렇게 해서 우리는 결국 다시 시기심으로 되돌아오게 되었다. 시기와 질투 사이에 걸친 이 중간적 유형이 양자의 연관 관계를 밝히는 일종의 연결 고리 역할을 해주었다. 아마 시기와 질투 간의 혼동이 그토록 자주 일어나는 것도 바로 두 정서의 가능성을 모두 지닌 이 중간적 형태 때문일 것이다. 그것은 시기라고 부르는 순간 시기로 변형되고 질투라고 부르는 순간 질투로 변형된다. 그러므로 여기서는 일단 이 유형을 편애에 의한 질투와는 다른 것으로 간주할 생각이다. 인격성이 모호하다는 작은 차이가 생각보다 큰 영향력을 행사하기 때문이다.

대 응

마지막으로 시기와 질투에 대한 반응 방식을 관찰해보는 것도 의미가 있을 것이다. 지금까지 두 감정의 구성 요인과 그들 간의 관계 방식을 해명해놓았으므로, 이를 바탕으로 하면 각각의 반응에 대해 나름대로 가치 판단을 내리는 것도 가능할지 모른다. 그러면 시기심에 사로잡혔을 때 자신이 어떻게 반응했는지부터 돌이켜보기로 하자.

시기심과 관련된 경험을 되뇌이다 보면 시기심의 불쾌감에 일종의 인력이 있다는 점부터 알아차리게 된다. 이 감정이 일으키는 불쾌감에는 끈적거리며 달라붙는 욕망의 성질이 섞여 있어, 거기서 벗어나려 하다가도 다시금 끌려 들어가게 된다. 물론 이 인력에 저항하며 관심을 억지로 돌릴 수도 있긴 하지만, 그렇게 하고 나면 무언가 손해를 본 듯한 느낌, 혹은 무언가를 빠뜨린 듯한 느낌 때문에 정신이 산만하게 어지러워진다. 아마 시기심에 사로잡힌 사람들이 대상을 뚫어져라 쳐다보며 눈을 떼지 못하는 것도 바로 이 같은 사정 때문일 것이다. 그들은 마치 미끼에 걸린 물고기처럼 욕망의 대상에 정신이 묶인 채, 의지의 분열에서 비롯되는 심적 통증으로 계속해서 고통받는데, 이 모습은 시기심에 내포된 역설적 측면을 극명하게 드러내준다.

그렇다면 이 시기심으로부터 벗어나기 위한 몸부림에는 어떤 것들이 있을까? 우선 욕망으로 치우쳐 거부감을 밀어내는 방법과 거부감으로 치우쳐 욕망을 떨쳐내는 방법으로 나눠볼 수 있을 것이다. 시기심은 기본적으로 이 두 요인의 얽힘에서 비롯되는 감정 상태이기 때문이다. 하지만 그것이 전부는 아니다. 이 노력 자체에도 공상적인 것과 현실적인 것이 뒤섞여 있어 반응이 한층 더 풍부해진다. 노력이란 것이 대체로 그렇듯, 이 경우에도 공상적 시도가 현실적 실행에 앞서 취해질 수 있는 것이다.

그럼 시기심에서 벗어나기 위한 공상적 노력이 어떤 것인지부터 알아보기로 하자. 이 문제를 해명하려면 시기심에 빠졌을 때 자신의 내면 상태가 어땠는지 무비판적으로 돌이켜볼 필요가 있을 것이다. 그러면 먼저 그다지 인정하고 싶지 않은 한 가지 성향을 발견하게 되는데, 그것은 다름 아닌 자신의 가치를 비현실적으로 부풀리는 성향이다. 아마도 시기심에 빠진 사람들을 관찰해보면 이같은 성향을 어렵지 않게 찾아볼 수 있을 것이다. 그들은 때때로 자신의 가치를 과장함으로써 시기심에서 손쉽게 벗어나고자 시도한다. 억지로라도 자신의 가치를 상대보다 높게 책정해놓으면, 상대의 탁월성을 욕구할 필요가 없어짐과 동시에 그에 대한 거부감도 사라지기 때문이다. 결국, 욕망이 이미 달성된 듯한 상태를 조성함으로써 시기심을 극복한 셈 치는 것이다. 이는 상대의 가치를 욕구할 필요가 없다고 자기 자신을 설득하는 것과 유사한 과정인데, 아이를 달래는 어머니에게서도 종종 비슷한 태도를 목격할 수 있다.

하지만 이 같은 시도가 성공을 거두는 것은 쉬운 일이 아니다. 그 시도는 어디까지나 현실을 무시하려는 공상적 노력에 불과하기 때문이다. 자신의 특정 측면에 대한 과대평가는 대개 그에 반하는 현실 인식이 들어섬과 동시에 아무 힘도 쓰지 못하고 부서져버린다. 그리고 공상의 좌절에서 비롯된 이 불쾌감은 시기심의 기본적 불쾌감에 덧붙여져 불필요하게 고통만 가중시키는 결과를 초래한다.

이런 사정으로 인해 현실 인식을 반대로 왜곡하려는 시도가 들어서게 된다. 즉, 당사자는 이제 시기심을 떨쳐내기 위해 상대의 가치를 깎아내리기 시작한다. 상대방의 뛰어난 면을 왜곡하여 저평가하거나 그자의 단점을 들춰내어 탁월한 면과 상쇄시키면, 관심을 묶어 두는 주범인 욕망을 제거하고 상대에게서 떨어져 나올 수 있기 때문이다. 계속해서 거부감에 노출되는 것을 피하기 위해 인식의 왜곡이란 수단을 동원하여 욕망을 거둬들이는 것이다. 하지만 이 같은 비판이 욕구 대상의 가치를 깎아내리는 역할만 하는 것은 아니다. 그것은 비판 당사자에게 우월감의 환상을 제공해주기도 한다. 자기 자신을 높이는 것과 남을 깎아내리는 것은 동일한 과정의 두 측면에 불과하기 때문이다.

그래서인지 현실에서는 대부분 앞서 묘사한 두 과정이 동시에 일어난다. 욕망의 달성과 제거 가운데 한쪽에만 전적으로 초점이 맞춰질 수도 있긴 하지만, 두 방향의 노력이 비중만 달리하여 복합적으로 수행되는 것이 보통이다. 양자가 서로를 보완해주기 때문이다. 즉, 자기 가치를 부풀려 상상으로 욕망을 달성하든, 상대에 대한 비판으로 욕망을 상쇄하든, 상대에게 속했던 우월성을 자기 것으로 끌어다놓는 과정이란 점에서는 일치하는 것이다. 사실 이 두 종류의 노력이 궁극적으로 추구하는 것도 이처럼 가치의 왜곡을 통해 상대의 탁월성을 자신에게로 귀속시키는 것이다. 고통 없이 즉각 시기심을 없애는 방법은 이것뿐이기 때문이다. 어쩌면 시기와 절도 행위 사이의 연결 고리를 여기서 찾을 수 있을지도 모르겠다.

하지만 어쨌든, 이 같은 공상적 시도들은 결국 불쾌한 상황에서 고통 없이 떨어져 나오기 위한 몸부림에 지나지 않는다. 특히, 상대에게 시기심을 느끼는 것이 아무런 도움도 안 된다고 판단하여 단순히 그에게서 관심을 돌리는 상황에서라면, 이 인식의 왜곡이 욕구 절단의 통증을 줄이기 위한 마취제처럼 작용할 것이다.

이러한 양방향의 노력은 그 수행이 여의치 않을 경우 현실화를 위한 시도로 이어질 수 있다. 그리고 경우에 따라서는 공상의 단계를 거치지 않고 직접 현실적 노력부터 수행될 수도 있다. 그중 가장 전형적인 것은 욕망의 측면을 실행에 옮기는 것인데, 이는 보통 우월성을 현실화하기 위한 노력의 형태로 모습을 드러낸다. 이 시도가 성취되면 욕망이 충족됨과 동시에 상대에 대한 거부감도 사라지기 때문이다. 이런 경우라면 시기심은 비교적 정당한 노력을 촉발하는 자극제로서 나름의 역할을 해줄 수 있을지도 모른다. 하지만 근본 동기에 거부감이 섞여 있다는 사실을 감안해보면, 그 노력이 순전히 욕망에 의해 자극된 노력보다 불순한 성질을 띠게 될 것이라는 점을 어렵지 않게 예측해볼 수 있을 것이다. 행위의 동기는 잇따르는 행위에 그대로 반영되어 나타나기 때문이다. 예컨대, 시기심에 내포된 거부감은 비록 그것이 노력 과정에서 표현되지 않는다 하더라도, 욕망을 성취한 후 되살아나 상대방에 대해 우월감을 느끼며 그의 가치를 평가절하하는 식으로 공격성을 표출할 수 있다. 또한 이 거부감은 욕망의 측면에 영향을 끼쳐 당사자의 노력에 일종의 맹목성을 부과할 수도 있다. 거부감에 대한 단순 반작용으로 추구하기 시작한 욕망의 대상으로 인해 당사자 자신의 근본적 욕구를 망각할 수도 있는 것이다.

그렇지만 이런 부작용들은 시기심의 부정적 측면을 그대로 행동에 옮길 때 일어나는 문제들에 비하면 아무것도 아니다. 잘 알다시피, 시기심에 의한 본능적 반응을 충실히 따르는 사람들은 상대방에게 속한 가치를 훔치거나 파괴한다. 그 탁월성이 물리적으로 이전될 수 있는 것일 경우에는 훔치고, 그러지 못할 경우에는 파괴하거나 손상을 입힘으로써 자기 내면에 일어난 불쾌감에 대응하는 것이다. 하지만 물론 이토록 미숙하고 본능적인 행동들은 어린아이처럼 공감 능력과 자기 제어 능력이 현저히 결여된 사람에게서나 가능할 것이다. 때로는 집단과 개인들 사이에서 좀 더 광범위하고 모호한 형태로 이런 일이 발생하기도 하지만, 당사자들이 그 실체를 인식한다면 그 즉시 양심의 제제를 받지 않을 수 없을 것이다.

그렇다면 시기심을 일으킨 상대방은 어떤 반응을 보일까? 상대의 반응도 분명 당사자의 태도에 영향을 줄 것이다. 그러므로 여기서는 이 점을 잠시 짚고 넘어가기로 하자. 우선, 시기의 대상이 된 상대방은 달라진 분위기를 감지하고 상황을 원래대로 되돌리려 할 수 있을 것이다. 친밀한 관계를 원해서든, 단순히 비판이 두려워서든 간에, 그는 이 싸늘한 경쟁 분위기에서 벗어나고 싶어 한다. 이 같은 상황에서라면 그는 아마도 상대 앞에서 자신의 가치를 스스로 깎아내리는 식으로 반응할 것이다. 또는 그 상대에게 다가가 호감 어린 관심을 표현하려 할지도 모른다. 자신을 비판하여 상대의 수고를 덜어주거나 상대방에게 마음을 열어 거부감을 희석하면 분위기가 호전된다는 사실을 직감적으로 알기 때문이다. 어쩌면 자기 과시와 무관심 같은 자신의 실수를 알아차려서인지도 모르겠다. 어쨌든 이런 교정 시도는 시기심의 작용 원리와도 그대로 일치하며, 별다른 이변이 없는 한 목표했던 바를 그럭저럭 달성해내는 것이 보통이다. 물론 인위적 성향이 배어들 경우 부작용이 발생할 수도 있긴 하지만, 그것조차 그다지 심각하지 않은 경우가 대부분이다.

하지만 때로는 상황이 정반대로 전개되기도 한다. 시기심을 일으킨 당사자가 상대의 적대적 태도에 반감을 느낀 나머지 똑같이 적대적인 반응을 보일 수도 있고, 상대방의 시기 어린 시선을 우월성의 징표로 해석한 뒤 그 우월감을 즐기려 할 수도 있는 것이다. 아마도 당사자가 이런 태도를 취하는 것은 문제가 상대방에게 있다고 확신하기 때문일 것이다. 그리고 때로는 그의 확신이 옳을지도 모른다. 하지만 이 같은 확신이 사태를 전체적으로 파악하지 못한 데서 비롯된 것이라면 양자 간의 갈등을 심화하는 결과만 낳을 것이다. 그런데 사실 시기심을 일으키는 자들은 대개 자신의 문제를 제대로 이해하지 못한다. 과시와 무관심, 무시와 같은 태도의 뿌리라 할 수 있는 도취적 성향은 그 자체로만 보면 아무런 공격성도 내포하지 않은 것처럼 보이기 때문이다. 이 태도를 취하는 자 입장에서는 그것이 달콤하고 무해한 것으로만 느껴진다. 하지만 한 번이라도 반대편 입장에 서본다면 도취의 쾌감을 중심으로 공격성이 방출되어 나온다는 사실을 실감할 수 있을 것이다.*

양자 간의 관계가 악화될 때 시기심을 느끼는 당사자의 태도 변화에도 주목할 필요가 있다. 단순히 시기심이 강화되는 데서 그치는 것이 아니기 때문이다. 그의 시기심은 편애에 의한 질투가 형성되는 것과 유사한 과정을 거쳐 질투로 변형된다. 물론 이 경우에는 시기의 대상이 둘로 양분되어 있지 않지만, 상대방이 추가로 일으키는 거부감은 당사자의 시야를 한쪽으로 잡아당겨 대상을 임의적으로나마 나누어 보도록 만든다. 즉, 욕망의 대상이라 할 수 있는 권위 있는 인물이 시야에서 벗어날 때 인정받는 타인으로 관심이 국한되면서 거부감이 강화되는 것과 마찬가지로, 여기서도 거부감의 강화와 함께 욕망을 자극하는 상대방의 측면이 관심 범위 밖으로 벗어나게 되는 것이다. 이 경우 특징적인 것은 거부감 강화가 반대로 인식의 제한을 촉발한다는 점인데, 사실 이 둘 중 어느 쪽이 먼저인지는 그다지 핵심적인 문제가 못 된다. 두 측면 모두 동일한 하나의 과정에 종속되기 때문이다. 하지만 이런 식으로 유발되는 질투는 대상 인식을 분열시킨다는 나름의 특성

---

* 이와 관련된 내용은 163쪽의 '화에 대한 취약성' 부분을 참조하기 바란다.

도 지니는 데다가, 발생 규모 역시 한층 작은 것이 보통이므로 원한다면 질투의 또 다른 유형으로 간주해도 무리가 없을 것이다.

이제 잠시 멈춰서 생각해보기로 하자. 시기심에서 벗어나기 위한 당사자의 노력이란 결국 무엇일까. 그것은 욕망의 측면을 조절함으로써 거부감을 제거하는 것이 아닐까? 분명 그럴 것이다. 시기심에 내포된 거부감은 욕망에 종속된 것으로서, 욕망의 강도에 의존하기 때문이다. 그것은 대부분 욕망을 통해서만 조절 가능하다. 그런데 질투는 앞서 말했듯이 이 욕망이 상당 부분 타인에게 위임되거나 떨어져 나갈 때 형성되는 감정 상태이다. 감정에 대한 주도권 상실이 질투라는 정서의 근간을 이루는 것이다. 따라서 질투에 휩싸인 사람은 분명 지극히 제한된 조처밖에는 취할 수 없을 것이다. 이 같은 사정은 질투의 파괴적 잠재력을 부분적으로 설명해준다. 감정에 대한 통제권을 박탈당한 채 미움이나 증오의 상황에 수동적으로 내맡겨진 사람이 할 수 있는 일은 많지 않기 때문이다. 그는 공격적인 태도를 취하도록 거의 내몰리다시피 할 것이다.

하지만 그렇더라도 질투에 대한 반응이 항상 부정적이기만 한 것은 아니다. 문제 해결의 열쇠라 할 수 있는 욕망의 측면이 그의 외부에 여전히 존재하기 때문이다. 당사자는 이 욕망의 구현체에게 영향력을 행사함으로써 사태를 바로잡고자 시도할 수 있다.

이런 시도는 전형적 질투에서 특히 두드러진다. 욕망의 역할을 담당하는 상대방이 밖으로 뻗어 나아갈 때 뒤에서 잡아당기는 것이 당사자의 주된 역할이기 때문이다. 이 양자를 합일된 인격체로 간주한 뒤 이들이 벌이는 연극에 시기심이란 이름을 부여할 수 있었던 것도 바로 이 긴장감 덕분이었다. 이 긴장은 보통 상대의 관심을 다시 자신에게 돌려놓고자 하는 시도로 모습을 드러내는데, 상대방의 관심이 지나치게 외부로 쏠려 있는 경우에는 당사자가 대놓고 그에게 반감을 표출하기도 한다. 자신의 고통에 공감을 못해주니 느끼도록 만들 수밖에 없는 것이다. 그렇지만 이 같은 공격성은 대부분 관심을 기울여 달라는 호소에 지나지 않으며, 상대는 이 근본 동기를 어렵지 않게 감지해낸다.

편애에 의한 질투에서는 상황이 조금 다르게 전개된다. 이 경우에도 관심의 호소를 목적으로 하는 공격성이 분명 존재하지만, 그 대상이 되는 권위 있는 인물은 보통 당사자의 의도를 충분히 파악하지 못한다. 그의 태도를 반항으로만 해석하는 것이다. 어쩌면 이 권위 있는 인물은 그가 고의로 자신의 기분을 해친다고 비판하면서 그를 더 멀리하려 들지도 모른다. 하지만 이 같은 몰이해에도 나름의 근거는 있다. 여기서는 당사자의 공격성에 파괴적 의도가 직접 배어들기 때문이다. 편애에 의한 질투의 경우 인정받는 타인과 권위 있는 인물이 동시에 시기의 대상 역할을 담당한다고 한 점을 떠올려보기 바란다. 그러면 당사자가 왜 그렇게 행동하는지 이해할 수 있을 것이다. 그는 상대의 탁월성을 깎아내리거나 파괴하는 사람과 비슷한 동기에 의해 자극받는다. 하지만 물론 여기서 강조해야 할 것은 이 공격성에 내포된 역설적 측면이다. 하나의 공격성으로 두 가지 상반된 동기가 동시에 표현되지만 겉으로 드러나는 것은 사태의 부정적 측면뿐이기 때문이다.

그런데 사실 욕망의 구현체, 즉 권위 있는 인물을 대상으로 한 이 같은 조처들은 어떤 무력감을 그림자처럼 달고 다닌다. 그 욕망에 대한 통제권은 결국 상대에게 속한 것이기 때문이다. 당사자가 아무리 발버둥을 친다 해도 상대가 호응해 오지 않으면 그로서도 어찌할 도리가 없을 것이다. 게다가 두 번째 유형의 질투에서는 이처럼 욕망의 측면에 직접 대응한다는 것 자체가 쉬운 일이 아니다. 그는 말 그대로 권위 있는 인물이기 때문이다. 이 반항적 공격성은 아마도 상황의 심각성이 일정 수준 이상으로 치달은 뒤에야 모습을 드러낼 수 있을 것이다. 이런 이유들로 인해 질투에 휩싸인 당사자는 좋든 싫든 파괴적 충동으로 내몰리게 되는데, 문제는 이 충동에 대한 대응책이 마땅치 않다는 점이다. 질투의 대상을 향해 충동을 풀어놓든 그 충동을 품은 채 혼자서 고통받든 해롭기는 마찬가지인 것이다. 욕망의 대상을 포기하는 편이 그나마 나아 보일지 모르지만, 이 또한 결코 쉬운 일이 아님은 두말할 필요도 없다. 그는 아마도 몸의 일부를 잘라내는 것 같은 고통을 감내해야 할 것이다.

그래서인지 질투를 유발하는 행위에는 보통 어떤 식으로든 제재가 가해진다. 당사자 입장에서 취할 수 있는 조처가 별로 없으니 주변에서 대신 대응을 해주는 것이다. 그중에서도 특히 전형적 질투를 일으키는 간통 같은 행위는 강력한 사회적 지탄의 대상이 되기까지 하는데, 이는 아마도 이런 식으로 유발되는 질투의 강도가 가장 심하기 때문일 것이다. 한편, 편애는 정도가 한층 덜한 질투를 일으키는 만큼 좀 더 약한 제재를 받는다. 도덕이라는 심리적 강제 수단이 그것이다. 하지만 아무리 봐도 이 규제 조처가 제 역할을 다하고 있는 것 같지는 않다. 편애가 문제가 된다는 것을 아는 사람조차 막상 자신이 그런 태도를 취할 때는 별 거리낌이 없어 보인다. 왜 그럴까? 아마도 편애에 애정의 요소가 배어 있기 때문일 것이다. 아무리 편파적이라 해도 누군가에게 애정을 표현하는 사람 입장에서 자기 태도의 정당성을 의문시하기란 분명 쉬운 일이 아닐 것이다. 하지만 그렇다고 해서 편애로 인해 질투가 촉발된다는 사실이 변하는 것은 아니다. 질투, 그리고 질투가 초래할 수 있는 부정적 결과와 완전히 다른 외관을 하고 있을지는 몰라도, 편애는 어쨌든 이 모두의 근본적 원인이다.

열등의식

열등의식은 크게 열등감과 수치심으로 나눠볼 수 있다. 이 두 감정 상태는 그 느낌의 차이가 뚜렷하지만, 내용의 측면에서 서로 인접해 있는 데다 기본 골격까지 서로 맞물려 있기 때문에, 하나의 원리만 제대로 해명하면 다른 하나의 원리는 어렵지 않게 짐작해낼 수 있다. 여기서는 열등감을 중점적으로 해명한 뒤 그로부터 수치심을 이끌어내는 식으로 내용을 전개해보려 한다.

그런데 열등감은 시작부터 커다란 문제를 하나 던져준다. 즉, 열등감은 안과 밖, 주관과 객관의 구분 자체를 무의미한 것으로 만들어놓는다. 예컨대, 열등감을 자극하는 대상이 주체 외부에 실재하지 않는 경우를 떠올려보기 바란다. 이때 당사자는 자신을 위축시키는 대상이 현실적으로 존재하지 않는다는 사실을 잘 알면서도 열등감을 느낀다. 그렇다면 그는 대체 무엇으로부터 움츠러드는 것일까? 우월 대상에 대한 기억으로부터 움츠러드는 것일까? 그럴지도 모르겠다. 하지만 그렇다면 그 기억은 당사자의 외부에 있는 것인가 아니면 내부에 있는 것인가? 아마도 '외부'에 있다고 하면 문자 그대로 정신 나간 소리처럼 들릴 것이고, '내부'에 있다고 하면 열등감 특유의 위축감을 설명할 수 없게 될 것이다. 위축감은 항상 안과 밖 사이의 분열을 전제로 하기 때문이다. 그러므로 여기서는 기존의 안팎 구분을 인위적인 것으로 간주할 것이고, 안과 밖이라는 표현을 사용할 때도 오직 상대적인 의미로만 쓸 생각이다.

그럼 이런 점들을 염두에 둔 채, 먼저 열등감의 기초가 되는 우열 관념이 어떤 식으로 발생하는지부터 따져보기로 하자.

내 적 분 열

사람들은 남과 나를 비교하는 행위가 우월감이나 열등감의 원흉이라고 말하곤 한다. 그러면서 열등감을 느끼기 싫다면 다른 사람과 자신을 비교하지 말라고 충고해주기도 한다. 그렇다면 비교란 대체 무엇일까? 두 개의 사물을 번갈아 보는 것만으로 비교가 성립할까? 그렇지는 않을 것이다. 만일 그것이 비교라면 모든 인식 행위가 사실상 비교일 것이기 때문이다. 비교라는 행위에는 관심이 빨려 들어가는 듯한 과정이 반드시 동반되어야만 한다. 설령 비슷한 부류에 속하는 두 대상을 나란히 놓고 본다 해도 이 과정이 촉발되지 않는다면 그것은 비교라 할 수 없다. 비교 행위에 내재된 이 과정은 매혹이라는 말로 가장 잘 표현할 수 있는데, 이 매혹은 발생과 동시에 일종의 거부감, 또는 반감까지도 함께 불러일으키는 경향이 있다. 즉, 매혹은 매혹 대상을 중심으로 쾌감을 일으키기도 하지만, 이 대상에게 관심을 빼앗기는 다른 대상을 거부감으로 뒤덮기도 한다. 다른 사람의 화려한 모습이 자신을 상대적으로 초라해 보이게 만드는 것도 바로 이 거부감의 영향 탓일 것이다. 그렇다면 이 거부감은 어떤 식으로 형성되는 것일까?

다음과 같은 상을 떠올려보기 바란다. 두 대상이 일정한 거리를 유지한 채 앞뒤로 놓여 있고, 이들 주변에는 어떤 관심의 장이 형성되어 있다. 경험 당사자는 그 관심의 한 부분으로서 이 양자 사이에 자리 잡고 있다. 이때, 이들 중 앞에 놓인 대상이 자신의 매력으로 주변의 관심을 온통 끌어들이기 시작한다. 당사자의 관심도 이 흐름에 동참하여 함께 빨려 들어가고, 그 대상을 향해 집중된 관심은 쾌감을 발산하며 소멸한다. 그런데 당사자는, 그 이유야 어찌 되었든, 쾌감을 누리다 말고 관심을 돌려 뒤에 있는 다른 대상을 바라본다. 혼자서 주도적인 관심의 흐름을 거스르는 것이다. 그는 마치 바람을 마주선 사람처럼 버티고 서서 관심을 반대로 향하게 하려고 애를 쓴다. 이 순간 그는 어떤 느낌을 받을까? 분명 어떤 식으로든 저항감을 느낄 수밖에 없을 것이다. 그 자신이 능동적으로 저항을 해서라기보다는 자신을 향해 관심이 휘몰아치기 때문이다. 그는 자신의 의도와는 상관없이 저항하게 될 것이고, 여기서 비롯된 저항감은 당사자의 인식을 물들여 뒤에 놓인 그 대상에게도 비슷한 속성을 부여하도록 만들 것이다.

매혹의 반작용으로 일어나는 거부감은 아마도 위와 같은 과정을 거쳐 형성될 것이다. 물론 문자 그대로 그렇다는 말은 아니지만 이 과정은 적어도 비교 상황에서 일어나는 느낌의 흐름을 대략적으로나마 묘사해준다. 그런데 여기서 흥미로운 것은 이 매혹이란 현상으로부터 가치 판단이 발생한다는 사실이다. 매혹이 가져다주는 쾌감과 거부감은 당사자의 주관적 현실을 선악, 미추 등으로 양분해놓는다. 매혹과 동시에 분별이 들어서는 것이다. 여기서 낙원의 열매, 불복종, 나뭇잎 등을 떠올린다면 지나친 일일까? 그럴지도 모르겠다. 그 장대한 신화에 비하면 이 단순한 과정은 너무나도 보잘것없어 보인다. 하지만 그렇다고 하더라도 이들 사이에 존재하는 유비 관계를 경험을 뒷받침하는 하나의 근거 자료로 삼을 수는 있을 것이다.

그럼 열등감을 일으키는 당사자가 현실에서 이 비교 과정을 어떤 식으로 수행하는지 파악해보기로 하자. 열등감의 상황에서는 비교 대상 모두가 외부에 놓여 있는 것이 아닌 만큼 어떤 식으로든 내적 분열이 일어나리라고 예상해볼 수 있을 것이다. 이 과정을 말로 옮겨놓으면 사실 다소 낯설게 들릴 수도 있다. 하지만 익숙한 경험을 다르게 표현한 것뿐이므로 기억을 더듬어 비교해본다면 별 어려움 없이 수긍할 수 있을 것이다. 이번에도 먼저 중심이 되는 상부터 제시하고자 한다.

어떤 이유에서든 중력의 영향으로부터 자유로운 공간이 있다고 상상해보기 바란다. 이곳에 점성이 있는 구체 하나가 떠 있다. 이 구형 물질은 자유자재로 늘었다 줄었다 하면서 자기 자신과 세상을 인식할 수 있다. 이제 이 물질이 외부에 있는 대상을 향해 몸의 일부를 돌출시킨다고 해보자. 그 구체는 대상의 형상을 그대로 머금고 잠시나마 그 대상이 된 것처럼 느낄 수 있다. 하지만 이렇게 대상을 인식한 뒤에는 다시 되돌아와 몸의 나머지 부분으로 섞여 들어야 한다. 그런데 때로는 이 같은 재결합이 잘 이루어지지 않는다. 밖에서 체험한 대상이 너무 매혹적이어서 계속 그리로 빨려들기 때문이다. 즉, 대상과 잠시 일체를 이루었던 몸의 일부는 그 대상의 속성에 넋이 나간 채로 자기 자신에게 발걸음을 돌리지만, 매혹의 반작용으로 일어나는 거부감으로 인해 자신에게 제대로 섞여 들지 못한다. 초라해 보이는 자신의 모습을 스스로 거부하고 마는 것이다. 이 광경은 아마도 작은 구체로 큰 구체를 짓누르는 것과도 같을 것이다. 하지만 상황은 여기서 종결되지 않는다. 작은 구체에 중심을 잡은 채 자신을 밀쳐내던 인식 기능은 정체성의 중심을 어느 순간엔가 큰 구체 쪽으로 이동시킨다. 그런 뒤 방금 전까지 몸담고 있던 작은 구체로부터 움츠러들면서 자신의 가치가 저하되는 듯한 기분을 느낀다. 열등감의 전형적 느낌은 바로 이 마지막 단계에서 일어난다.

이상이 열등감의 전개 과정에 대한 대략적 묘사이다. 아마도 느낌의 윤곽을 더듬으면서 그 움직임을 바라보다 보면 대체로 이와 유사한 그림을 그리게 될 것이다. 여기서 눈에 띄는 것은 열등감이 연속되는 발달 과정을 거친다는 점인데, 이 과정은 편의상 세 단계 정도로 나눠볼 수 있다. 매혹, 자기 거부, 정체성 이동이 그것이다. 그러면 이들 각각을 좀 더 자세히 들여다보면서 도식과 체험 사이의 틈을 메워보기로 하자.

직접 경험을 돌이켜보면 알겠지만, 열등감은 보통 비교 대상에 대한 매혹을 전제로 한다. 이 매혹과 자기 거부 사이에 시간적 간극이 존재할 수는 있지만, 어쨌든 매혹이란 과정 없이는 열등감도 일어나기 힘들다. 매혹이란 태도를 통해 열등감 형성의 바탕이 마련되는 것이다. 하지만 사실 매혹 과정 자체만 고립시켜놓고 보면 그것은 말 그대로 그저 매혹일 뿐이며, 열등감의 느낌과 아무런 상관도 없다. 이 매혹은 도리어 주체의 관심을 밖으로 잡아끌어 그 대상을 순간적으로나마 대리 체험하도록 해준다. 그리고 이 과정을 통해 당사자는 잠시나마 자기 자신에서 벗어나 외부 대상의 정체성을 향유할 수 있게 된다. 그는 뒤에 두고 온 자신의 진정한 정체성을 망각한 채 매혹의 대상 속으로 빠져들고, 정신을 차리기 전까지는 그 대상이 된 듯한 느낌을 받는다. 정체성의 중심이 잠시 외부 대상 속으로 이전되는 것이다. 특정 대상에 단순히 몰두하는 동안에도 이와 유사한 과정이 일어나긴 하지만 매혹과 완전히 같다고는 할 수 없다. 그 몰두 대상에겐 끌어당기는 힘이 결여되어 있기 때문이다. 이런 경우에는 당사자가 원하는 대로 의식을 좁혔다 넓혔다 하면서 관심의 방향과 폭을 조절할 수 있다. 하지만 매혹은 이 같은 자율성에 손상을 입힌다. 매혹 대상이 당사자의 관심을 붙잡고 있어 의식을 원래 상태로 되돌리기가 힘들기 때문이다. 말하자면, 대상에 국한된 의식에서 전 상황을 포괄하는 의식으로의 이행이 순조롭게 이루어지지 못하는 것이다. 이 상태에서 당사자가 고개를 돌려 자기 거부를 일으키기라도 한다면 부분 의식과 전체 의식의 재통합은 힘들어지게 될 것이다.

다소 극단적인 예를 들었지만, 현실에서는 물론 매혹이 이처럼 전적으로 일어나는 경우가 많지 않을 것이다. 대부분의 경우 당사자는 자신의 원래 정체성을 여전히 보유한 상태에서 오직 부분적으로만 대상에 참여한다. 대상 속으로 빨려드는 만큼 원래 정체성이 희미해지는 것은 사실이지만 그 정체성을 완전히 잊어버리는 것은 아니다. 하지만 그렇다고 해서 상황이 더 낫다고는 할 수 없다. 대상 쪽에 자리 잡은 정체성으로 옮겨 가 자신을 되돌아볼 때 인식이 뒤틀리는 것은 마찬가지이기 때문이다. 이 경우에도 그의 정체성은 여전히 둘로 양분된다.

그렇다면 자기 거부에 의한 정체성 분열은 현실에서 어떤 식으로 경험될까? 다시 대상에 빠진 부분 의식의 관점을 취해보기로 하자. 당사자는 대상에 완전히 매혹된 채 그 매혹이 가져다주는 쾌감을 향유하고 있다. 만일 이 매혹 상태에 계속 머물 수만 있다면 자기 거부는 아마도 안 일어날 것이다. 하지만 뒤에서 기다리고 있는 자기 자신을 나 몰라라 할 수는 없는 일이다. 그는 되돌아와 자신을 돌보아야만 한다. 그런데 자신에게로 관심을 돌리는 순간 평상시와는 다른 광경이 펼쳐진다. 평소에 아무렇지도 않게 받아들이던 자신의 모습이라 하더라도 어째서인지 이 순간만큼은 영 마음에 들지 않는다. 매혹 대상의 관점에서 자신을 바라보고 있기 때문이다. 그는 이 부분 의식 쪽으로 정체성의 중심을 옮겨 잡은 뒤 자신을 대상화하여 바라보면서 자기 모습을 거부하는데, 이는 마치 매혹 대상의 편을 들어 기존의 자신을 영역 밖으로 밀쳐내는 것과도 같다. 대상의 성질을 머금고 들어와 통합을 거부하는 이질적 인격 하나가 형성되는 것이다. 하지만 당사자가 이 인격에 머물며 자기 거부를 수행하는 기간은 그다지 길지 않을 것이다. 현실에서 등을 돌린 채 자신의 모습을 비판만 한다면 일상의 가장 사소한 일조차 처리할 수 없을 것이기 때문이다. 그 모습이 마음에 걸리더라도 일단 원래의 정체성부터 회복해야 현실에 대처할 가능성이 생길 것이다. 따라서 그는 새로 형성해낸 이 정체성을 즉시 망각한 채 뒤로 물러서거나, 아니면 이 두 정체성 사이를 얼마간 오고 가면서 두 종류의 문제에 동시에 대처하게 될 것이다.

이 같은 정체성 분열은 자기 거부가 지속되는 한 사라지지 않는다. 자신을 향한 이 거부감이야말로 정체성들 간의 분열을 유지시키는 장벽이기 때문이다. 하지만 앞서 말했듯이, 이 거부감은 매혹에 대한 저항으로 인해 발생한 뒤 대상 인식 위에 덧씌워진 색안경에 불과하다. 즉, 그 느낌은 대상의 본질적 속성이라 할 수 없다.

당사자 입장에서는 눈앞의 대상* 때문에 그런 느낌이 일어나는 것이라고 생각하기 쉽지만, 이처럼 거부감의 원인을 잘못 설정한다면 매혹의 부작용과 매혹 그 자체를 지속하는 결과만 초래할 것이다.

그런데 엄밀히 말하자면 이 자기 거부의 단계도 열등감이라 부르기에는 다소 무리가 있다. 당사자의 정체성이 완전히 부분 의식 쪽으로 옮겨 가 자기 거부를 수행한다면, 그가 느끼는 것은 자신에 대한 불만족감이나 개선 의지뿐일 것이기 때문이다. 진정한 의미의 열등감은 원래 위치로 정체성 이전이 이루어진 다음에야 일어난다. 이 정체성 이전은 상당히 부자연스러운 방식으로 일어나는데, 그것은 물론 당사자가 그들을 억지로 나눠놓았기 때문이다. 이 같은 의식의 분리가 없었다면 부분으로 국한되었던 정체성이 자연스럽게 확장하면서 하나로 통합되었겠지만, 이제는 확장 자체가 불가능해졌다. 관심이 매혹과 거부감에 단단히 묶여 있기 때문이다. 그러므로 당사자 입장에서는 이 구속된 정체성을 내버려둔 채 떨어져 나와 배경에 있던 전체 의식으로 갑작스럽게 이동해 들어갈 수밖에 없을 것이다. 이질적 정체성을 망각하는 대신 기존 정체성에 대한 기억을 다시금 불러일으키는 것이다. 하지만 원래의 정체성이 온전히 복원될 리는 없다. 그 일부가 떨어져 나가 독

---

* 비교당하는 주체 자신의 모습.

자적인 세력을 형성했기 때문이다. 따라서 당사자는 이 정체성을 되찾는 즉시 조금 전까지만 해도 감지하지 못했던 느낌 속으로 빠져들게 될 것이다. 이 느낌이 바로 본래적 의미의 열등감 자체이다. 이 열등감은 대부분 일종의 위축감으로 경험되며, 본능적으로 움츠러드는 움직임에 의도적으로 저항할 경우 공기 덩어리에 짓눌리는 듯한 느낌으로 경험되기도 한다.

그런데 여기서 흥미로운 점은 자기 거부를 수행하던 부분 의식이 사라지지 않고 계속 유지된다는 사실이다. 당사자가 그 정체성을 포기한다 하더라도, 그것은 일정 기간 동안 잔존하며 당사자를 계속해서 압박해 들어온다. 이 현상은 어떻게 보면 상당히 괴팍해 보인다. 그래서인지 비교적 흔하게 발생하는데도 불구하고 아직까지 상식에 편입되지 못하고 있다.* 하지만 이 사실만 인정하면 열등감 자체는 물론 열등감을 둘러싼 다른 현상들까지도 함께 이해할 수 있게 된다. 대표적인 예로 들 수 있는 것이 바로 자의식이다.

열등감에는 종종 타인의 시선에 대한 민감성이 수반된다. 열등감에 빠졌을 때는 다른 사람이 자신을 보고 있다는 느낌 때문에

---

* 인식 대상의 상, 즉 표상의 위치를 몸의 안쪽 영역으로만 국한하는 태도는 분명 상식에 어긋난다. 상식이 항상 더 옳다는 말은 절대 아니지만, 그런 태도는 상식의 진실된 측면마저 거짓된 것으로 만들어놓는다. 이 편견만 극복해도 여기서 묘사하는 현상을 받아들이기가 한결 수월해질 것이다. 이와 관련된 더 자세한 내용은 베르그송의 《물질과 기억》 초반부를 참조하기 바란다.

좀처럼 마음을 놓기가 힘들다. 주변의 비판적 시선을 의식하느라 행동의 자율성이 제약을 받는 것이다. 하지만 당사자의 이런 생각은 착각이거나 과장인 경우가 많다. 예를 들어, 저쪽 어디선가 시선이 느껴져 그 방향을 바라보았다고 해보자. 그런데 그쪽에 있는 사람들은 나에겐 별 관심이 없는 듯하다. 방금 전까지 나를 바라보다 고개를 돌렸을 가능성이 없지는 않지만 아무리 봐도 이는 지나친 추정인 것 같다. 때로는 그 방향에 아무도 없기 때문이다. 그렇다면 방금 전의 그 시선은 누구의 시선인가? 그것은 자신으로 향하는 자기 자신의 의식, 즉 자의식일 수밖에 없을 것이다. 하지만 이는 물론 상상조차 하기 힘든 일이다. 나는 분명 이쪽에 있기 때문이다. 그래서 당사자는 방금 전의 그 느낌을 착각으로 단정 짓는다. 그렇게 하는 것이 더 현실적으로 보이기 때문이다. 그렇지만 이런 태도를 취한다고 해서 문제가 해결되는 것은 아니다. 경험은 자신을 착각으로 매도한 당사자에게 보복이라도 하듯 진정한 착각을 일으켜 그에게 고통을 가한다.

예컨대, 열등감을 느끼는 누군가가 모임에 참석하고 있다고 해보자. 이런 자리에서는 서로 시선을 주고받는 것이 자연스러운 일이다. 그런데 당사자는 어떤 이유에서인지 자기 멋대로 사람들에게 비판적 성향을 부여한 뒤 그 비판에 노출될까 봐 두려워하면서 긴장을 놓지 못한다. 마치 모든 사람이 자신의 열등한 측면에 집중하고 있는 것처럼 행동하는 것이다. 하지만 물론 열등한 측면을 비판하는 그 시선은 다른 누군가의 시선이 아닌 자신의 시선이다.

그는 아마도 이 비판적 시선의 자리에 다른 사람들을 번갈아 대입해 가면서 그 느낌의 원인을 찾았다고 확신하겠지만, 이는 사실 대부분 착각이거나 과장에 불과하다. 만일 당사자가 애초에 자의식의 본성을 직시했더라면 이런 오해는 일어나지 않았을지도 모른다.

　지금까지 열등감의 형성 과정을 살펴보았다. 열등감은 짓눌리는 전체 인격으로 정체성이 후퇴할 때 일어나는 감정 상태로서, 수동성이 주된 특성이다. 하지만 열등감과 긴밀히 연관된 감정인 수치심은 수동성과는 거리가 멀다. 터질 듯이 부풀어 오르는 그 느낌은 능동성을 넘어 거의 공격적이라는 인상마저 준다. 인접해 있는 두 정서가 이토록 상반된 특성을 보이는 것은 왜일까? 결론부터 말하자면, 그건 열등감으로부터 정체성 이동이 한 번 더 일어났기 때문이다. 이런 일이 어떻게 가능한지 이해하려면, 앞서 제시한 상을 바탕으로 삼아 상상의 나래를 좀 더 펼칠 필요가 있다. 하지만 이 새로운 도식은 단순한 공상의 산물이 아니다. 그것은 실제로 관찰되는 단편적 상태들을 보기 좋게 재구성한 것에 불과하다. 굳이 이렇게까지 하는 이유는, 그래야만 양자 사이의 연관성이 뚜렷해지기 때문이다. 그럼 이제 이런 점들을 염두에 둔 채, 수치심의 형성과 작용 양상에 대해 알아보기로 하자.
　먼저 열등감을 나타내는 시각적 상을 다시 떠올린 뒤, 작은 구체의 크기를 계속 축소하면서 큰 구체 속으로 서서히 밀어 넣어보기 바란다. 즉, 전체 인격을 짓누르던 부분 인격을 전체 인격 안으로 더 깊숙이 밀어 넣으면서 크기를 점점 더 축소해보기 바란다. 그러면 이 부분 인격에 짓눌려 움츠러드는 수동적 영역의 크기도 함께 작아진다는 점을 발견할 수 있을 것이다. 열등감의 본체였던 전체 인격이 부분 인격에 인접한 수동적 영역과 그 배후에 드리워진 능동적 영역으로 양분되는 것이다.* 이 중간적 상태에서는 열등감을 구성하던 두 인격, 즉 부분 인격과 전체 인격의 수동적 측면이 이 열등감 복합체 주변으로 비집고 나오려는 전체 인격의 능동적 측면과 함께 공존한다. 하지만 이 과정을 끝까지 밀어붙여보기로 하자. 그러면 열등감 복합체의 크기가 계속해서 작아지다가 결국 한 점으로 수렴하는 모습을 보게 될 것이다. 이 최종 상태까지 살아남는 건 배후의 능동적 인격뿐이다. 그렇다면 이 순간 당사자의 정체성에는 어떤 일이 벌어질까? 그것은 분명 설 자리를 잃고 뒤로 밀려나게 될 것이다. 그리고 이와 동시에 능동적 인격이 처한 상태를 온전히 느낄 수밖에 없게 될 것이다. 수치심 속으로 빠져드는 것이다. 실제로, 수치심 특유의 이 느낌은 커다란 구체를 깊숙이 찌를 때, 그 구체가 나타내 보이는 긴장감과 상당히 닮아 있다.

---

* 커다란 구체의 한쪽 측면을 짓누를 때 그 구체 내의 힘의 흐름이 어떻게 될지 상상해보기 바란다. 짓눌리는 면에 인접한 부분은 어쩔 수 없이 수동적으로 움츠러들게 되겠지만, 나머지 부분은 방향을 틀어 터질 듯이 밀치고 나올 것이다. 열등감에서는 밖으로 향하는 이 능동적 영역을 거의 찾아볼 수 없다.

대부분의 수치심은 바로 이런 과정을 거쳐 촉발된다. 열등감 복합체가 여전히 존재하는 중간 단계에도 수치심으로 정체성 이동이 일어날 수 있긴 하지만, 그 빈도는 현저히 떨어질 수밖에 없다. 수치심이란 감정만큼 참기 힘든 정서도 드물기 때문이다. 당사자는 주로 어쩔 수 없는 경우에만 이 배후의 인격으로 정체성의 중심을 이전시킬 것이다. 그는 보통 배후의 능동적 인격을 의식조차 안 할 것이고, 조여 오는 상대의 시선으로부터 움츠러드는 데만 온 힘을 쏟을 것이다.

하지만 가끔씩은 수치심이 열등감을 품은 채로 일어나기도 한다. 열등감을 느꼈다는 사실 자체에 수치심을 느끼는 것이다. 이런 일은 주로 과거에 느꼈던 열등감을 회상하는 상황에서 일어나는데, 이렇게 유발되는 수치심은 단순한 화와 그 성질이 매우 유사하다. 그렇지만 어쨌든 수치심은 보통 열등감 복합체가 한 점으로 수렴되는 순간, 즉 자신의 열등한 측면이 상대에게 노출되는 순간 촉발된다.* 이 순간 당사자의 인격은 노출된 결점의 가장자리로 비집고 나오면서 터질 듯이 부풀어 오르고, 이 같은 팽창은 그의 낯을 그야말로 뜨겁게 달궈놓는다.

그렇다면 이 능동적 인격에는 과연 어떤 내용이 담겨 있을까?

---

* 열등감 복합체의 일부인 자기 거부는 일종의 완충제 같은 역할을 한다. 당사자가 자신의 결점을 스스로 거부하는 만큼 외부에 노출되지는 않는 것이다. 하지만 이 자기 거부의 영역이 계속 축소되어 사라져버린다면 더는 결점을 가릴 수 없게 될 것이다.

그것은 아마도 어떤 종류의 우월 관념이거나, 자신의 뛰어난 특성에 대한 기억 따위일 것이다. 열등한 측면이 노출된 순간, 그와 반대되는 측면들이 자신의 존재를 증명하기 위해 쏟아져 나오지만, 병존 불가능한 현실이 길을 가로막고 있어, 앞으로 표출되지 못한 채 그 가장자리로 부풀어 오르는 것이다. 하지만 가끔씩은 이 인격이 현실을 우회하기도 한다. 그것은 마치 바위를 우회하는 강물처럼 현실을 우회한 뒤 하나로 합쳐져 과장된 과시의 형태로 자신의 본성을 표출해낸다. 원하던 것과 정반대의 모습으로 평가받은 것이 너무나도 고통스럽기 때문이다. 그런데 사실 수치심은 과시적이거나 도취적인 인격을 거의 따라다니다시피 한다. 이 인격이 자신의 뛰어난 측면만 돌보면서 열등한 측면은 내팽개쳐버리기 때문이다. 그의 열등한 측면은 마치 버림당한 데 보복이라도 하듯 뛰어난 측면 앞에 끼어들어 자신의 존재를 내세우는데, 이때 유발되는 감정이 바로 수치심이다.

수치심은 이처럼 가치 증명에 대한 요구와 밀접하게 연결되어 있다. 그것은 항상 외부에서 자신을 바라보는 타인을 전제로 하고 있으며, 따라서 결코 독립적으로는 발생할 수 없다. 이런 이유들로 인해, 이 감정은 타인의 특성에도 상당한 영향을 받는데, 대체로 가치 증명에 대한 필요가 절실하면 절실할수록 심해지는 경향을 보인다. 예컨대, 상대가 그의 장점을 이미 잘 알고 있는 사람이라 해보자. 그러면 당사자는 아마도 열등한 측면이 노출되어도 심하게 당황하지는 않을 것이다. 반대되는 측면을 굳이 증명해 보이지 않아도 되기 때문이다. 하지만 상대가 초면이라면, 그리고 그에게 잘 보여야 한다면, 당사자는 열등한 면모를 드러낸 데 크게 수치스러워할 것이다. 잠재되어 있던 뛰어난 인격이 자기 증명을 위해 맹목적으로 쏟아져 나올 것이기 때문이다.

그렇지만 이것이 전부는 아니다. 수치심은 타인의 태도에도 일정 부분 영향을 받는다. 상대가 나타내 보이는 반응이 당사자의 자기 거부에 영향력을 행사함으로써 수치심의 성질을 다소간 변형시켜놓는 것이다. 우선 상대방이 그의 열등한 측면을 거부할 경우, 감정의 질이 더 거칠어지리란 점은 어렵지 않게 예상해볼 수 있을 것이다. 상대의 거부 반응이 자기 거부를 자극하면, 이에 대한 반작용으로 화의 성질이 섞여들게 될 것이기 때문이다. 이는 어떻게 보면, 상처를 공격받은 피해자가 상대에게 화를 내는 것과도 비슷하다.

하지만 반대로 상대가 당사자의 그런 모습에 도리어 호감을 나타내 보인다면, 그는 아마도 격렬했던 수치심을 상당 부분 누그러뜨리게 될 것이다. 스스로 거부한 자신의 측면을 눈앞의 상대가 용인해주고 있기 때문이다. 그는 분명 자기 거부가 완화되는 느낌과 함께 상대방의 호감 어린 관심을 감지할 것이고, 이 새로운 느낌은 그에게 다소 다른 감정, 아마도 부끄러움으로 경험될 것이다. 사랑에 의해 수치심이 녹아내릴 때 형성되는 감정 상태, 그것이 부끄러움인 셈이다. 부끄러워하는 모습이 역으로 호감을 이끌어내곤 하는 것도 어쩌면 이런 사정 때문인지 모른다. 그 모습을 반대편에서 바라본다면, 사랑을 품은 채 뒤로 몸을 빼는 듯한 모습으로 비칠 것이기 때문이다.

부 분 의 식 의 재 점 유

　　　　　　　　　　　　순수한 의미의 열등감이라면 앞서 묘사한 기본 원리를 참조하여 별 무리 없이 설명해낼 수 있을 것이다. 하지만 열등감과 긴밀히 연관된 또 다른 태도가 들어서는 순간 이 전 과정이 한층 복잡한 양상을 띠게 된다. 그 태도란 다름 아닌 자기 방어이다. 여기서 말하는 자기 방어는 자신의 뛰어난 측면을 끌어모아 열등한 측면을 뒤덮는 태도를 가리키는데, 이 태도는 가끔씩 내적 분리를 지속시키는 요인으로 작용하기도 한다. 그러면 자기 방어의 본성을 좀 더 자세히 들여다보면서 열등감에 대한 이해를 심화해보기로 하자.

　먼저 자기 방어가 부분 의식을 통해 일어난다는 점부터 말해 두는 편이 좋을 듯하다. 자기 방어는 자기 거부를 수행하던 바로 그 부분 의식을 바탕으로 하여 유발된다. 동일한 정체성이 거부와 방어, 비판과 은폐를 번갈아가며 수행하는 것이다. 어떻게 이런 일이 가능할까? 겉으로만 보면 이 두 태도는 명백히 모순되어 보인다. 하지만 부분 의식의 성질을 참조해본다면 이 둘이 도리어 서로를 지탱해준다는 점을 알게 될 것이다. 앞서 말했듯이, 이 부분 의식은 매혹 대상의 성질을 품고 들어와 기존의 정체성과 대치하는 이

질적 의식이다. 그것은 마치 바깥세상에 완전히 물든 채 자기 본래의 정체성을 못마땅해하는 사춘기 아이와도 같다. 이 철없는 의식은 매혹에 눈이 멀어 기존 정체성을 비판하기도 하지만, 다른 한편으로 그 매혹 대상의 성질을 그대로 품고 있기도 하다. 매혹 대상에 참여했다가 떨어져 나오면서 그 성질을 묻히고 들어왔기 때문이다. 그것은 매혹 대상의 복제물과도 같은 것으로서, 그 대상으로부터 매혹자의 성질을 분명 부여받았다. 자기 거부를 수행하는 당사자로부터는 거부자의 성질을, 매혹 대상 자체로부터는 매혹자의 성질을 각각 물려받는 것이다. 양자의 성질을 모두 지닌 인격은 바로 이렇게 탄생한다.

하지만 이 성질들을 머금은 인격 요소는 자기 거부 상태에서 정체성이 물러나는 순간부터 관념적 형태를 취하게 된다. 그 인격의 중심 자리를 차지하던 구체적 인물들이 차례로 떨어져 나갔기 때문이다.* 이제 그 중심 자리에는 일반 관념과 비슷한 형태의 인격만이 남게 된다. 부분 인격이 구체성을 상실한 채 모호하게 퍼져버리는 것이다.** 하지만 이 같은 추상화 덕에 이제 이 자리에 다른 인격들이 들어설 수 있게 되었다. 당사자가 적당한 타인에게 부분 인격을 뒤집어씌울 수 있는 것도 다 이 관념적 인격의 포용성 덕이

---

* 매혹을 일으킨 외부 인물과 자기 거부를 수행하던 주체 자신.
** 이 같은 성질 변화에 대해서는 93쪽의 '불안의 대상'과 100쪽의 '회피와 추출' 부분을 참조하기 바란다.

다. 물론, 처음에는 매혹의 성질을 물려준 그 대상이 이 자리에 재차 삽입되기 쉬울 것이다. 그리고 그 대상은 이제 매혹자의 성질뿐 아니라 거부자의 성질까지 함께 드러내 보이게 될 것이다. 하지만 이 최초의 매혹 대상이 사라진다 해도 당사자에겐 여전히 무수한 선택의 여지가 있다. 관념적 인격의 포괄 범위 내에 있는 거의 모든 타인이 이 자리에 대신 들어설 수 있기 때문이다. 이 부분 인격의 영향력이 지속되는 한, 당사자는 그 자리에 적당한 타인을 아무나 끌어다놓고 느낌의 원인으로 단정 짓는 일을 계속해 나갈 것이다.

그런데 여기서 인상적인 점은 이 관념적 인격 속으로 당사자가 직접 뛰어들기도 한다는 사실이다. 그는 떨어져 나간 부분 의식을 다시 움켜쥐기라도 하듯 그 인격을 향해 정체성의 중심을 이전한다. 하지만 이는 다시 자기 거부의 태도를 취하는 것과는 다르다. 자기 거부에서는 매혹의 측면을 등진 채 거부에만 집중하지만, 여기서는 반대로 매혹의 측면을 내세우면서 자기 거부를 은폐한다. 그렇다면 이 독특한 정체성 이동은 어떠한 과정을 거쳐 일어나는 것일까? 그것은 물론 자기 방어를 통해서이다. 외부의 비판에 완전히 노출되어 있다고 느끼는 당사자는 불안한 나머지 자신의 뛰어난 측면을 끌어다 방패로 삼으면서 그것이 자기 정체성의 전부인 양 행세하게 되는데, 이때 동원되는 이 표면적 정체성은 부분 인격을 토양 삼아 성장하면서 그 인격에 내재된 성질 모두를 서서히 흡수해 나간다. 결국, 이번에는 당사자 자신의 매혹적 측면이 부분 의식의 중심 자리를 차지하게 되는 것이다.

예컨대, 누군가가 여러 면에서 매우 뛰어난 사람들에게 둘러싸여 있다고 해보자. 그는 자신의 자질을 주변 사람들과 비교하면서 그 자리에 낄 자격조차 없다고 느낀다. 하지만 그렇다고 그냥 걸어 나올 수도 없는 일이다. 어쨌든 지금 당장은 그들과 관계를 맺어야만 한다. 그래서 그는 외모를 말끔히 꾸민 채 행실을 가다듬고, 자신의 이야기를 해야 할 때도 장점만을 부각한다. 그들과 대등하다고 여겨지는 자신의 측면들만 드러내면 겉으로나마 그들과 조화를 이룰 수 있을 것이라고 생각하기 때문이다. 하지만 이런 조처에도 불구하고 여전히 마음은 놓이지 않는다. 그래서 그는 이제 그 측면들을 강화하기 시작한다. 자신의 자질들을 비현실적으로 부풀리고 왜곡하면서 과장된 정체성 속으로 빠져드는 것이다. 하지만 이렇게 강화된 그의 표면적 정체성은 우월한 외부 대상의 대체물처럼 기능하면서 기존의 자기 거부를 시행해주는 역할을 한다. 외부 대상과 대등하다고 느껴지는 자신의 측면을 끌어다가 방패로 삼지만, 그 대체 대상을 움켜쥐고 강화하는 과정에서 자기도 모르게 반대되는 자신의 측면을 밀쳐내게 되는 것이다. 이는 어떻게 보면 높이 있는 무언가를 향해 뛰어오르기 위해 땅을 밀어내는 상황과도 비슷하다. 하지만 어쨌든, 당사자는 이 같은 조처를 통해 잠시나마 상대적인 안정감을 느낄 수 있게 된다. 스스로 우월 대상이 됨으로써 거기 내재된 비판 기능까지 전부 집어삼켰기 때문이다. 그는 이제 외부의 우월한 대상들과 대등한 지위를 누리면서 조화로운 외관을 연출할 수 있게 되었다. 내면은 여전히 분열과 갈등으로 들끓고 있지만, 표면적 정체성을 제대로 움켜쥐기만 한다면 그 느낌을 잠시 마비시킬 수도 있다. 느낌은 관심이 있는 곳에서만 일어나기 때문이다.

여기서 부분 인격에 대한 소유권이 이전되는 과정에 주목해보기 바란다. 당사자는 외부로 떨어져 나간 부분 인격을 타인에게 덧씌운 뒤 그와 대치하지만, 곧 자신의 특정 측면을 중심으로 그 부분 인격의 성질들을 빨아들임으로써, 상황에 대한 통제권을 점차 확보해 나간다. 스스로 우월 대상의 성질을 소유함으로써 그 대상의 영향력을 무력화하는 것이다. 그는 분명 외부 대상에 귀속시켰던 비판 기능을 자기 비판으로 대체해 나가면서 안정감을 느낄 것이다. 남에게 직접 비판당하는 고통에 비하면 자기 비판은 아무것도 아니기 때문이다. 하지만 그는 이 과정을 거치면서 외부의 비판자를 내부로 끌어들이고 말았다.* 따라서 이제 그는 그 외부 인물이 사라진다 해도 매혹자이자 비판자인 내면의 인격과 싸움을 계속해 나가야 할 것이다. 그런데 이 과정은 어린아이가 외부의 권위를 내면화하는 방식과 이유에 대해서도 어느 정도 감을 잡게 해준다. 둘의 관계 방식이 매우 유사하기 때문이다. 질적인 차이는 분명히 존재하지만, 비판과 그에 대한 대응이라는 측면에서 보면 두

---

* 여기서 외부의 비판자는 스스로 만들어낸 뒤 타인에게 덧씌운 성향일 수도 있고 타인에게 실제로 존재하는 성향일 수도 있다.

상황이 거의 일치한다. 따라서 이 과정을 외부 권위의 내면화 과정에 대한 실마리로 삼아도 좋을 것이다.

더 나아가기 전에 치우친 점부터 바로잡는 편이 좋을 듯하다. 앞서 자기 방어를 통한 표면적 정체성의 강화에 대해 설명할 때는 그 인격의 허구적 성질에만 초점을 맞추었다. 시간 여유 없이 즉석에서 취해지는 조처를 예로 들었기 때문이다. 하지만 현실에서는 이 강화 과정이 상반된 두 방향으로 진행되어 나갈 수 있다. 허공으로 부풀다 터져버릴 수도 있지만 현실 깊숙이 스며 진정한 정체성의 일부로 통합될 수도 있는 것이다. 실제로, 기존 자질을 성숙시키거나 특정 자질을 새로 획득한 뒤, 이를 바탕으로 삼아 자신의 결점에 대한 태도를 누그러뜨리는 예는 주변에서도 얼마든지 찾아볼 수 있다. 이런 태도는 끊임없이 환상을 창조해냄으로써 환상을 유지하는 태도와 근본적으로 구분된다. 현실에 뿌리내린 진정한 정체성을 형성해내는 과정이기 때문이다. 이 정체성은 현실이라는 토양으로부터 영양분을 직접 공급받기 때문에, 일단 획득하고 나면 추가적인 관심의 노력 없이도 저절로 유지된다.

그렇다면 열등한 측면의 수용은 왜 일어나는 것일까? 그것은 아마도 새로 획득된 정체성으로 인해 매혹에 대한 집착을 놓아버릴 수 있게 되었기 때문일 것이다. 매혹적 측면을 움켜쥐던 정체성이 새로 획득된 정체성으로 뿌리내리면서 반작용으로 일어나던 자기 거부도 함께 누그러지는 것이다.

하지만 물론 이 같은 강화는 쉽게 일어나지 않는다. 정체성의 현실적 기반을 마련하려면 상당한 시간과 노력을 들여 내·외부 환경을 재조직해내야 한다. 이는 고되고 힘든 과정임에 틀림없다. 그렇지만 공상적 강화를 일으킬 때는 애써 관심을 기울여 가며 노력할 필요가 조금도 없다. 백일몽의 고삐를 풀어놓기만 하면 공상적 강화는 거의 저절로 일어나며, 보통 도취적 쾌감까지 함께 제공해준다. 그래서 그 공허한 성격에도 불구하고 이쪽으로 기울기가 쉽다. 하지만 앞서 말했듯이, 이 공상적 강화는 정체성들 간의 통합을 가로막는 장벽을 형성해낸다. 설령 당사자가 현실적 강화를 동시에 수행해 나간다 하더라도, 이 측면이 섞여 있는 한 내적 인격들 간의 완전한 통합은 불가능해질 것이다.

그러면 이제 새로운 가능성에 관심을 기울여보기로 하자. 지금까지는 주로 부분 의식을 가면처럼 사용하는 경우를 다루었지만, 때로는 당사자가 부분 의식으로 자신의 정체성 전체를 가득 메우기도 한다. 통합을 이뤄내서가 아니라 기존의 정체성을 완전히 망각해버리기 때문이다. 어떻게 이런 일이 일어날 수 있을까? 위에서 공상적 강화와 현실적 강화가 함께 일어날 수 있다고 한 점을 떠올려보기 바란다. 이 말은 기존 인격과 대치하면서도 비교적 견고한 기반을 지닌 정체성이 존재할 수 있음을 나타내준다. 그런데 이처럼 인격들 간의 분리가 유지되는 상황에서 부분 인격의 현실성이 보장되면, 당사자 입장에서는 그 부분 인격을 정체성의 중심으로 삼기가 훨씬 수월해진다. 공상적으로 형성해낸 인격은 현실

앞에서 무너지기 쉽고, 따라서 머물기에도 적절치 못하지만, 그 부분 인격에 현실성이 가미된다면 사정이 완전히 달라지는 것이다. 이 같은 상황에 처한 당사자는 아마도 그 부분 인격 속으로 빠져 들어 그 정체성을 중심으로 자신의 삶을 구축해 나가고 싶어 할 것이다. 그것이 더 매력적이고 좋아 보이기 때문이다. 그리고 그가 부분 인격 쪽으로 정체성을 국한하는 데 실제로 성공한다면, 열등감과 관련된 모든 기억들은 의식 저편으로 사라져버리게 될 것이다.*

하지만 그렇다고 내적 분리가 해소되는 것은 결코 아니다. 심리 요인들 간의 내면적 갈등은 이제 무대를 바꿔 우월성을 획득한 당사자와 외부 대상들 간 갈등의 형태로 모습을 드러낸다. 부분 의식 속에 완전히 매몰된 당사자가 한때 자기 자신을 대상으로 하던 비판을 이제 외부 대상들을 상대로 수행해 나가는 것이다. 이런 상태에 빠진 사람들은 특정 성향을 지닌 외부 대상들을 향해 필요 이상의 반감을 느끼면서 그들을 경멸하곤 하는데, 그 특성은 사실 오래전 잊혀진 그 자신의 열등한 면모가 재생되어 되돌아온 것에 지나지 않는다. 애초에 그가 진정으로 자신의 열등한 측면을 수용하거나 극복했더라면, 아마도 이런 일은 일어나지 않았을 것이다.

* 이것이 아마도 도취적 인격이 형성되는 한 가지 방식일 것이다. 이 인격은 자신의 열등한 측면으로부터 완전히 괴리되어 있기 때문에 스스로에 대해 우월감을 느끼기 쉬운데, 이렇게 일어난 우월감은 다시 기존의 분리를 지속하는 원동력으로 작용한다.

그런데 여기서 흥미로운 것은 열등한 측면에 대한 수용과 극복이 간접적인 형태로 일어나기도 한다는 점이다. 상대에게 속한 것으로 보이는 결점을 받아들이거나 포용할 경우 자기 자신의 결점에 대한 태도까지 함께 변경될 수 있는 것이다. 예컨대, 어떤 완결성에 집착하면서 긴장을 놓지 못하는 사람이 있다고 해보자. 그는 자기 자신에게 엄격한 요구를 하면서 거기에 미치지 못하는 측면에 대해 열등감을 느낄 뿐 아니라, 자신의 기준을 충족하지 못하는 타인에 대해서도 내심 비판적 태도를 취한다. 그런데 이랬던 그가 어떤 이유에서든 상대의 부족한 면에 대해 태도를 누그러뜨린다고 해보자. 그는 기존의 비판적 반응을 자제하면서 상대의 모습 그대로를 인정해준다. 그러면 그는 아마 자신의 긴장까지 함께 풀리는 듯한 느낌을 받을 것이다. 그리고 어쩌면 이 경험 자체로부터 깊은 인상을 받을지도 모른다. 조금도 기대하지 않았던 일이기 때문이다.

그렇다면 이런 일은 왜 일어나는 것일까? 그것은 아마도 부분 의식이 외부 대상과 당사자 자신의 열등한 정체성 모두에 접해 있기 때문일 것이다. 안팎으로 영향을 끼치는 부분 인격이 어느 한쪽과의 관계를 통해 자신의 성질을 변화시킬 때, 다른 한쪽에도 그 변화된 성질이 그대로 적용되는 것이다. 어쩌면 그가 현실에서 겪는 경험 자체가 잊혀진 내적 현실의 대응물인지도 모른다.

이 전체 과정을 다시 한 번 훑어보기로 하자. 처음에 당사자는 매혹의 반작용으로 자기 거부를 일으킨 뒤 거기서 떨어져 나오면서 정체성의 일부를 흘리고 들어왔다. 즉, 사실상 자기 자신에게 속한 거부자를 자신의 영역 밖에 내버려 두고 들어왔다. 그러자 그 거부자가 그의 외적 현실을 구성하게 되었다. 하지만 이후 그는 자신의 뛰어난 측면을 중심으로 그 부분 의식을 흡수해 하나의 정체성을 형성해냈고, 그 정체성 속으로 완전히 빠져들어 기억을 제한함으로써 열등한 정체성을 자신의 영역 밖으로 쫓아내버렸다. 그러자 이번에는 밀려난 그 정체성이 그의 외적 경험 속에 모습을 드러내게 되었다. 두 경우 모두, 움켜쥠과 밀쳐냄이라는 주관적 조처에 따라 내·외부 현실이 결정된 것이다. 이 같은 사실은 안과 밖의 구분이란 게 얼마나 인위적인 것인지 다시 한 번 확인해볼 수 있게 해준다. 또한 이 현상은 경험이란 것의 의미와 역할에 대해서도 어느 정도 시사점을 던져준다. 아마 이 주제만 따로 떼어놓고 숙고해보는 것도 상당히 의미 있는 일일 것이다. 하지만 여기서는 일단 주관적 현실과 객관적 현실 사이의 연결 고리를 부각한 것만으로 만족해야겠다.

불
안

* 이 장의 내용이나 분량이 부담이 될 수도 있을 것이다. 하지만 불안의 본성을 다룬 이 장은 책 전체에서 가장 중요한 부분이기도 하다. 그러니 너무 서두르지 말고 되도록 천천히, 여러 차례에 걸쳐 나누어 읽어주기 바란다. 충분한 여유를 갖고 한정된 분량의 글을 읽는다면 연관된 경험 기억들이 모여들어 글의 의미를 한층 더 생생히 밝혀줄 것이다. 혹시 이 장을 읽다가 막혀서 화가 난다면 다음 장부터 읽고 되돌아오는 것도 나쁘지 않을 것이다.

불안은 기본적으로 위험 상황에 대한 반응으로서, 그 위험에 미리 대처할 수 있도록 경고하는 기능을 지닌다는 것이 이 정서에 관한 가장 보편적인 설명이다. 이와 같은 설명은 불안을 이해하는 기본 틀로 유용하게 활용되고 있다. 하지만 그 설명은 불안이 일어나는 정황에 중점을 두고 있어서 불안 자체가 무엇인지는 밝혀주지 못하고, 따라서 과장되었거나 비합리적 불안을 해명하는 데가서는 다소 한계를 드러낸다.

이와 더불어 축적된 흥분이 불안을 일으킨다는 견해도 제시되어 왔다. 흥분이 방출되지 못한 채 쌓이면 주체의 내부에서 불안으로 변화한다는 것이다. 이런 설명은 비록 불완전하고 혼동스럽긴 해도 어떤 핵심을 건드린 것 같다는 느낌을 분명히 전해준다.

자신의 불안 경험을 어느 정도 주의를 기울여 살펴본 사람이라면 이런 식의 설명에 상당 부분 동의할 수 있을 것이다. 그렇지만 이 설명 역시 불안을 일으키는 내적 원인에 초점을 둔 것이어서 흥분이 어떻게 불안으로 변하는지 밝혀주지는 못한다.

한편, 모든 불안은 죽음에 대한 불안이라고 하기도 하고, 욕망을 불안과 밀접하게 연관된 것으로 보기도 한다. 이런 관점들은 공감을 강하게 자극하고 드러나지 않은 무언가를 품고 있다는 인상도 전해주지만, 그 의미가 당장 손에 잡히지는 않는다. 그래서인지 해명 과정에서 결국 첫 번째 관점으로 되돌아감으로써 의미가 축소되는 경향이 있다. 죽음도, 욕망의 좌절도 결국 위험 상황의 하나라는 식으로 단순화하면 문제가 해결된 듯 보이기 때문이다.

이런 문제들은 모두 애초에 불안 자체에 충분히 관심을 기울이지 않았거나, 불안의 본성을 이해하려다 불안의 상황으로 빗나가버린 데서 비롯된다. 따라서 위의 세 가지 관점 모두를 포괄하는 더 전체적이고 온전한 이해에 가 닿으려면, 불안과 관계된 내·외부적 여건으로부터 눈을 돌려 불안 그 자체에 집중할 필요가 있을 것이다. 불안에 의미가 있다면 그 의미는 분명 불안 자체에 내포되어 있을 것이기 때문이다.

역류하는 의지

　　　　　　　　　　　　　　잘 알다시피 사람들은
불안에 휩싸인 사람을 묘사할 때, 불안에 떤다는 식의 표현을 자
주 사용한다. 또한 불안에 완전히 압도당해 뻣뻣하게 굳어진 사
람을 얼어붙었다고 표현하기도 한다. 마치 불안이 실제로 추위
와 연관되어 있기라도 한 것처럼. 하지만 그뿐만이 아니다. 사람
들은 무더운 여름날이 되면 더위를 잊겠다는 핑계로 공연히 불안
을 일으키기까지 한다. 불안에 내포된 특정 속성에 은연중에 동의
하기라도 한 것처럼 말하거나 행동하는 것이다. 따라서 이런 일상
적 반응들을 단순히 근거 없는 것으로 치부해서는 안 될 것이다.
비록 주관적인 것이긴 하지만 이런 일상적 반응에는 보편적인 성
질도 동시에 담겨 있기 때문이다. 아마도 사람들은 축적된 경험을
통해 직감적으로 그 특성을 파악하고 있었을 것이다. 그렇다면 불
안의 특성이란 구체적으로 어떤 것일까? 차가운 듯한 느낌이 불
안의 한 속성이라면, 그것은 대체 왜 그렇게 느껴지는 것일까? 이
런 의문에 답하려면 먼저 불안의 느낌을 좀 더 자세히 들여다볼
필요가 있을 것이다. 모든 배경을 걷어내고 느낌의 흐름에만 관심
을 기울이다 보면, 불안의 성질을 해명해줄 다른 실마리가 모습을
드러낼지 모른다.

　그럼 실제로 불안을 느껴보기로 하자. 지금 이끌어내려는 건 불
안의 일반적 특성이므로 그 종류에 구애받을 필요는 없지만, 어떤
경우든 불안의 내용에 마음을 빼앗겨서는 안 된다. 그러니 오직

불안이 일으키는 느낌에만 머물며 그 특성들을 파악해보기로 하자.* 불안은 어떻게 느껴지는가?

우선 불안의 느낌 중 가장 두드러지는 것은 미묘한 형태의 마찰감이다. 무언가 쏠려 오는 듯한 느낌과 함께 일어나는 모호한 형태의 통증, 그것이 불안의 가장 큰 특징이다. 이 통증은 신체적 통증과는 달리 특정 지점에 국한되어 있지 않으며, 일정 기간 동안 지속되다 흔적도 없이 사라져버리곤 한다. 그것은 말하자면 유동하는 통증, 움직이는 통증이다. 하지만 그뿐만이 아니다. 그 통증은, 앞서 말했다시피, 어딘가 차갑다는 인상도 전해준다. 마찰에 의해 발생했거나 마찰 그 자체인 것처럼 보이는데도 화끈거리기보다는 차갑고 삭막하다. 마치 서늘한 안개가 몸속으로 스며들기라도 하는 듯한 기분이다. 이와 더불어 불안에는 무언가가 수축하는 듯한 느낌도 동반된다. 그것은 보통 중심을 향해 꽉 조여지는 듯한 느낌으로 경험되며, 실제로 일어나는 근육의 수축, 즉 긴장운동을 통해 가장 뚜렷하게 모습을 드러낸다. 아니, 사실 엄밀히 말하자면 이 느낌은 불안의 느낌이라 할 수 없다. 불안의 주변부에서 불안의 일부가 위축 행위로 전환되는 순간 일어나는 느낌에 불과하기 때문이다. 실제로 불안에 속하는 것은 시린 통증의 느낌이 전부이다. 하지만 이 느낌 또는 태도 역시 불안감 못지않게 중

---

* 이 태도에 관해서는 남방 불교의 관법을 다룬 저작들을 참조하기 바란다. 특히 헤네폴라 구나라타나의 《위빠사나 명상》 참조.

요하다. 불안 자체만으로는 감지하기 힘든 의지의 방향성을 드러내주기 때문이다. 그것은 불안의 흐름에 신체의 일부를 동조시켜 불안의 불쾌감을 줄여보고자 하는 본능적 노력의 표현으로서, 불안 자체에 내재된 방향성을 예측해볼 수 있도록 해준다. 따라서 여기서는 불안 자체의 느낌뿐 아니라 이 수축감도 마땅히 함께 고려해야 할 것이다.

이상과 같은 세 가지 특성들은 분명 어떤 식으로든 서로 영향을 주고받으면서 긴밀한 의존 관계를 형성하고 있을 것이다. 하나의 실체로부터 떼어낸 조각들에 불과하기 때문이다. 따라서 이 세 요인 간의 관계 방식을 해명하다 보면 불안이 형성되는 기본 원리도 자연히 밝혀지게 될 것이다. 그러니 이제부터는 위의 관찰 내용들 전체를 포괄해서 바라보며 그 의미를 숙고해보기로 하자.

먼저 통증 자체의 의미부터 들여다보기로 하자. 그러면 아마도 불안을 느끼는 당사자의 내면에서 일시적으로나마 어떤 분열이 일어나야 한다는 사실을 이해하게 될 것이다. 불안의 느낌은 한 주체의 내면에서 일어나는 것이지만, 마찰이나 통증을 일으키려면 기본적으로 독립된 두 개체가 필요하기 때문이다. 한편, 통증과 수축 사이의 관련성에 관심을 기울이다 보면, 이 수축 운동과 방향성을 같이하는 주체의 측면이 마찰을 일으키는 동인일 수밖에 없다는 인상을 받게 될 것이다. 마찰을 일으키려면 어떤 식으로든 움직임이 필요한데, 여기서 움직임과 연관된 것은 수축감뿐이기 때문이다. 그러므로 이로부터 일단 불안감이 내적 태도의 비일관성을 전제로 한다는 결론을 이끌어낼 수 있을 것이다. 어떤 이유에서든 반대로 움직이게 된 부분들 간의 마찰이 불안 특유의 불쾌감을 불러일으키는 것이다. 그렇다면 온도의 측면은 어떻게 되는 것일까? 차가운 마찰감이란 말은 그 자체로 모순이 아닐까? 반드시 그렇다고는 할 수 없다. 수동적으로 당하는 입장에서는 느낌이 정반대일 수도 있기 때문이다. 아마도 불안이 차게 느껴지는 건 주체가 능동적으로 마찰을 가하는 게 아니라 수동적으로 마찰을 당하고 있기 때문일 것이다. 정체성의 중심을 피해자 입장에 두고 있기 때문에 그 마찰을 화가 아닌 불안으로 경험하게 되는 것이다. 실제로 일상의 간단한 사례들만 관찰해 보아도 이 같은 태도 차이에 의해 얼마나 자주 뜨거운 느낌이 시원한 느낌으로 변형되는지, 차가운 느낌이 화끈거리는 느낌으로 변형되는지 실감할 수 있을 것이다.

이런 사실들을 종합하다 보면 불안의 형성 과정이 어느 정도 눈에 들어올 것이다. 한마디로 말하자면, 불안은 내적 균열로부터 비롯된 일종의 자기 파괴 과정이다. 즉, 일시적으로 떨어져 나가 독자적으로 활동하게 된 주체의 일부가 뒤로 후퇴하다 그곳에 이미 자리 잡고 있던 다른 부분과 마찰을 빚으면, 그 쓰라린 통증이 수동적 입장에 놓인 주체 자신에게 불안으로 느껴지게 되는 것이다. 물론, 이런 설명은 불안과 관련된 복잡 난해한 이론들에 비하면 너무 단순해 보이기도 하고, 또한 물리 영역에서 일어나는 현상을 부당하게 심리 영역으로 옮겨놓은 듯한 인상을 주기도 하지만, 그와 관련된 모든 판단과 편견을 일단 제쳐 두고 느낌의 흐름만 반복적으로 관찰하다 보면, 이 간단한 원리에 대한 확신을 서서히 굳혀 나갈 수 있을 것이다.

하지만 다른 상태들과의 유사 관계를 활용하여 이 관점을 우회적으로 뒷받침할 수도 있다. 그중에서도 특히 놀람이라는 반응은 전체적인 성질이 불안과 지극히도 유사한 데다 특성 또한 뚜렷하여, 위의 원리를 뒷받침할 근거 자료로 삼기에 더없이 적절하다. 아마도 이 반응의 특성을 파악하다 보면 아직 설명되지 않는 요인들까지도 함께 밝혀낼 수 있을 것이다. 그러니 잠시 이 놀람의 느낌에도 관심을 기울여보기로 하자.

놀람과 연관된 경험 기억을 돌이켜볼 때 가장 먼저 떠오르는 신체 반응은 주로 가슴 부근과 연관되어 있다. 왜 하필 가슴인지는 잘 모르겠지만, 어쨌든 놀람이 촉발되는 그 순간에는 가슴 부근에서 무언가가 급격하게 뒤로 후퇴하는 듯한 느낌을 분명히 받을 수 있다. 이와 더불어 어떤 통증도 함께 느껴지는데, 이 통증은 너무나도 구체적이어서 때로는 신체적으로 가격당한 것 같은 인상을 주기도 한다. 하지만 분명 외부에서 누군가가 공격을 가한 것은 아니므로, 가슴 부근에서 후퇴하던 그 무언가를 통증의 원인으로 지목해야 마땅할 것이다. 그렇다면 가슴에 와서 부딪히는 그것은 대체 무엇일까? 그것이 주체 내부 요인이란 점에는 의심의 여지가 없지만, 느낌만으로 그 속성을 파악해내기는 힘들어 보인다. 하지만 놀람이 어떤 상황에서 일어나는 반응인지 고려해보면 이 의문은 곧 해소된다. 잘 알다시피, 놀람은 불안과 마찬가지로 주체가 위험에 당면했을 때 취하게 되는 내적 태도이다. 놀람의 상황은, 비록 그 위험 요인이 시간상의 한 지점에 집중되어 있고, 그만큼 그 강도도 일반적으로 더 세다는 점에서 차별화되긴 하지만, 그와 같은 반응을 일으키는 대상이 위협적 속성을 지닌다는 점만큼은 불안 상황과 동일하다.* 그런데 이 같은 위험에 대한 반사적 반응은 바로 회피 행위이므로, 가슴을 가격하는 그 대상의 본성이 무엇인지는 충분히 짐작해볼 수 있을 것이다. 그 대상은 다름 아닌 주체 자신의 본능적 회피 의지이다. 본능적 성격의 행위 의지가 주체의 지적 결단과 행동에 앞서 먼저 도피 행각을 벌이다 주체 자신과 충돌하면서, 놀람이란 형태의 심적 교란을 일으키는 것이다.

놀람이 유발되는 이 같은 원리는 마치 불안의 내적 과정을 보기 좋게 확대해놓은 것 같은 인상을 준다. 아마도 이 두 태도 사이에는 오직 시간적 지속성의 차이만이 존재할 것이다. 실제로 놀람이란 상태를 상상 속에서나마 시간상으로 잡아 늘여본다면, 다시 말해 후퇴와 충돌이라는 단속적 현상을 뒤로 끊임없이 수축하는 대상이 연쇄적으로 충돌하며 부서지는 느낌으로 확장하여 생각해본

---

* 이 놀람의 대상과 위험 사이에 아무 연관성도 없는 경우가 더 많다고 생각할 수도 있을 것이다. 하지만 그런 생각은 위험의 순간이 지나 그 대상의 안전성을 파악하고 난 후에야 할 수 있는 것이다. 놀람이 일어나는 그 순간만큼은 대상의 실제적 속성에 관계없이 놀람을 일으켰다는 바로 그 사실 자체에 의해 대상에 위험의 특성이 부여된다.

다면, 그것이 결국 불안감으로 밀착해 들어갈 것이라는 느낌을 받을 수 있을 것이다. 놀람과 불안감이 맺는 이 같은 관계는, 앞서 그랬듯, 한층 관찰하기 쉬운 다른 감정 상태들을 참조해볼 경우 좀 더 분명해지는데, 여기서는 격분과 잠재적 형태의 화가 맺는 관계를 예로 들어 간단히 설명해보려 한다.

　먼저, 자신이 지금 처한 상황에 불만을 품은 누군가를 떠올려보기 바란다. 아마도 그는 자신의 전 의지로 눈앞의 현실을 밀어붙이면서 내면에 화를 생산해내고 있을 것이다. 그는 마찰에 의해 형성된 듯 보이는 뜨거운 열기로 내면을 서서히 달구면서 내적 압력을 증대시켜 나갈 것이고, 그러다가 마침내 일정한 한도에 달해 더는 화를 담아 둘 수 없게 되면, 자신의 내면에 축적된 이 불, 즉 화를 일종의 동력원으로 삼아 밖에다 대고 분통을 터뜨리기 시작할 것이다. 시간상으로 전개되던 잠재적 형태의 화를 특정한 한 시점으로 응축해 격분의 형태로 표출하는 것이다. 이 과정은 지극히 일상적인 것으로서 신비한 측면을 조금도 지니고 있지 않다. 그런데 여기서 잠재적 형태의 화와 격분이 맺는 관계에 주목해보면, 그것이 불안과 놀람 사이의 관계와 매우 유사하다는 점을 발견할 수 있을 것이다. 비록 방향성은 정반대이지만, 그 관계 방식만큼은 완전히 동일하다. 따라서 이 사례를 상태 변화와 관련된 하나의 근거 자료로 삼아도 무방할 것이다. 물론 실제 현실에서 불안감을 응축해 놀람으로 변형시킬 수는 없을 것이고, 또한 이미 촉발된 격분을 다시 화의 형태로 늘어뜨릴 수도 없겠지만, 이런 현실성 여부에 관계없이 그 속성 변화만을 고려해본다면, 앞서 설정한 놀람과 불안 사이의 연관성이 한결 구체화되는 인상을 받을 수 있을 것이다.

그렇다면 이제 불안 상황에서 마찰을 일으키는 그 대상들에도 의지라는 이름을 붙일 수 있을 것이다. 놀람에 대한 해명을 통해 주체와 충돌을 일으키는 대상이 괴리된 행위 의지라는 사실이 밝혀졌기 때문이다. 그러므로 지금부터는 불안을, 반대 방향으로 작용하는 의지 또는 역류하는 의지가 주체 내면에 일으키는 일종의 마찰로 간주할 수 있을 것이다. 여기서 말하는 의지는 그 포괄 범위가 아주 넓고, 따라서 그것이 일으키는 불안의 질도 무수히 다양하지만, 이 같은 다양성과 그에 따른 차이가 있다 하더라도 불안의 유발 과정에서 변함없이 발견되는 핵심 원리는 의지의 방향이 주체를 향해 역전된다는 점이다. 그러니까 어떤 이유에서든지 간에 교란을 받아 거꾸로 흐르게 된 의지 혹은 정신력이 기존의 흐름과 충돌하며 자기 파괴적으로 작용할 때 불안이 일어나는 것이다.

불안을 바라보는 이 같은 관점은 느낌을 중심으로 한 것이어서 불안 대상과의 연관성까지 당장 드러내주지는 못하지만, 이는 사실 별 문제가 안 된다. 불안에 대한 기본적 정의와 경험을 통한 관찰 내용들을 한자리에 모아놓고 숙고하다 보면 느낌과 대상 사이의 상호작용 양상이 자연스럽게 눈에 들어올 것이기 때문이다. 그러면 실제로 불안 대상과 관련된 경험들로 관심을 돌려 앞서 내린 불안의 정의에 살을 붙여보기로 하자.*

불 안 의   대 상

불안과 연관된 기억들을
떠올리면서 각 상황에서 그 대상이 무엇이었는지 파악해내다 보
면 불안의 대상에도 나름대로 유형이 있다는 사실을 발견하게 될
것이다. 설정할 수 있는 기준이 다양한 만큼 분류 방식도 다양하
겠지만, 여기서는 그 발현 양상에 따라 구체적 대상, 상징적 대상,
관념적 대상 셋으로 나눠서 살펴볼 생각이다. 그럼 각각의 특성부
터 파악해보기로 하자.

먼저 구체적 대상이란, 문자 그대로 바람직하지 못한 상황과 관
련된 구체적 인식 내용을 말한다. 이 불안의 대상은 보통 이미 벌
어진 사태를 그 내용으로 삼으며, 따라서 현실적 형태를 취하는
경우보다 상상적 형태를 취하는 경우가 더 많다. 고통스럽거나 불
쾌한 일이 현실에서 벌어진다면 대개는 그 고통이나 불쾌감이 불
안감을 대체하기 때문이다. 하지만 이 인식이 현실성을 띠는 경우
도 분명 있기는 있다. 긴밀한 유대를 맺은 전체의 한 부분만 특정

---

* 이어지는 두 장에서는 주로 불안의 대상과 관련된 문제들을 해명할 것이다. 불안
자체와 그 대상들 간의 연관 관계는 억압을 다루는 부분에 가서야 비로소 밝혀질
것이다.

사건의 피해를 입고, 나머지 부분은 관찰자의 위치에 머무는 경우가 여기에 해당된다. 예컨대, 누군가가 사나운 동물에게 신체의 일부를 물어뜯긴다고 해보자. 그러면 물론 그 신체 부위는 고통을 느끼겠지만, 당사자 자신은 회피 의지의 영향을 받아 극심한 공포를 경험하게 될 것이다. 또한 무리를 지어 가는 한 집단의 선두에 선 자들이 적의 습격을 받는다면 그들은 죽거나 다치겠지만, 뒤따라오던 자들은 강렬한 불안에 휩싸이게 될 것이다. 그 고통스러운 사건에 전체가 다 굴복한 것이 아니기 때문에 실현된 사태조차 불안의 대상이 될 수 있는 것이다. 하지만 사실 이 유형의 상상적 형태란 것도 부분과 전체가 맺는 이 관계를 시간 축 방향으로 더 멀리까지 밀고 나간 것에 지나지 않는다. 바람직하지 못한 결과를 머릿속에 그려볼 때 나타나는 영상도 결국 주체 자신의 일부이기 때문이다. 따라서 이 경우에는 현재의 자신이 고통받는 가능적 미래의 자신을 바라보면서 불안을 느낀다고 할 수 있을 것이다.

그런데 이 상상적 형태의 대상은 매우 한정된 상황을 묘사한 것임에도 충분히 생생하지 못한 경우가 많다. 대부분 머릿속을 스치고 지나가면서 순식간에 망각되어버리기 때문이다. 그 상이 주체의 관심 범위 내에 일정 시간 동안 머문다면 현실 인식 못지않은 명료성을 띠게 될 수도 있겠지만, 그런 일이 발생하는 경우가 매우 드물기 때문에, 정작 상황을 경험하는 주체 입장에서 그 상을 아주 애매하게 느끼기 쉽다. 하지만 그렇더라도 이 상이 이미 벌어진 사태를 그 대상으로 한다는 점만큼은 변함이 없다.

다음으로 상징적 대상이란, 눈앞에 실제로 존재하면서 불안감을 일으키지만 그 자체만 고립시켜놓고 보면 고통스럽지도, 불쾌하지도 않은 대상을 말한다. 이 유형의 대상은 보통 자체 내에 고통과 불쾌의 가능성을 내포하고 있는 것처럼 인식되며, 가만히 관찰하다 보면 마치 그 대상을 중심으로 고통스럽고 불쾌한 기억들이 아직 구체화되지 않은 채로 모호하게 퍼져 나오는 듯한 인상마저 받게 된다. 예컨대, 누군가가 비판적 성향이 강하고 자신보다 높은 지위에 있는 사람과 함께 있다고 해보자. 그러면 그는 상대방이 특별히 위협을 가하지 않는다 하더라도 그 사람에게 불안감을 느낄 것이다. 그의 겉모습과 태도에는 불안을 일으킬 만한 요인이 조금도 없지만, 이 현실 인식 위에 덧씌워진 경험 기억들의 총체가 그의 주변에 어두운 후광을 드리우기 때문이다. 그는 상대를 중심으로 번져 나오는 온갖 고통의 가능성들로부터 움츠러들며 불안을 느낄 것이고, 이를 통해 그 상대를 불안의 대상으로 인식하게 될 것이다.

하지만 이 부류에 속하는 불안의 대상이 항상 이렇게 광범위한 가능성을 함축하고 있는 것은 아니다. 그 대상에 내포된 사건 가능성은 매우 제한적일 수도 있다. 예를 들어, 공상에 잠긴 채 길을 걷던 누군가가 반대편에서 다가오는 사람들의 웃음소리를 듣고 정신을 차린다고 해보자. 그러면 그는 그 웃음이 공상에 빠진 자신의 바보스러운 모습을 대상으로 한 것인지, 아니면 단순히 그들 사이의 대화에서 비롯된 것인지 의문을 품으며 그 웃음 자체를 대상으로 다소 불안감을 느낄 수 있을 것이다. 그 웃음소리가 비하나 멸시를 의미한다는 점이 명백하다면 불안 대신 좌절감이나 분노를 느꼈겠지만, 이 점이 불확실하기 때문에 불안에 빠지게 되는 것이다. 그러므로 이처럼 대상의 규모가 작고 좀 더 구체적인 경우에는 불확실성 자체가 고통이나 불쾌를 함축하는 몸체 역할을 한다고 말할 수 있을 것이다. 아마도 이러한 단일 사건의 불확실성이 상징적 대상을 만들어내는 기본 단위일 것이다.

마지막으로 관념적 대상이란, 막연한 의미의 형태로 주체를 에워싸고 있는 불안의 대상을 말한다. 그것은 마치 특정 지점에 국한되어 있던 대상이 공중 분해된 채 사방으로부터 주체를 압박해오는 듯한 느낌을 준다. 실제로 이 부류에 속하는 대상들은 형체가 없으며, 사실 대상이라고는 하지만 당사자가 보기에는 아무 대상도 없는 것처럼 느껴질 정도로 모호하여 제대로 파악해내기조차 힘들 때가 많다. 그리고 그 의미를 더듬어 언어의 형태로 표현해낸다 하더라도 추상적인 일반 관념의 형태를 넘어서지는 못한다. 하지만 그만큼 포괄 범위가 넓기 때문에 그 의미의 범위 내에 있는 온갖 대상과 관계를 맺으면서 현실에 영향력을 행사한다.

지금까지 묘사한 세 부류의 대상들을 모아놓고 보면 그들 사이에 존재하는 위계질서가 눈에 들어올 것이다. 상위 개념에서부터 하위 개념으로, 즉 서술 순서와 반대로 훑어 내려가자면, 먼저 광범위한 하나의 의미가 있고, 그 아래에 이 의미를 상징적으로 나타내주는 대상이 있으며, 다시 그 아래에 이 대상이 일으킬 수 있는 사건들의 총체가 자리 잡고 있다. 이들이 맺는 관계는 하나의 본성과 그 본성의 구현체가 맺는 관계와도 같은데, 이는 상징적 대상이 관념적 대상의 표현이라는 사실, 그리고 구체적 대상이 상징적 대상의 속성이라는 사실을 고려해보면 어렵지 않게 이해할 수 있을 것이다. 말하자면, 추상적인 의미가 하나의 대상으로 빨려 들어간 뒤 다시 그 대상을 중심으로 무수한 사건들의 가능성을 방출해내는 식으로 전개되어 나아가는 것이다.

이처럼 이 세 부류의 대상은 나름의 체계를 지닌 채로 서로 긴밀한 연관 관계를 맺고 있기 때문에, 그 대상을 대하는 주체의 태도에 따라 한 대상이 다른 대상으로 변형되기도 하고, 그 수가 늘어나거나 줄어들기도 하면서, 상당히 복잡 다양한 대상들의 조합을 형성해낸다. 하지만 어쨌든 이 세 유형만 기억해 둔다면 불안의 상황에서 대상들을 파악하고 그들의 관계 방식을 규명해내는 데 별 어려움이 없을 것이다.

이제 대상을 대하는 주체의 태도에 관심을 기울여보기로 하자. 주체가 취하는 태도는 불안 대상의 형성에 상당한 영향력을 행사하므로 항상 대상과 함께 고려할 필요가 있다. 대상 형성에 영향을 끼치는 이 태도란 다름이 아니라 현실 인식 위에 기존 기억의 총체를 덮어씌워 인식하는 습관을 말한다. 일상 전반에 배어 있는 이 태도는, 어떤 안일감에 떠밀려 거의 항상 취하게 되는 습관적 태도로서, 너무 익숙하다는 바로 그 점 때문에 잘 인식되지 않는 경향이 있다. 그 자체를 현실 인식의 일부로 착각하기가 쉬운 것이다. 하지만 일상적 인식에 배어들어 있는 그 미지근한 기억을 헤치고 현재 속으로 뛰어들어 보면, 당장은 인상적이지 않을지 모르지만 분명한 어떤 변화가 일어났다는 것을 느낄 수 있을 것이다. 말하자면, 공상에 반쯤 잠겨있던 상태에서 정신을 차린 것이다. 만일 평소에도 이 상태에 머물 수만 있다면 불안감은 훨씬 적게 일어날 것이고, 또한 불안에 빠진 상태에서 이런 식으로 기억을 벗어던질 수 있다면 불안감이 현저히 약화되거나 소멸될 것이다. 하지만 반대로 이 상태에 머물다가 어딘가에 품고 다니던 그 기억의 덩어리를 들어 올려 잠재적 불안의 대상에 접촉시킨다면, 그 대상을 중심으로 연관된 고통의 기억이 응축된 채로 번져 나올 것이고, 증대되는 이 인식의 강도만큼 회피 의지가 촉발되어, 당사자가 느끼는 불안감을 증폭시키고 말 것이다.

이 경우 만일 당사자가 실제로 회피 시도를 벌이기 위해 기존 기억을 동원해 회피 의지를 발동한 것이라면, 그의 행동은 최소한 목적에 부합하는 것으로서 일관성은 있다고 할 수 있을 것이다. 하지만 대상 가까이에 머물 수밖에 없는 처지에 있으면서도 그런 태도를 취한다면, 그의 행동은 모순된 것이라고밖에는 말할 수 없을 것이다. 상반된 태도를 동시에 취해 내적 불일치 상태를 심화하는 것에 불과하기 때문이다.

이런 점들을 고려하다 보면 사람들이 왜 피하려 할수록 더 불안해진다는 식으로 말을 하는지 이해할 수 있을 것이다. 그들이 그런 말을 하는 건 분명 이런 태도의 문제점을 지적해주기 위함일 것이다. 그리고 그 말은 이치에도 부합하는 듯 보인다. 피하려 한다는 것은 회피 의지를 강화한다는 말인데, 이처럼 회피 의지가 강화되면 불안감 그 자체인 의지 간의 마찰도 심화될 수밖에 없기 때문이다. 그렇다면, 다시 묻건대, 여기서 피하려 한다는 것은 구체적으로 무얼 의미하는 것일까? 인식의 변화라는 매개 수단의 도움 없이 의지의 활동을 조절하는 일이 과연 가능한 것일까? 분명 그렇지 않을 것이다. 의지를 발동하려면 어떤 식으로든 인식이 개입해야만 할 것이다. 그러므로 결국 피하려 한다는 것은 눈앞에 있는 인식 대상에 만족하지 못하고 과거에 추가로 문의함으로써 대상과 연결된 고통의 기억을 응축된 형태로 인식 내용을 향해 흘려보내는 태도를 의미한다고 볼 수 있을 것이다.*

그럼 말이 나온 김에 불안의 대상을 직면한다는 말의 뜻도 파헤쳐 보기로 하자. 사람들은 불안을 극복하려면 그 불안의 대상과 마주해야 한다는 식의 말도 많이 한다. 하지만 실제로 해보면 별 효과가 없는 듯이 보일 때가 많다. 왜 그런 것일까? 분명 실행하는 당사자 입장에서 무언가를 잘못했기 때문일 것이다. 그들이 거짓말을 한 것 같지는 않기 때문이다. 그 말에는 공감을 자극하

---

* 대상에 대한 거부감, 즉 싫다는 느낌의 기억을 불러일으킨 뒤 그것을 억압해도 마찬가지 결과가 초래되는 듯하다. 예컨대, 공식적인 자리에 참석하는 것이 싫지만 그런 느낌을 품는다는 것 자체가 부적절한 것 같아 그 감정을 애써 외면해버린다면, 그 자리에 가서 알 수 없는 불안감을 경험하게 될 가능성이 높아질 것이다.

는 무언가가 분명 담겨 있다. 그렇다면 그 말의 진의는 무엇일까? 그것은 아마도 단순히 그 대상 자체와 직접 접촉하라는 뜻일 것이다. 양자 사이에 끼어든 간섭 요인을 제거하면 실제로 불안이 사라져버리기 때문이다. 하지만 여기서 문제는 정작 그 태도를 취하는 당사자 입장에서 그렇게 하지도 않았으면서 그렇게 했다고 생각하기가 쉽다는 점이다. 대상과 자신 사이에 이미 과거 기억이 들어차 있다는 사실을 알아차리는 것은 결코 쉬운 일이 아니기 때문이다. 그는 아마도 과거 기억의 응축체가 현실 인식을 향해 침범해 들어오도록 허용함으로써 대상과 거리를 미리 벌려놓은 뒤 다시 그 대상을 향해 다가서려고 노력하는 모순된 시도를 하고 있을 것이다. 양자 사이에 삽입된 기억을 밀어내는 것만이 대상과 진정으로 마주할 수 있는 유일한 길임을 제대로 인식하지 못한 것이다. 그러므로 대상과 직면한다는 이 말을 너무 문자 그대로 받아들여서는 안 될 것이다. 그 말에는 기존 기억을 걷어버린 뒤 대상과 새롭게 관계를 맺는다는 뜻까지 함께 함축되어 있기 때문이다.

회피와 추출

이로써 불안 대상의 성질과 관련된 문제는 대략적으로나마 해결 되었을 것이다. 그럼 이제 이를 바탕으로 하여 불안 대상과 주체의 상호 작용에 따른 대상 대체 과정을 다뤄보기로 하자.

일단, 불안의 대상이 대체될 때 동원되는 정신 과정은 크게 두 가지로 나눠볼 수 있다. 주로 의식의 표층에서 일어나는 인식 회피와 불안 자체의 속성이라 할 수 있는 대상 추출이 그것이다. 여기서 인식 회피란, 문자 그대로 대상에 대한 인식을 회피함으로써 그 인상과 결부되어 있는 불안의 의식적 측면을 떼어내는 과정을 말하고, 대상 추출이란 이렇게 해서 형성된 관념적 불안의 장 속으로 더 국한되고 한정된 형태의 대상을 끌어들이는 과정을 말한다. 이 두 과정은 본성상 거의 동시에 일어나는 경우가 많지만, 독자적으로 작용하여 대상의 유형만 변형시키는 경우도 얼마든지 생각해볼 수 있다.

그럼 먼저 대상이 떨어져 나가는 첫 번째 과정부터 들여다보기로 하자. 이 과정은 아마도 구체적 불안의 대상과 마주했던 상황을 떠올려봄으로써 가장 분명히 파악해낼 수 있을 것이다. 그러니 지금 직접 구체적 불안 상황, 즉 이미 벌어진 사건에 대한 상상을 주요 내용으로 하는 불안 경험을 돌이켜보기 바란다. 그러면 아마도 그 대상에 대한 인식을 유지하기가 지극히도 힘들다는 사실을 확인할 수 있을 것이다. 구체적 대상에 대한 인식은 정신과 신체 전반에 영향을 끼치는 강도 높은 불안감을 촉발하기 때문이다. 누구든 이런 상황에 처하게 된다면 어떻게든 그 인식의 고통으로부터 벗어나려 발버둥 치게 될 것이다. 하지만 그 대응 방식에서는 차이가 날 수 있다. 예컨대, 아주 현실적이고 철저한 사람이라면 그 상황을 근본적으로 변화시킴으로써, 즉 그 불안 대상을 굴복시키거나 그 대상의 영향권에서 완전히 벗어남으로써 자신의 불안감을 해소하려 할 것이다. 그리고 이런 경우라면 불안은 아무런 문제도 일으키지 않고 사라져 버릴 것이다. 하지만 상대적으로 안 일하거나 내적 힘이 부족한 사람이라면 그 대상을 단순히 자신의 인식 영역 밖으로 밀쳐내놓고 대상이 더는 존재하지 않는다고 자기 자신을 설득하려 들지 모른다. 대상 인식을 무시하는 것만으로 문제를 해결하려 드는 것이다. 하지만 그처럼 편향된 현실 인식을 몸에까지 강요할 수는 없을 것이다. 불안의 일부가 제거되는 인상에 함께 묻어 나간다 하더라도, 신체에 인접해 있는 불안의 측면이 여전히 남아 자신의 지분을 주장할 것이기 때문이다. 아마도 그 신체적 불안, 즉 구체적 대상을 상실함과 동시에 관념적 성질을 띠게 된 그 불안의 측면은, 즉시 더 견고한 주변 대상을 끌어들여 결합함으로써 상징적 형태의 불안으로 굳어질 것이고, 이를 통해 당사자의 의식에 계속해서 영향력을 행사할 것이다.

하지만 상징적 대상이라고 해서 이 같은 부분적 회피 시도로부터 자유로울 수 있는 것은 아니다. 그 대상도 얼마든지 인식 회피 과정에 종속될 수 있다. 특정 영역에 국한된 대상이기는 마찬가지이기 때문이다. 물론 이 상징적 불안의 대상은 구체적 대상만큼 뚜렷한 기억을 나타내 보이는 것이 아니기 때문에 정신이 머물기 한층 수월할 것이고, 따라서 인식을 회피하도록 주체를 압박하는 힘도 덜하기는 하겠지만, 불쾌감의 강도라는 것은 어디까지나 상대적인 문제이므로 조건만 적절히 갖추어진다면 얼마든지 고개를 돌리도록 만들 수 있을 것이다. 게다가 설령 불안의 강도가 심하지 않아 주체 입장에서 의도적으로 인식 회피를 시도하지 않는 경우라 하더라도, 대상이 불완전하게 사라진다면, 다시 말해 단지 눈앞에서만 사라진다면, 그 당사자는 마찬가지로 마음을 완전히 놓아버릴 수 없는 처지에 놓이게 될 것이다. 말하자면, 이 경우에는 대상이 스스로 떨어져 나가 대상 인식을 회피한 것이나 다름없는 상황이 조성되는 것이다. 어쨌든 이 같은 과정을 통해 불안의 의식적 측면이 떨어져 나가고 나면, 뒤에 남겨진 신체적 불안은 전에 지녔던 대상과 연관된 모호한 의미를 대상으로 취함으로써 다시금 관념적 불안으로 변형되는데, 이 형태의 불안은 그 관념이 영향을 끼치는 시간적, 공간적 상황에서 빠져나오지 않는 한 소멸되지 않고 지속되는 경향이 있다.*

온전한 형태의 불안을 둘로 쪼개는 이런 태도는 엄밀히 말하자면 다소 비정상적인 대응 방식이라 할 수 있을 것이다. 현실을 자의적으로 왜곡하는 것이나 다름없는 태도이기 때문이다. 하지만

---

* 신체적이거나 본능적인 의지는 오직 대상의 일반적인 특성만을 식별해낼 수 있다. 대상을 섬세하게 분별하고 한정 짓는 것은 전적으로 의식에 속한 기능이다. 절박한 욕망에 휩싸였을 때 욕구 대상의 세부적 특성이 눈에 잘 안 들어오는 것도 바로 이와 같은 사정 때문일 것이다. 욕망이 강화되어 본능적으로 되면 될수록 대상을 더욱 일반화해 바라보게 되는 것이다. 이런 점들을 고려해보면 왜 관념적 대상을 불안의 신체적 측면에 대응했는지 이해할 수 있을 것이다.

이 인식 회피는 사실상 일상에서도 매우 빈번히 취해지는 태도이고, 당장 별 문제를 일으키는 것도 아니기 때문에 당연시되거나 잘 인식되지 않는 경우가 많다. 너무 흔해서 도리어 자연스럽게 느껴지는 것이다. 하지만 보통 이상의 강렬한 불안감을 대상으로 이런 조처를 취할 경우 대상 추출 과정에서 심각한 왜곡이 일어날 수 있으므로, 비합리적 불안을 이해하고자 한다면 이 태도 자체에도 특별한 관심을 기울일 필요가 있을 것이다.

어쩌면 불안의 강도와 대상 왜곡 간의 이 같은 연관성이 이상해 보일지도 모르겠다. 똑같이 비정상적 태도를 취했는데 불안의 강도가 강한 경우에만 대상이 왜곡된다는 사실은 얼핏 보면 터무니없어 보이기 때문이다. 하지만 일상적 불안이 의식의 표면 아래로 그다지 깊이 침투해 들어가지 않는 반면, 강렬한 불안은 신체 깊숙한 곳까지 영향을 끼친다는 사실을 고려해보면 불안의 강도가 비합리성과 밀접한 연관성을 지닐 수밖에 없는 이유를 이해하게 될 것이다. 불안의 신체적 측면이 깊어진다는 것은 곧 의식적 현실로부터 그만큼 더 멀리 떨어진다는 말이기 때문이다. 즉, 불안이 의식으로부터 멀리 떨어진 곳까지 침투해 들어가면 들어갈수록, 현실을 주관하는 의식 입장에서 그 불안이 취하는 대체 대상을 이해할 수 있는 것으로 받아들일 가능성도 줄어드는 것이다.[*]

실제로 대상 왜곡이 일어나는 대표적 유형 한 가지를 살펴보면 인식의 회피와 강도의 조합이 미치는 영향력이 더 분명히 드러날 것이다. 앞서 말했듯이, 인식 회피를 통해 형성된 관념적 불안은 해당 관념이 영향을 끼치는 영역으로부터 완전히 벗어날 경우에만 제거된다. 광범위하게 퍼진 관념이 상황을 장악하다시피 하고 있기 때문이다. 하지만 이렇게 환경을 바꾼다고 해서 그 불안이 완전히 해소되는 건 결코 아니다. 비록 그 영역으로부터 벗어남에 따라 불안이 해소되는 것처럼 보이긴 하지만, 사실 그 불안은 저장되었다가 관련된 현상이나 연상의 자극을 받으면 다시 불러일으켜진다. 잠자고 있던 불안이 먹이의 냄새를 맡고 뛰쳐나와 다시 활개를 치는 것이다. 하지만 물론 일이 반드시 이런 식으로만 진행되는 것은 아닐 것이다. 축적된 불안의 양이 많지 않다면 그 불안은 긴장 완화와 관련된 온갖 기능의 도움을 받아 완전히 해소될 수 있을 것이고, 따라서 비슷한 상황 속에서 다시 반복되지도 않을 것이다. 예컨대, 잠은 이 같은 의지의 잔여물에 표현 통로를 제공함으로써 낮 동안 쌓인 정신적 긴장을 상당 부분 해소해준다. 하지만 분명 이런 기능들의 도움만으로 완전히 풀려날 수 없을 정도로 불안이 축적되는 경우도 드물지 않게 발생한다. 그리고 이처럼 불안이 깊은 경우라면 그 불안은 완전히 해소될 때까지 의식의 영역으로 끊임없이 침범해 들어옴으로써 당사자를 당혹감에 빠뜨리게 될 것이다.

---

* 프로이트, 《정신분석학의 근본 개념》의 〈억압에 관하여〉 참조. 그는 심층적인 불안과 연계된 인식 회피 과정을 '본래적 의미의 억압' 또는 '후압박'이라 부른다. 여기서는 그가 '원초적 억압' 또는 '제 1차 억압'이라 부른 과정만을 억압으로 간주할 생각이다.

보통 말하는 외상 후유증이 이 같은 사례의 가장 극단적인 형태라고 보아도 좋을 것이다. 충격적인 상황은 인식의 회피를 통한 현실 부인을 강요하는 측면이 있고, 이런 이유 때문에 괴리된 불안이라면 그 강도도 엄청날 것이기 때문이다. 즉, 충격에 노출된 당사자가 극심한 불안과 고통을 못 이겨 불안의 의식적 측면을 절단해내면, 이 과정을 통해 의식과 괴리된 강도 높은 불안이 자신과 관련을 맺을 수 있는 온갖 대상에 반응을 보이면서 문제를 일으키는 것이다. 이 경우 괴리된 불안은 현실적인 관점에서 봤을 때는 터무니없어 보이는 대상들을 의식에게 들이대면서까지 자신을 주체에게 인식시키려 노력하는데, 이런 모습은 어떻게 보면 부당하게 회피한 경험을 겪어내라고 강요하기라도 하는 것처럼 보인다.

그러면 다음으로 대상 추출 과정을 구체화해보기로 하자. 다시 말하지만 이 개념은 포괄적이고 일반적인 형태의 불안이 지금 지닌 대상에 만족하지 못하고, 그 대상보다 한층 국지화된 대상을 끌어들여 결합함으로써 더 특수한 형태의 불안으로 변형되려는 경향성을 지닌다는 점을 나타낸다. 예컨대, 관념적 불안은 기회만 되면 상징적 대상이나 구체적 대상을 끌어들여 결합함으로써 한층 견고한 지반을 확보하고자 시도하는데 이 과정이 다름 아닌 대상 추출 과정이다. 사실 특수성을 선호하는 의지의 이 같은 특성은 욕망처럼 능동적인 의지의 작용에서도 발견된다. 그리고 이 경우에는 그런 경향성이 조금도 이상하게 보이지 않는다. 욕망은 대상이 한정되면 될수록 주체에게 더 강도 높은 쾌감을 선사해주기 때문이다. 실제로 욕망에 수반되는 그 모든 관심은 물질적 표면이라는 구체성의 정점으로 수렴되기 위해, 그리고 이를 통해 최대한의 쾌락을 이끌어내기 위해 끊임없이 집중에 집중을 거듭한다. 하지만 이런 경향성이 불안에서도 발견된다고 하면 당장 무언가 잘못되었다는 인상부터 받게 될 것이다. 앞서 말했다시피, 불안은 대상이 한정됨에 따라 그 강도가 증대되기 때문이다. 스스로 고통을 자초하는 의지의 이 같은 성향은 얼핏 보았을 때 너무나도 터무니없어 보인다. 하지만 어쨌든 이 불안 작용의 지배 아래에 놓인 주체가, 마치 화살을 끌어들이듯, 그 불안의 의미와 연관된 온갖 대상들을 끌어들임으로써 기존의 고통을 증폭시키곤 한다는 것은 부인할 수 없는 사실이다.

그렇다면 이런 일은 대체 왜 일어나는 것일까? 불안 자체에 내재된 자기 파괴적 본성이 겉으로 드러난 것일까? 어쩌면 그럴지도 모르겠다. 의지의 차원에서 벌어지던 일이 눈앞에서 구체화된다는 것도 얼마든지 있을 수 있는 일이기 때문이다. 하지만 이런 설명은 어딘가 추상적이어서 아직 잘 와 닿지 않는다. 그러므로 이번에도 불안에 빠졌던 경험을 돌이켜보며 해결의 실마리를 직접 찾아보도록 하자. 그러면 아마도 이 대상 추출 과정이 주체의 의도와 무관하게 일어나는 것만은 아니라는 사실을 발견할 수 있을 것이다. 즉, 때로는 대상을 한정하고자 하는 욕구가 실제로 감지되기도 하는 것이다. 이 욕구는 보통 호기심이란 형태로 의식에 떠오르는 것으로서, 마치 불안에 대한 반작용으로 형성되기라도 한 것처럼 상황을 향해 능동적으로 퍼져 나가면서 불안의 대상에 달라붙는 경향이 있다.

이 호기심의 정체가 무엇인지는 어렵지 않게 짐작해볼 수 있다. 그것은 분명 불안에서 벗어나고자 하는 욕구를 근본 재료로 하여 형성된 태도일 것이다. 사실 불안감에 사로잡힌 사람이 그 감정을 떨쳐버리고자 하는 욕구를 품을 것이라는 점은 두말할 필요도 없을 것이다. 그런데 이 욕구는 행동으로 이행되는 과정에서 반드시 호기심이란 단계를 거쳐 지나갈 수밖에 없다. 불안의 대상에 대처하고, 이를 통해 불안에서 벗어나려면 우선 그 대상을 한정지어야 하기 때문이다. 결국, 불안을 떨쳐버리기 위해 불안의 대상을 찾는 것이다. 예를 들어, 주체가 대상으로부터 회피함으로써 불안에서 벗어나고자 한다면 그는 회피 시도를 벌이기에 앞서 우선 대상부터 찾을 것이다. 대상의 위치도 확인하지 않고 회피 시도를 벌였다가는 반대로 도망칠 수도 있기 때문이다. 또한 그가 어떤 조처를 취함으로써 불안을 제거하고자 한다 해도 우선 한정된 대상부터 설정해야 어떻게든 손을 쓸 가능성이 생길 것이다. 게다가 당사자가 불안 대상의 부재를 확인함으로써 불안을 떨쳐버리고자 할 때조차 불안 대상을 찾지 않을 수 없을 것이다. 대상을 직접 찾아보는 것만이 불안해할 대상이 없다는 사실을 확인하는 유일한 방법이기 때문이다. 이런 사정으로 인해 불안에 휩싸인 당사자는 본의 아니게, 하지만 불안감에 떠밀려 적극적으로 불안의 대상을 찾는 일에 발 벗고 나서게 되는데, 이 같은 탐색 행위의 본능적 기반을 이루는 것이 바로 여기서 말하는 호기심이다.*

따라서 이제부터는 이 호기심과 거기서 비롯된 대상 추출 과정을 근본적으로 자기 보존 본능에 봉사하는 것으로 보아도 좋을 것이다. 대상을 끌어들이는 불안의 경향성은 당사자를 더 큰 불쾌감에 빠뜨리기 위해 존재하는 것이 아니라 그 불안에서 완전히 풀려날 수 있도록 하기 위해 마련된 것이기 때문이다. 대상 추출 과정은 불안이란 느낌 자체가 그렇듯 한정된 시각으로 봤을 때만 자기 파괴적이다.

그런데 여기서 또 한 가지 중요하게 짚고 넘어가야 할 점은, 이 추출 기능을 행사하는 불안, 즉 일반적 형태의 불안이 흥미롭게도 대상을 별로 가리지 않는다는 점이다. 다시 말해, 일반화된 불안은 어떤 대상이 일반적 의미의 포괄 범위 내에 있기만 하면 정당성 여부 따윈 따지지도 않고 무조건 끌어들여 대상으로 취하는 경향이 있다. 게다가 이 불안은 그렇게 무작정 취한 대상을 자신의 원인으로 내세움으로써 인과 관계를 혼동시키기까지 한다. 즉, 덧붙여진 그 대상 때문에 불안해진 것이라고 당사자를 설득함으로

---

* 이 호기심은 상징적 불안 대상의 구체적 속성을 밝혀내고자 하는 욕구의 형태를 띠기도 한다. 기괴한 신비감에 호소하는 온갖 종류의 창작물은 주로 이런 형태의 호기심을 자양분으로 삼는다.

써 최초의 현실적 원인을 망각하도록 만드는 것이다. 따라서 비합리적 불안을 이해하고자 한다면 불안의 이 같은 특성에도 특별한 관심을 기울일 필요가 있다. 일반 관념의 포용성에서 비롯되는 이 느슨함이야말로 불안의 대상을 왜곡하는 주범이기 때문이다. 물론 이렇게 대상이 대체된다 해도 그들 중 상당수는 여전히 합리적 외양을 띨 것이고, 그 대체 대상을 불안의 원인으로 본다고 해서 당장 무슨 큰일이 생기는 것은 아니겠지만, 심각한 형태의 비합리적 불안도 바로 여기서 파생되어 나오는 것이므로 이 과정을 결코 가볍게만 보아서도 안 될 것이다.

억 압 *

지금까지는 주로 의식과 인접한 영역에서 벌어지는 불안 현상들에 대해 다루어보았다. 그렇다면 이제 의지 깊은 곳에서 발생하는 심층적 불안에 관심을 기울여보기로 하자. 이 어두운 영역을 휘젓다 보면 불안에 대한 이해가 하나로 통합되는 것을 느낄 수 있을 것이다.

여기서 말하는 심층적 불안이란 다름 아닌 의지의 억압에서 비

---

* 프로이트,《정신분석학의 근본 개념》의 〈억압에 관하여〉와 〈무의식에 관하여〉 4장 '억압의 지형학과 변화 유형' 참조. 이 두 편의 글에서 큰 자극을 받았음을 밝혀 둔다. 하지만 부정확하거나 사실을 정반대로 기술해놓은 듯한 부분은 따르지 않았다.

롯된 불안으로서, 특히 표현 의지와 긴밀한 연관성을 지닌다. 일상을 살아가는 데 동원되는 비교적 정적인 의지에 비해 능동적으로 외부로 방출되기를 추구하는 표현 의지가 억압 상황에 더 빈번하게 놓이기 때문이다. 이 표현 의지는 억압과 동시에 불안의 원인으로 돌변하며, 이를 통해 불안의 의미를 근본적으로 왜곡한다. 그렇다면 억압된 표현 의지는 어떤 식으로, 왜 불안을 일으키는 것일까? 이 의문에 답하려면, 눈을 감고 물체를 더듬어 그 형상을 파악해내듯 억압이 일어나는 상황에서 그 느낌의 움직임을 관찰해볼 필요가 있을 것이다. 그러면 특히 다음 두 가지 사실이 분명해지는데, 그중 하나는 표현 의지에 뚜렷한 방향성이 있다는 점이고, 다른 하나는 억압이 그 방향을 바꿔놓는다는 점이다. 이 과정은 마치 물 위로 솟아오르는 공을 아래로 짓누르는 것처럼 일어난다. 이 점은 표현을 억눌렀던 기억만 돌이켜보아도 충분히 확인해볼 수 있을 것이다. 따라서 이로부터 일단, 주체를 향해 되돌아온 표현의 능동성이 불안의 원인이라는 잠정적 결론을 이끌어낼 수 있을 것이다. 표현 의지 또는 표현 욕구는 특정 방향을 향해 주체로부터 뻗어 나오는 능동적 힘, 즉 일종의 추동력을 지니는데, 이 힘이 현실적 이유로 인해 앞으로 방출될 길이 막히면 주체를 향해 역으로 방사되며 불안으로 경험되는 의지 간의 마찰을 일으키는 것이다.

하지만 이런 설명은 몇 가지 의문점을 동시에 제시한다. 일상의 경험들을 검토하다 보면 표현 의지의 억압이 불안을 일으키는 경우보다는 도리어 화를 유발하거나 아무런 정감의 잔재도 남기지 않은 채 단순히 가라앉는 경우를 더 많이 발견하게 되기 때문이다. 후자의 경우에는 물론 표현의 자제를 억압과 구분 짓는 것만으로 문제를 해결할 수 있을지도 모르지만, 그럼에도 자제와 억압이 어떻게 다른가 하는 점은 여전히 의문으로 남는다. 이런 난점들은 근본적으로 모두 억압이란 말의 모호성에서 비롯하는 것이므로, 문제를 제대로 해결하려면 억압이란 말로 포괄되는 현상을 좀 더 구체적으로 이해할 필요가 있을 것이다.

우선 화를 일으키는 억압의 경우를 보면, 그 억압 당사자가 주체 자신이 아니거나, 혹은 그렇다 하더라도 최소한 그 억압력에 대한 저항을 멈추지는 않는다는 사실을 발견할 수 있을 것이다. 표현의 주체는 자신의 욕구를 고수한 채 끊임없이 외부로 표현하기를 추구하지만, 이러한 주체의 의지가 외부의 저항이나 자신의 판단에 의한 억압과 충돌을 일으키며 화를 유발하는 상황이 벌어지게 되는 것이다. 하지만 억압이 불안을 일으키는 상황을 들여다보면 이러한 능동성이 결여되어 있음을 확인할 수 있을 것이다. 이 경우 주체는 보통 억압을 가하는 외적 상황이나 자신의 판단에 전적으로 동조한 나머지 표현 욕구를 의식 영역 아래로 밀어 넣게 되는데, 이 과정에서 한때 표현을 욕구했던 당사자는 그 능동성을 포기한 채 억압 행위에 가담함으로써 표현하려고 일으켰던 자신의 의지에 도리어 짓눌리고 마는 수동적 위치에 놓이게 된다. 결국, 주체가 의식의 중심을 어디로 잡느냐에 따라 표현 의지의 표출 방향이 완전히 달라지는 것이다.

그런데 표현의 억압이 불안을 일으키는 경우라 해서 반드시 그 표현 의지가 의식으로부터 괴리되어야 하는 것은 아니다. 주체가 표현 의지를 지닌 채 그 의지를 행사한다 하더라도, 표현의 적절성을 의심한 나머지 표현을 위축시킨다면 표현 의지가 뒤로 밀려나면서 의지의 본체를 짓이길 수도 있기 때문이다. 말하자면 이 경우에는 억압이 부분적으로만 일어나는 것인데, 이 부분적 억압 상황에서는 외부로 방출되지 못한 표현 의지의 측면이 역류하여 주체를 향해 거꾸로 방출됨으로써 의지의 뿌리 부분을 끊임없이 교란시킨다. 어쩌면 이 같은 상황을 굳이 언급할 필요가 있느냐고 반문하고 싶을지도 모르겠다. 너무 애매한 상황이기 때문이다. 하지만 여기서 제시한 도식을 이해의 실마리로 삼을 수 있는 일상적 상황이 의외로 많으므로 이 중간적 형태의 억압에도 충분한 관심을 기울일 필요가 있다. 이와 관련된 자세한 내용은 잠시 후에 다루게 될 것이다.

어쨌든 지금까지의 설명을 통해 억압력에 대한 동조 여부가 파생되는 정감의 질을 결정짓는다는 사실을 확인해볼 수 있었다. 이러한 인식은 문화적 표현 양식의 억압이 왜 대체로 화를 일으키는지, 그리고 본능적 표현의 억압은 왜 그토록 자주 불안과 연관되는지 이해할 수 있게 해준다. 억압당하는 표현이 정신적이고 고차원적일수록 당사자가 표현의 정당성을 내세우며 억압에 반항할 가능성이 높아질 것이라는 사실에는 의심의 여지가 없고, 또한 그 표현이 본능적이고 비사회적인 것일수록 그것을 수치스럽거나 위험한 것으로 여기고 억압에 가담하는 경향성을 지니게 될 것이란 점도 충분히 짐작해볼 수 있기 때문이다. 따라서 원칙적으로 말하자면, 억압에도 강압적인 것과 자발적인 것 두 종류가 있다고 해야 할 것이다. 동일한 것으로 여겨지는 하나의 태도로부터 완전히 상반된 두 가지 결과가 파생되어 나오기 때문이다. 하지만 여기는 불안의 문제를 다루는 자리이므로 억압이란 표현을 자발적 억압에만 국한해 사용할 생각이다.

그러면 이제 자제와 억압의 차이를 밝혀보기로 하자. 이 둘이 어떻게 다른지 알아내려면 각 조처가 취해지는 순간의 태도 차이에 주목할 필요가 있다. 그리고 실제로 그렇게 해보면, 억압이란 것이 분열된 형태의 자제 또는 양극화된 형태의 자제와 다름 없음을 알게 될 것이다. 이 말의 의미는 각각의 성질을 살피다 보면 더 분명해질 것이다.

먼저 자제 과정을 관찰해보면, 당사자가 단순히 의지를 일으키기를 그만둔다는 사실을 발견할 수 있을 것이다. 그는 자신의 의지를 계속 자극하지도 않고, 그렇다고 짓누르지도 않는다. 그가 하는 일은 그 표현 의지가 일어나도록 자극하는 인식의 틀에서 관심을 빼낸 뒤 전체 상황을 조망하는 것이 전부이다. 표현의 자극과 표현의 금지로 양분되어 있던 인식을 하나로 통합한 뒤 가만히 바라보기만 하는 것이다. 하지만 이 같은 조처는 각각의 단편적 인식에 대응하는 의지들 간의 마찰을 피할 수 있도록 해준다. 자극과 금지를 동시에 내포한 인식이 할 수 있는 일은 그 의지를 가라앉히는 것뿐이기 때문이다. 즉, 이 경우에는 한층 포괄적인 인식 내용을 대상으로 취하게 된 의지의 측면들이 새로운 인식 내용에 맞게 자신을 조율함으로써 서로를 향해 자연스럽게 녹아들어 가게 된다.

하지만 억압 과정에는 이 같은 조율 작업이 수반되지 않는다. 당사자가 하나의 인식을 다른 하나의 인식으로 순식간에 대체해 버리기 때문이다. 그는 표현 의지를 자극하던 인식으로부터 그 의지와 조화될 수 없는 현실 인식으로 인식 범위를 확장하는 대신, 단순히 전자를 숨기면서 후자를 움켜쥔다. 성급하게 현실에 적응하느라 인식을 둘로 분열시키고 마는 것이다. 하지만 물론 이 같은 분열이 인식의 차원에서만 일어나는 것은 아니다. 그것은 각각의 인식에 잇따르는 의지에도 그대로 반영되어 나타난다. 현실과 조화될 수 없는 표현 의지를 무작정 안으로 짓이겨 넣으며 제자리로 돌아가라고 강요하지만, 이미 일정한 정도의 추동력을 확보한 표현 의지가 역추동력으로 의지의 본체를 밀어내며 통합을 거절하는 상황이 벌어지는 것이다.

따라서 급박성 여부가 자제와 억압을 가르는 기준이라고 해도 크게 틀린 말은 아닐 것이다. 표현 의지나 욕구를 가라앉힐 때는 인식을 하나로 통합한 뒤 기다려야 하지만, 표현 의지를 억누를 때는 단순히 인식을 교체하기만 하면 되기 때문이다. 어쩌면 억압에서 발생한 의지들 간의 마찰 속에 속도라는 측면이 이미 내재되어 있는지도 모른다.*

　이로써 표현의 억압이 불안을 일으키는 경우를 다른 유사한 상황들로부터 구별해낼 수 있었다. 사실, 억압이란 말로 통칭되는 여타 과정들, 즉 화를 일으키는 억압과 단순히 정감을 가라앉히는 자제는 표현의 억압과 불안의 관계를 은폐하는 데 적지 않은 영향을 끼친다. 하지만 이 관계성을 보지 못하게 하는 주된 요인은 따로 있다. 그것은 앞서 말한 불안의 대상 추출 과정이다. 억압된 의지와의 마찰을 직접적 원인으로 삼아 발생한 불안이 그 의지와 연관된 대상을 즉시 끌어들일 경우, 최초의 원인은 순식간에 망각되고 그 대체 대상이 불안의 진정한 원인인 양 행세하게 되는 것이다.

　그런데 이런 식의 설명이 정확하려면 불안의 직접적 대상이라고 한 그 의지가 포괄적 형태의 불안 대상, 특히 관념적 대상에 근접한 그 무엇이어야 할 것이다. 하지만 아무리 봐도 그 둘이 완전히 같은 것 같지는 않다. 의지는 어딘가 밀집된 듯한 느낌을 주지만, 관념적 대상은 반대로 퍼져 있다는 인상을 주기 때문이다. 그렇다면 의지와 관념적 대상은 서로 어떤 관계를 맺고 있는 것일까? 다소 뜬금없는 질문 같긴 하지만 이 의문을 제대로 해소하지 않으면 억압과 불안 사이의 관련성이 여전히 불분명한 채로 남게 될 것이다. 억압에서 비롯된 불안이 어떤 유형의 불안인지조차 제대로 말

---

* 불안과 화의 본성 자체에 내재된 속도의 측면에 대해서는 156쪽의 '충돌과 과속' 부분의 내용을 참조하기 바란다.

할 수 없을 것이기 때문이다. 그러므로 억압 상황에서 대상 추출이 어떤 식으로 일어나는지 살펴보기에 앞서 이 문제부터 해결할 필요가 있다.

먼저 의지란 것의 성질을 파악하는 데서 시작하는 것이 좋을 듯하다. 그러니 일단 어떤 의지든 의지 그 자체를 직접 들여다보면서 그 속성을 문의해보기로 하자. 그럼 아마도 의지가 단순히 정신과 신체 사이에 놓인 정신적 살덩어리는 아님을 알 수 있을 것이다. 의지는 분명 의미를 담고 있다. 그리고 어떤 의미에서는 그 자체로 이미 의미이다. 그것도 고도로 응축된 의미, 아직 전개되진 않았지만 풀려날 경우 엄청나게 다양한 내용들을 쏟아낼 수 있는, 잠재 상태의 의미이다. 그 풍부함은 전개되어 나온 외관을 보면 알 수 있다. 일정 시간에 걸쳐 수행되는 정교한 행위들과 복잡한 체계를 이루며 쏟아져 나오는 무수한 언사들, 이 모두가 사실은 단 하나의 의도, 단 하나의 의지를 원천으로 삼아 표출되어 나온 것들이다. 따라서 이로부터 의지란 것이 광범위한 의미의 응축체 그 자체란 결론을 이끌어내도 좋을 것이다. 그리고 이런 인식은 의지와 관념적 대상이 근본적으로 다른 것은 아니라는 점을 확인시켜준다.

하지만 그렇더라도 억압이 일어난 순간의 의지를 관념적 대상이라고 부르기엔 다소 무리가 있다. 그 의지는 억압이 완료됨과 동시에 의식의 영역에서 사라져버릴 것이기 때문이다. 사실 억압이 완료된 그 순간에는 당사자가 아무런 불안의 대상도 지니지 않는다. 아니, 그보다는 차라리 불안의 대상을 잠재적으로 지니지만 그것을 의식하지 못하기 때문에 불안이라 부르는 그 감정 상태를 체험하지 못한다고 말하는 편이 더 정확할 듯하다. 그렇다면 불안의 신체적 느낌은 어떻게 되는 것일까. 대상을 의식하지는 못하더라도 느낌은 느껴야 하는 것 아닐까? 반드시 그런 것은 아니다. 느낌을 느끼는 데도 관심은 필요하기 때문이다. 그의 의식이 억압된 의지와 병존해서는 안 되는 그 현실 인식을 강하게 움켜쥐면서 온 관심을 현실에 집중시키면, 그는 관심 영역 밖으로 밀려난 그 느낌을 아예 인식하지 못하게 될 것이다. 이는 특정 인식 내용에 몰두해 있는 사람이 신체에서 일어나는 고통 따위의 느낌을 제대로 인식하지 못하는 것과도 비슷하다.

하지만 이처럼 완벽한 억압 상태가 결코 오래 지속되지는 못할 것이다. 밖으로 뚫고 나오려는 의지의 압력이 워낙 거세기 때문이다. 이 의지는 거의 즉시, 또는 머지않아 의식의 영역으로 터지듯이 밀고 들어오면서 그 내용물이라 할 수 있는 관념을 인식 전반에 퍼뜨릴 것이고, 이를 통해 당사자의 의식이 자신을 인식하지 않을 수 없도록 만들 것이다. 과장된 현실 동조 아래 짓눌려 있던 순수 의지가 의식의 영역으로 스며들면서 당사자를 관념적 불안 상태에 빠뜨리는 것이다. 그리고 이렇게 일단 관념적 불안이 형성되고 나면 그 불안에 가서 달라붙는 상징적이거나 구체적인 대상이 주체의 관심을 잡아끌면서 마치 자신이 불안의 진정한 원인인 것처럼 행세하기 시작할 것이다. 그러니까 결국 의식으로의 침투

여부가 관념적 대상과 의지를 가르는 기준이 되는 셈이다.

그렇다면 억압된 표현 의지는 대체 왜 당사자를 불안감에 빠뜨리는 관념들을 산출해내는 것일까? 그것이 표현 의지라면 거기에 걸맞은 의미를 드러내야 하는 것 아닐까? 이 의문에 대한 해답은 억압 상황에서 대상 추출이 어떤 식으로 일어나는지 그 방식을 이해할 수 있도록 해줄 것이다. 그러니 지금부터는 이 문제에 관심을 기울여보기로 하자.

먼저 억압된 표현 의지는 이제 더는 예전의 그 표현 의지가 아니라는 점부터 말해 두는 편이 좋을 듯하다. 앞서 지적했다시피, 억압된 표현 의지는 억압에 의해 방향성이 역전된 표현 의지이다. 그것은 마치 벽에서 튀어나온 공처럼 주체 내부를 향해 파고들면서 당사자를 움츠러들게 만든다. 억압이 일어나기 전까지만 해도 표현 의지를 통해 외부에 작용을 가하는 위치에 있던 당사자가, 이제는 도리어 그 표현 의지의 작용을 받는 입장에 놓이게 된 것이다. 그런데 여기서 중요한 것은 이 같은 방향 전환을 통해 의지와 주체 사이의 관계가 반대로 뒤집히고 나면, 당사자의 눈에 비친 의지의 속성도 변한다는 사실이다. 이는 마치 강력한 우군을 거느리고 자신만만해하던 누군가가, 그 우군에게 배신을 당한 뒤 도리어 그자를 두려워하게 되는 것과도 같다. 따라서 이러한 억압 상황에서는 의지가 그 본성에 충실한 관념들을 내놓는다 하더라도, 그것을 바라보는 당사자에게 완전히 다른 인상을 줄 수밖에 없을 것이다.*

그런데 억압된 의지는 원래 의지와 단순히 방향성만 반대인 것이 아니다. 억압된 의지는 성질마저도 더욱 본능적으로 과장된다. 억압이 일어나기 전까지는 당사자와 이해관계를 함께하면서 그의 관심을 받지만, 억압과 동시에 관심을 박탈당하기 때문이다. 그것은 인간의 관심을 받으며 길들여진 동물이 다시 야생으로 되돌아가 머물 경우 점점 거칠고 난폭해지는 것과도 비슷하다. 고차원적 의식이 벗겨져 나아감에 따라 그만큼 더 본능적 특성을 띠게 되는 것이다. 이런 사정을 감안하면 당사자가 이 의지에서 파생되어 나온 관념들을 한층 더 이질적인 것으로 느끼게 될 것이란 점은 어렵지 않게 짐작해볼 수 있을 것이다.

이처럼 억압된 의지는 억압 과정 자체의 특성으로 인해 그 의미가 근본적으로 변화된다. 그러므로 억압된 의지에서 비롯된 관념적 불안도 앞서 말한 역전과 과장이라는 두 가지 특성을 추가적으로 반영하는 인식 내용들을 대상으로 끌어들일 수밖에 없을 것이다. 그리고 불안이 일단 이렇게 상징적이거나 구체적인 형태로 변형되고 나면, 당사자 입장에서 그 불안의 진정한 본성을 파악하기란 거의 불가능해질 것이다. 이중으로 의미 변천을 겪은 데다가 특정 인식 내용을 대상으로 국지화되기까지 했기 때문이다. 따라서 당사자는 그 불안이 외부의 위협 요인에서 비롯된 것이라고 단

* 프로이트,《정신분석학의 근본 개념》의 〈본능과 그 변화〉도 함께 참조.

정 지은 채 끊임없이 통합을 거절하는 상황에 놓이게 될 것이고, 이를 통해 억압과 불안 사이의 연관성은 철저히 망각될 것이다. 하지만 분명 그가 두려워하는 대상은 얼마 전까지만 하더라도 자신의 일부였던 표현 의지 그 자체이다.

지금까지 살펴본 바와 같이, 억압이 일어나는 상황에서는 불안의 대상으로 끌려오는 인식 내용이 의식을 여러모로 우회하여 주체의 의지와 직접 관계하는 까닭에, 의식적 현실과의 관련성을 상당 부분 상실하게 된다. 대상이 도무지 이해할 수 없는 형태로까지 변형되고 마는 것이다. 그런데 불안 대상의 이러한 비현실성은 다른 한편으로 주체 입장에서 내릴 수 있는 판단 착오를 도리어 방지하는 역할을 해주기도 한다. 이처럼 왜곡 정도가 심하여 현실성 없어 보이는 불안의 대상이라면 진정한 원인으로서 가치를 의심받게 될 것이 분명하기 때문이다.

하지만 억압이 부분적으로 일어나는 경우, 다시 말해 주체가 여전히 표현 의지를 행사하는 상태에서 그 의지가 짓눌리는 경우에는 이런 의문조차 제기하기 힘들어진다. 현실과 접해 있는 표현 의지의 측면이 해석의 실마리를 제공해주기 때문이다. 즉, 이 부분적 억압 상황에서도 의지의 저변부를 짓이기며 불안을 일으키는 표현 의지의 심층부가 그 압력을 견디지 못한 나머지, 아마도 원형 산맥의 형태로 치솟아 오르면서 의식의 영역으로 관념을 퍼뜨릴 것이고, 그러면 이 관념은 다시 상징적이거나 구체적인 형태의 대상으로 응결된 채 의식의 주변부로부터 주체를 옥죄어 오겠지만, 다른 한편에서 억압되지 않은 채 의식성을 유지하고 있는 표현 의지의 측면이 불안에 끌려 들어오는 대상들의 현실적 근거 역할을 하면서 그 정당성 혹은 합리성을 뒷받침해주기 때문에, 그 대상들의 정당성을 아예 의심조차 하지 못하게 되는 것이다. 이와 같은 경우에는 설령 표현 의지의 억압 정도가 비교적 심하여 대상으로 떠오르는 인식 내용의 과장된 성질을 명백히 인식한다 하더라도, 그 대상을 불안의 진정한 원인으로 단순히 받아들이게 되는 것이 일반적이다. 불안 대상과 표현 의지의 의식적 측면 사이의 연관성이 너무나도 확고해 보이기 때문이다. 하지만 정말로 위험해서 표현 의지를 위축시키게 된 건지, 아니면 반대로 표현 의지를 억압해서 상황이 위험해 보이게 된 건지, 자문해보는 것이 유용한 경우도 분명 있을 것이다.

억압의 원인

이 주제를 또 다루겠다고 하니 상당히 불만스러워할지도 모르겠다. 하지만 아직 문제가 제대로 해결된 것이 아니다. 억압된 의지가 불안의 원인으로 작용한다는 말이 사실이라면, 대체 애초에 억압은 왜 하게 되는 것인지, 그 이유가 여전히 불분명하게 남아 있기 때문이다. 그러니 억압이란 주제에 조금만 더 관심을 기울여보기로 하자. 이 의문을 해결하면서 억압이 일어나는 조건을 밝혀 나가다 보면, 자연히 일상적인 영역으로 되돌아가게 될 것이다.

일단 이 문제는 대략 두 가지 측면에서 접근해 들어갈 수 있다. 그중 하나는 억압 과정에 의식의 참여가 수반되지 않는 경우이고, 다른 하나는 어떤 식으로든 의식의 참여가 수반되는 경우이다. 이 둘은 사실 이렇게 나누어질 수 있는 성질을 지닌 것이 아니지만, 그럼에도 두 측면을 따로 설명하는 것이 구체화에 도움이 된다. 그럼 첫 번째 경우부터 살펴보기로 하자.

우선 말의 뜻부터 분명히 해 두는 편이 좋을 듯하다. 여기서 의식의 참여 없이 억압이 일어난다는 것은 단순히 당사자가 그 과정을 조금도 인식하지 못한다는 뜻이다. 실제로 이 경우에는 억압이 거의 저절로 일어나다시피 하며, 그 과정에서 당사자가 하는 역할이란 억압 과정에 힘을 공급하는 것이 전부이다. 스스로 억압 과정을 작동시키면서도 자신이 그러고 있다는 사실을 모르는 것이다. 그렇다면 이런 일은 대체 왜 일어나는 것일까? 한마디로 말하자면, 그것은 의지, 또는 욕망과 그 의지에 대한 억압력의 작용 순서가 완전히 뒤바뀌어버렸기 때문이다. 즉, 이 경우에는 표현 의지가 외부를 향해 돌출했다가 억압을 받는 것이 아니라, 억압과 유사한 태도가 미리 취해진 지점을 향해 분출하려다 억압을 받은 것과 같은 상황에 놓이게 된다. 결국, 억압을 당하는 것이 아니라 스스로 억압을 자초하는 셈이다. 그렇다면 이처럼 터무니없는 태도를 취하게 되는 상황에는 과연 어떤 것들이 있을까? 이런 태도는 특히 주체 자신이 동의하는 현실의 제한된 틀 속으로 표현 욕구를 과도하게 밀어 넣으려다 욕망의 일부를 스스로 거부하게 되는 상황, 즉 부분적 억압 상황에서 가장 쉽게 관찰해볼 수 있다. 이 경우 주체는 마치 현실과 인접한 의식의 표층부에서는 억압의 정당성을 인정하면서 본질적으로는 여전히 무제한적 표현을 욕구하는 듯이 행동하는데, 그러다 보니 의식이 용인한 표현의 통로로 분출되지 못한 표현 의지가 그 통로 주변부에서 의식의 표층이 가하는 억압에 가로막혀 주체 내부를 향해 거꾸로 방출되는 것과도 같은 형국에 놓이게 된다. 그러니까 이 같은 상황에서는 주체가 의식적으로 억압을 하는 것이 아니라, 자신의 과도한 표현 욕구로 인해, 또는 표현의 과도한 제약으로 인해 자기도 모르게 억압을 하게 되는 상황에 처하는 것이다.

예를 들어, 매우 엄격한 기준을 세워놓고 작품 활동을 하는 예술가가 있다고 해보자. 그는 표현을 쏟아낸 뒤 나중에 검열에 임하는 것이 아니라, 처음부터 완결된 결과물을 얻어내겠다고 욕심을 부린다. 그러면 그는 아마도 작업을 하는 내내 매우 여러 차례에 걸쳐 불안감에 휩싸이게 될 것이다. 스스로 허용한 표현의 폭이 지나치게 비좁아 표현 의지의 상당 부분이 역류할 것이기 때문이다. 하지만 그에게 왜 그렇게 불안해하는지 물어보면 그는 아마도 완전히 다른 이유를 댈 것이다. 즉, 그는 작업을 망치거나 대중에게 비난받는 것이 두려워 제대로 표현을 못 하겠다는 식으로 답할 것이다. 어쨌든 그런 인식 내용들이 뇌리에 떠오르기 때문이다. 하지만 그와 같은 불안의 내용들은 사실 억압에 의해 유발된 불안에 단순히 덧붙여진 것일 가능성이 크다.

이런 상황은 앞에 나가 무언가를 표현해내야 하는 좀 더 일상적인 경우에도 마찬가지로 관찰해볼 수 있다. 이 같은 환경에 처한 당사자는 공연이나 발표를 시작하기 바로 전과 초반부에 강한 불안감을 느끼다가 어느 정도 표현 의지를 풀어내고 난 후에야 안정을 되찾게 되는 것이 보통인데, 이는 아마도 환경 여건에 의해 억류된 표현 의지가 반대 방향으로 압력을 가하다가 해방되는 과정을 거치기 때문일 것이다. 여러 사람 앞에서 실수를 하는 것 따위를 내용으로 삼는 불안보다 부분적 억압으로부터 직접 파생된 불안이 시간상으로 더 앞설 수도 있는 것이다.*

---

* 이처럼 부분적 억압에 의해 유발되는 불안이 항상 불안감으로 의식되는 것은 아니다. 그것은 잠복해 있다 나중에야 모습을 드러내기도 한다. 예컨대, 누군가가 주변에 폐를 끼치지 않기 위해 특정 행위를 조심스럽게 수행하다가 어디선가 들려오는 헛기침 소리를 듣는다고 해보자. 그러면 그는 분명 그 소리에 어딘가 찔리는 듯한 느낌을 받게 될 것이다. 마치 상처를 건드려야 고통을 느끼게 되는 것처럼, 행위 의지의 일부가 역류하면서 일으킨 불안을 의식하지 못하고 있다가 외부로부터 자극을 받은 뒤에야 인식하게 되는 것이다. 이런 일이 일어나는 건 분명 그가 느낌을 느낄 새도 없이 행위에 정신을 쏟다가 느낌을 강요당하고 나서야 비로소 그리로 관심을 돌리기 때문일 것이다.
하지만 어떤 경우에는 불안이 아예 이런 식으로조차 인식되지 않는다. 느낌의 단계를 우회하여 행위로 직접 표출되기 때문이다. 이런 사례는 갑작스럽게 행동의 폭을 제한당한 사람들, 그중에서도 특히 적절한 준비 과정 없이 무거운 사회적 요구를 부과받은 아이들에게서 많이 찾아볼 수 있다. 그들은 마치 경련을 일으키기라도 하듯이 고개를 옆으로 젖히거나 어깨를 들썩이는 동작을 반복해서 취하곤 하는데, 이 같은 행위는 아마도 억압에서 비롯된 의지의 뒤틀림을 해소하려는 노력에 다름 아닐 것이다.

그렇다면 표현 의지가 의식의 영역으로 아예 진입해 들어오지 못하는 경우는 어떨까. 그런 상황에서도 억압력이 의지의 작용에 선행할 수 있을까? 아마도 겉으로만 보면 불가능한 일로 여겨질 것이다. 표현 의지를 자극하는 인식 내용이 전혀 없는 환경을 향해 의지가 촉발된다는 것 자체가 말이 안 되기 때문이다. 하지만 의지의 움직임에도 일종의 관성이 작용한다는 사실을 함께 고려해보면, 그와 같은 현상이 일어날 수도 있다는 점을 받아들이게 될 것이다. 그리고 그런 일은 실제로 일어나기도 한다. 아무것도 하지 않고 있을 때 느껴지는 초조감이 전형적인 예이다. 물론, 이런 불안과 초조는 남보다 뒤처지는 것 등에 대한 불안으로 해석되는 것이 보통이고, 정말로 그런 이유들 때문에 일어난 것일 수도 있긴 하지만, 이 경우에도 그와 같은 불안의 내용을 그 정서의 유일한 원인인 것처럼 생각해서는 안 될 것이다. 단순히 그 반대일 수도 있기 때문이다. 즉, 장기간에 걸쳐 수행되면서 거의 습관처럼 된 활동 의지가 부동 상태에 가로막혀 초조감이나 의무감 등으로 경험되는 불안을 유발할 수도 있는 것이다. 특히, 어느 모로 보나 가만히 휴식을 취하는 것이 정당한 상황에서조차 불안의 압력을 받는다면, 현재 자신의 태도가 아닌 평소의 활동 강도에 문제를 제기해야 마땅할 것이다.

억압력이 작용하는 지점을 향해 의지가 촉발되는 이 같은 현상은 욕구가 만족스럽게 충족되지 못하는 경우에도 일어날 수 있다. 불만족 상태에 빠진 의지나 욕망의 본능적 반응은 만족감을 향해 추동되는 것이지만, 당사자가 이 같은 의지의 요구를 항상 인식하는 것은 아니고, 또한 현실적으로 그 욕구의 충족이 불가능한 상황이 조성되어 있을 수도 있기 때문이다. 아마도 만족의 결여나 욕구 불만이 불안과 긴밀한 연관 관계를 맺는 이유를 바로 여기서 찾을 수 있을 것이다. 이 같은 상황에서는 맹목적으로 만족을 추구하던 의지가 밖으로 뻗어 나가는 대신 주체 내부를 향해 역류해 들어갈 것이기 때문이다. 즉, 본능적 욕구를 제대로 충족하지 못한 당사자가 그 사실을 스스로 인식하지 못한 채 기존의 행동 방식을 고수하면, 만족을 가져다주는 행위를 하도록 압력을 가해 오던 의지가 행위로 이어지지 못하고 반대로 작용하면서 당사자를 불안감에 빠뜨리게 되는 것이다. 그러므로 불안과 연관된 현상들을 더 포괄적으로 이해하고자 한다면, 본능적 욕망을 억압하는 행위뿐만 아니라 적절히 충족하기 힘든 욕구를 일으키는 행위까지도 함께 고려 대상으로 삼아야 할 것이다.

이제 의식의 참여 하에 억압이 일어나는 상황을 다룰 차례다. 하지만 여기서 더 나아가기 전에, 앞서 다소 거칠게 설명했던 억압 과정에 대한 묘사를 좀 더 가다듬을 필요가 있다. 억압이 어떤 식으로 불안을 일으키는지 해명하기 위해 의지 간의 마찰이란 측면에만 초점을 맞춘 나머지, 억압하는 당사자의 태도를 다소 과장한 감이 있기 때문이다. 아마도 그 설명은 당사자가 억압 과정에서 자신의 의지에 노골적으로 완력을 가한다는 인상을 주었을 것이다. 하지만 그와 같은 의지의 거부는 주체의 태도에서 오직 일부를 차지할 뿐이다. 표현 의지나 욕망의 억압은 상당히 우회적인 방식으로, 그것도 최소한의 의식성만을 수반한 채 일어나는 경우가 대부분이다.

그렇다면 억압을 가하는 당사자는 그 과정을 어떤 식으로 진행시키는 것일까? 일단 억압 과정에서 의식이 취하는 태도는 크게 둘로 나눠볼 수 있다. 그중 하나는 표출되고자 하는 자신의 의지를 순간적으로 느껴 성격을 파악한 뒤 그것을 의식이 미치지 못하는 영역으로 다시 밀어 넣는 것이고, 다른 하나는 그 의지와 조화될 수 없는 현실 인식을 움켜잡으면서 의지의 인식으로부터 관심을 돌리는 것이다. 의지의 거부와 현실 동조, 이 두 측면이 합세하여 억압 과정을 발동시키는 것이다. 하지만 물론 이 두 태도는 근본적으로 동일한 것으로서, 하나 속에 다른 하나가 이미 내포되어 있다. 완전히 동시에 진행되는 단일 과정이기 때문이다. 따라서 다시 이 둘을 하나로 포괄해서 본다면, 억압이란 것이 마치 자신의 의지를 딛고서 현실 인식을 향해 올라서듯이 일어난다는 점을 파악해낼 수 있을 것이다. 현실 인식을 움켜쥐는 만큼 의지를 아래로 짓누르게 되고, 자신의 의지를 짓누르는 만큼 눈앞의 현실을 움켜쥐게 되는 것이다.

하지만 이때 작용하는 억압력의 상반된 두 측면이 의식되는 정도에는 차이가 있다. 억압력 중 현실로 향하는 측면이 의지를 밀어내는 측면보다 더 의식의 영역에 근접해 있고, 또한 억압 상황에서 주체의 관심도 사실상 거기 집중되어 있기 때문이다. 게다가 의지에 대한 인식과 거기에 가해지는 억압 시도는 억압 과정의 완료와 동시에 망각되는 것이므로, 그나마 있던 의식성마저도 일시적으로밖에는 유지될 수가 없다. 이런 이유들로 인해 억압 과정에 참여한 주체는 주로 현실로 향하는 힘만을 의식하고 거기 가담하게 되는데, 현실을 향하는 힘이란 단순히 평소의 현실 인식과 현실 동조를 강화한 것으로서 별 특색이 없는 힘이기도 하므로, 그 힘과 억압의 관련성 또한 결코 쉽게 드러나지는 않는다.

이처럼 억압은 그 과정에 의식이 참여한다 해도 정작 그 의식이 스스로 무슨 일을 하고 있는지 쉽게 알아차리지 못하므로, 특별히 주의를 기울이지 않는 한 좀처럼 인식되지 않는 경향이 있다. 다만 억압 후에 남는 과도한 현실 동조와 알 수 없는 불안감, 그리고 그 불안이 끌어들이는 이차적 대상들을 통해서만 자신이 무언가 억압했음을 거꾸로 추정해볼 수 있을 따름이다. 그러므로 앞서 의지를 짓누른다는 식으로 묘사한 말을 결코 문자 그대로 받아들여서는 안 될 것이다. 그것은 억압되는 표현 의지가 의지의 본체에 가하는 힘에 중점을 둔 표현일 뿐, 억압 과정에서 의식의 태도를 반영하는 표현이라고는 볼 수 없기 때문이다.

그러면 이런 인식을 바탕으로 삼아 앞에서 제기한 의문점을 해결해보기로 하자. 문제의 핵심은 불안하지도 않은 의식이 대체 억압은 왜 하는 것인지 그 이유를 밝히는 것이었다. 그런데 이제 억압력이 현실 동조와 의지 거부라는 두 측면으로 구성된다는 점이 명백해졌으므로, 이 의문에 간단히 답할 수 있게 되었다. 표현 의지를 억압하는 이유는, 단순히 주체의 동조를 유발하는 상황이나 대상이 외부로부터 밀려들어오기 때문이다. 그 외적 현실과 섞일 수 없는* 의지나 욕망을 일으키고 있는데, 인정할 수밖에 없는 상황이 밀고 들어와 인식을 가득 메우니, 자기도 모르게 억압력을 행사하게 되는 것이다. 이 순간 주체는 분명 불안감 때문에 억압을 한 것이 아니라, 불안과는 아무 상관도 없는 외부 현실을 인식하고 공감했기 때문에 억압을 한 것이다. 아니, 차라리 그 현실에 대한 인식 자체가 이미 억압력의 행사라고 말해야 더 정확한 표현이 될 듯하다. 반복하건대, 현실 동조와 의지의 거부는 사실상 일체로서, 항상 동시에 일어날 수밖에 없는 것이기 때문이다.

어쩌면 이처럼 순서를 따지는 것이 완전히 무의미하다고 생각할지도 모르겠다. 일단 억압이 진행되고 나면 그 결과로 유발되는 불안감이 다시 억압을 부추기는 원인 역할을 담당하게 될 것이기 때문이다. 하지만 이 같은 인과 관계의 역전은 자칫 불안이 억압의 유일한 원인인 것처럼 보이게 만들기 쉽다. 그리고 이런 착각으로 인해 억압의 영향력을 무시하고 나면, 복합적으로 작용하는 인과 관계의 중요한 한 측면을 다시금 망각하게 될 것이다.** 억

---

* 섞일 수 없는 관계와 서로 모순되는 관계, 즉 병존 불가능한 관계와 공존 불가능한 관계를 구분 짓는 것은 매우 중요하다. 전자는 불안감과 연관되지만 후자는 우울감과 연관되기 때문이다. 이 점에 대해서는 우울감을 다루는 부분에서 더 자세히 설명할 것이다.

압이 최초로 촉발되는 순간에 특별히 관심을 기울여야 하는 이유가 바로 여기에 있다. 그 순간을 제대로 파악하고 기억해 둔다면, 억압의 효과를 분명히 인식하게 될 것이기 때문이다. 아마도 그런 인식은, 불안과 억압이 서로 원인과 결과의 역할을 교대로 떠맡으며 진행되는 동일 과정이란 사실까지도 함께 드러내줄 것이다.

사랑의 대상과 공격성이 마주치는 상황을 예로 들어 설명해보기로 하자. 일상의 경험들을 돌이켜보면 알겠지만, 이런 상황은 평소에 거칠고 공격적으로 행동하던 사람이 자신에게 호의를 베푸는 사람과 마주하게 되거나, 특정한 타인에게 내심 화가 나 있던 사람이 상대방으로부터 상상도 못했던 배려를 받는 경우에 주로 마련된다. 이런 대치 상태에 직면한 당사자는 두 가지 선택지 가운데 하나를 고르도록 강요받는 것이 보통인데, 그중 하나는 공격성을 내세워 사랑의 대상을 파괴하는 것이고, 다른 하나는 사랑의 대상에 공감하며 자신의 공격성을 억누르는 것이다. 대부분의 사람들은 물론 두 번째 선택지를 택한다. 그쪽이 훨씬 더 견딜 만하기 때문이다. 하지만 첫 번째 선택을 하는 사람도 없는 것은 아니다. 이 대치 상태에서 유발되는 긴장감을 못 견디거나 상대의 호의에 반응하는 공감 능력이 부족한 사람들은, 상대를 향해 빨

***

** 프로이트, 《정신 병리학의 문제들》에서 〈억압, 증상, 그리고 불안〉 참조. 그는 이 글에서 억압과 불안의 순서를 다시 뒤집음으로써 최초의 통찰을 상당 부분 무력화해놓았다. 불안과 관련된 의미 있는 언급은 이전에 발표한 글들에서 찾아야 할 것이다.

려 들어가던 사랑을 거둬들이며 공격성을 방출해내기도 한다. 아마도 호의를 베푸는 상대방에게 공격을 가하는 어린아이들이 그 대표적인 예가 될 것이다. 그렇지만 어쨌든 어느 정도 성숙한 대다수의 사람들은 상대방이 베푸는 사랑이나 친절을 거절 못 한다. 즉, 이런 상황에 처한 당사자는 보통 상대의 태도를 감지하는 즉시 정체성의 중심을 그 상대에게로 옮겨 잡은 뒤, 그를 향해 뻗어 나오는 자신의 공격성을 밖으로, 즉 자기 자신을 향해 밀쳐내려 한다. 불안해서가 아니라 상대의 사랑에 공감했기 때문에 억압력의 다른 측면인 의지의 거부를 자동적으로 행사하게 되는 것이다. 그리고 이 같은 억압의 결과로 불안감이 형성되고 나면, 당사자는 그 불안의 의미를 자기 나름의 방식으로 해석하여 이러저러한 이유 때문에 불안하다는 식으로 결론을 이끌어내려 한다.

하지만 이렇게 도출된 불안의 의미는 분명 불안을 일으킨 최초의 원인이 아니다. 가장 직접적인 불안의 원인은 사랑이라는 강력한 억압력에 밀려나 주체 내부로 파고든 그 자신의 공격성이다. 아마도 억압이 충분치 않아 자신의 공격성을 여전히 의식할 수 있는 상황이라면, 당사자도 모호하게나마 이 사실을 인식할 수 있을 것이다. 그가 이런 상황에서 상대에게 해를 끼칠지 모른다는 식의 인식 내용을 불안의 의미로 이끌어낼 수 있는 것도 사실상 이 같은 인식 덕분이다. 하지만 여기서 억압이 더 진전되어 자신의 공격성에 대한 자각이 흐려진다면, 공격성이 부분적으로 상대방에게 전가되면서 그 상대에게 비판받을지 모른다는* 인식 내용이 섞여

들게 될 것이고, 당사자가 공격성을 완전히 망각할 정도로 억압이 진행된다면, 그는 자신의 공격성 전부를 상대방에게 뒤집어씌운 뒤 그로부터 공격당하거나 비난받을지 모른다는 두려움에 떨게 될 것이다. 자신을 향해 뒤돌아선 공격성이 밀착해서 작용하면서 불안을 일으키지만, 그것이 너무 가까이 있다는 바로 그 이유 때문에 제대로 인식하지 못하고 더 먼 곳에서 찾게 되는 것이다. 이처럼 공격성을 억압한 당사자는 그 뒤집힌 공격성에 의해 굴절된 세상을 바라보면서 그와 같은 의지의 속성을 외부 대상들에게 투영하게 되는데, 이러한 원리는 아마 다른 성질의 의지에도 그대로 적용될 것이다.

집 착

이제 집착의 관점에서 불안에 접근해보기로 하자. 지금 무슨 새로운 원리를 도입하거나 하는 것은 아니지만, 이렇게 관점을 바꾸어 바라보는 것만으로도 불안과 연관된 일상적 현상들을 이해하는 데 도움을 받을 수 있을 것이다.

아마도 직접 경험해봐서 알겠지만, 집착은 사람을 불안하게 만

---

* 아마도 자신이 가했을지 모를 그 해악 때문에.

드는 경향이 있다. 무언가에 집착하는 순간 불안도 거의 동시에 일어나는 듯한 느낌이다. 물론 이 경우에도 얼마든지 불안해서 집착하게 되는 것이라고 뒤집어 말할 수 있겠지만, 어쨌든 간에 집착이 불안과 긴밀한 연관성을 지닌다는 사실만큼은 분명해 보인다. 그렇다면 대체 집착이란 무엇일까? 억압력의 한 측면인 현실 동조와는 다른 것일까? 분명 완전히 다르지는 않을 것이다. 집착이란 개념이 현실 동조 속에 포괄되는 듯 보이기 때문이다.* 하지만 그렇다고 앞서 설명한 내용들을 바탕으로 접근해서는 새로 밝혀지는 내용이 아무것도 없을 것이다. 이해를 심화하려면 접근법 자체를 바꿀 필요가 있다. 그러므로 집착이란 현상을 따로 떼어내어 그 속성을 직접 파악해 보기로 하자. 그러면 집착이 욕망을 그 기반으로 한다는 점이 가장 먼저 눈에 들어올 것이다. 욕망하지도 않는 대상에 집착부터 할 수는 없을 것이기 때문이다. 그렇다면 욕망이란 또 무엇일까? 간단히 정의하자면, 욕망이란 특정 대상을 에워싼 쾌락의 기억에 의해 의지가 들어 올려지는 현상을 의미한다. 대상 인식으로부터 촉발된 이 모호한 쾌락의 기억은 그 대상 주변으로 번져 나오면서 당사자의 의지를 빨아들이는 경향이 있다. 모든 일이 불안과 정반대 방향으로 진행되는 것이다. 그런데 여기서 주목할 점은 욕망을 구성하는 의지가 그 쾌락의 기억

---

* 여기서 말하는 집착은 가장 좁은 의미의 집착이다. 더 광범위한 의미의 집착에 관해서는 285쪽 '이행' 부분을 참조하기 바란다.

이 작용하는 만큼만 들어 올려진다는 사실이다. 즉, 욕망의 경우에는 자극과 반응이 완전히 일치한다. 하지만 집착의 경우에는 그렇지 못하다. 집착이 일어날 때는 항상 의지의 작용이 쾌락의 기억을 넘어서며, 오직 그럴 때에만 그 태도에 집착이란 명칭이 부여된다. 자극에 대한 과잉 반응이 욕망을 집착으로 만드는 것이다.

그렇다면 이처럼 과도한 의지가 발동되는 이유는 무엇일까? 그것은, 무엇보다도, 주체 스스로가 자신의 욕망에 제대로 대응하지 못하기 때문일 것이다. 잘 알다시피, 욕망에 대한 자연스러운 반응은 그 욕망이 실현되도록 해주는 행위를 찾아 실행에 옮기는 것이다. 하지만 집착을 일으키는 사람들은 보통 의지의 노력으로 욕망의 대상을 무조건 움켜쥐려고만 한다. 복잡한 행위를 단순한 움켜쥠으로 대체하려 드는 것이다. 그들이 이런 식으로 행동하는 건, 아마도 욕망을 달성하려면 어떤 행위를 해야 하는지 모르거나 환경적 제약으로 인해 어떤 행위도 할 수 없는 처지에 놓여 있기 때문일 것이다. 아니, 어쩌면, 단순히 그렇게 하는 것만으로 대상을 손에 넣을 수 있다고 착각하기 때문인지도 모른다. 맹목적이고 조급한 기대 때문에 정상적인 절차를 무시하게 되는 것이다. 하지만 그 동기야 어찌 되었든 간에, 욕망의 대상을 향한 미숙하고 무익한 노력으로부터 집착이 파생되어 나온다는 사실에는 변함이 없다.* 욕망을 현실화하고자 하는 성급한 시도, 그것이 곧 집착인 셈이다.

그러면 이제 이 같은 집착이 어떤 식으로 불안을 일으키는지 살펴보기로 하자. 이 원리를 밝히는 데는 특히 신체 현상과의 유비 관계를 동원하는 것이 도움이 될 것이다. 그러므로 일단 누군가가 특정 형태로 굳어진 욕망의 대상, 예컨대, 일정한 크기의 금덩이 따위를 손으로 움켜쥔다고 가정해보자. 그는 그 욕망의 구현체를 필요 이상으로 꽉 움켜쥔다. 그러면 그는 분명 손에 어떤 통증을 느끼게 될 것이다. 더는 앞으로 전진하지 못하는 의지가 뒤로 밀려나면서 충돌을 일으킬 것이기 때문이다. 말하자면, 의지의 과잉 작용으로 인해 의지가 안으로 짓뭉개지는 것이다. 그런데 이는 정신의 영역에서도 마찬가지이다. 즉, 의지가 흐를 수 있도록 길을 터주는 인식 내용이 이제 더 없는 상태에서 강제로 의지를 밀어붙이면, 그 의지가 인식의 장벽에 가로막혀 뒤로 밀려나면서 자신의 뿌리 부분을 교란하게 된다. 의지의 대상에 대한 과잉 긍정으로 인해 그 의지의 저변부에 그림자처럼 불안이 드리워지게 되는 것이다.

이처럼 집착의 반작용으로 일어나는 불안은 당사자의 의지 또는 욕망과 정반대 방향으로 작용하면서 마치 그 의지를 억압한 것

---

* 이미 취한 욕망의 대상에 집착한다면, 그것은 주로 그 대상을 상실하는 것에 대한 불안감 때문일 것이다. 불안을 극복하고자 하는 성급하고 다소 빗나간 시도 역시 집착의 형태를 띨 수 있는 것이다. 하지만 분명 이것이 전부는 아니다. 그 욕망의 대상을 제대로 향유할 수 없도록 상황이 조성된 경우에도 집착이 일어날 수 있다. 이런 상황에 의해 욕구 불만이 일어나면 그 결핍된 만족감을 내놓으란 듯이 대상에 매달리게 될 수 있기 때문이다. 어쩌면 이런 형태의 집착을 부정적 의미의 '소유' 개념과 연결 지을 수 있을지도 모르겠다.

과도 같은 상황을 조성해낸다. 앞서 집착을 현실 동조 속에 포함시킨 것도 바로 이 같은 사정 때문이다. 그런데 여기서 주체 내부로 향하는 욕망의 측면이 기존의 욕망과 성질상 반대된다는 점을 고려해보면, 이 과정이 집착 대상과 반대되는 성질의 것들을 주체 자신의 내부를 향해 밀쳐내듯이 일어난다는 사실을 파악해낼 수 있을 것이다. 이 경우 당사자는 어처구니없게도 스스로 극히 꺼리는 그 측면을 자신의 내면을 향해 밀쳐 넣으면서 그것이 단순히 사라져주기만을 고대한다. 하지만 물론 이렇게 거절당한 정신 요소는 거기 잠자코 머물러 있지를 못한다. 그것은 압력에 의해 밖으로 도로 튀어나와 관념적 형태의 불안을 형성해내며, 이 불안은 다시 온갖 종류의 대상을 끌어들여 결합함으로써 당사자가 지금 취하는 태도가 그 불안 대상과 반대되는 성질의 그 무엇이라는 점을 지시해준다.

하지만 이런 사실을 파악해내는 일이 항상 쉬운 것만은 아니다. 집착 대상과 불안 대상은 그 유형마저도 다를 수 있기 때문이다. 예컨대 당사자가 성공이란 일반 관념에 강하게 집착한다면, 그는 그와 반대되는 관념인 실패는 물론 실패란 관념 안에 포괄되는 온갖 세부 대상들에 의해서도 불안을 자극받게 되겠지만, 양자의 유형이 완전히 다르므로 그들 사이의 연관성을 제대로 파악해내지 못할 수 있을 것이다. 이런 상황에 빠진 당사자는 불안의 근본 원인이라 할 수 있는 집착 대상을 찾아내 그 무익한 의지의 노력을 그만두거나 완화하기보다는, 밖으로부터 밀려오는 듯 보이는 불안 대상들을 다시금 인식 영역 밖으로 밀쳐냄으로써 집착을 영속화하는 것이 보통인데, 이 같은 주체의 태도는 반대 요소를 내부로 밀어 넣던 최초의 노력을 외부 대상들을 상대로 단순히 반복하는 데 지나지 않는다.

어쨌든 이로써 집착이란 태도와 불안 사이의 연관성은 상당 부분 해명되었을 것이다. 불안은 집착의 가장 직접적인 산물로서, 집착의 배후에서 그것을 역으로 뒷받침하는 역할을 수행해낸다. 하지만 집착과 연관된 경험들을 검토하다 보면, 불안이 집착의 결과로 일어나는 현상의 전부는 아니라는 점을 발견하게 될 것이다. 집착을 하는 사람은 그 집착 대상과 섞일 수 없는 의지나 욕망의 표현을 억누르기도 한다. 현재 작용 중인 욕망의 주변부에 압박을 가함으로써 병존 불가능한 인식 내용이 치고 나오지 못하도록 하는 것이다. 이 같은 태도의 가장 극적인 형태는 아마도 종교적 경건함에 과도하게 집착하는 사람들에게서 찾아볼 수 있을 것이다. 그들은 가끔씩 주도적 의식의 주변부로 흘러드는 불순한 생각들을 필요 이상으로 억누름으로써 신성 모독적 사고가 터져 나오도록 자초하곤 하는데, 이런 일이 벌어지는 것은 분명 억압력에 가로막힌 본능적 의지가 그 힘에 굴복하다 못해 결국 반항하게 되었기 때문일 것이다. 의식으로부터 심하게 괴리되어 억압력을 이질적으로 대하게 된 의지의 측면이, 자신을 부정하는 그 힘을 밀쳐내며 자기 존재를 주장하다 보니, 화의 성질이 스며들어 마침내는 폭력적 성향마저 나타내 보이게 되는 것이다.*

하지만 물론 이처럼 괴리가 심하게 일어나는 경우는 많지 않다. 대부분의 경우, 본능적 의지는 자신의 출신 성분을 잊지 않는다. 즉, 그 의지는 억압력에 순순히 동조하여 반대 방향으로 성질 변화를 일으킨 뒤, 집착의 반작용으로 일어난 불안을 향해 흘러들어가 그 불안을 강화한다. 말하자면, 이 경우에는 집착이 억압이란 과정을 통해 다소 우회적인 방식으로 불안을 발생시키는 것이다. 하지만 이처럼 최종적인 결과가 동일하다고 해서 이 과정을 부차적인 것으로 치부해서는 안 된다. 억압 과정 그 자체를 통해 표현에 미치는 집착의 영향력이 분명히 드러나기 때문이다. 즉, 집착에서 비롯된 불안은 불안 대상을 끌어들이는 내부 요인으로 작용하면서 외부 인식의 수용에 영향을 주지만, 집착에서 파생된 억압력은 그 집착 대상과 조화를 이룰 수 없는 측면들을 거부하면서 내적 태도의 표출에 영향을 끼치는 것이다. 이 전체 과정은 마치, 집착하는 당사자가 그 집착 대상을 보호하기 위해 안팎으로부터 쳐들어오는 저항 세력을 밀쳐내는 것처럼 일어나는데, 여기서 억압이란 태도가 담당하는 역할을 고려해본다면 집착 상황에서 이 억압력이 차지하는 비중을 실감할 수 있을 것이다.

그렇다면 집착에 수반되는 이 억압은 일상에서 어떤 모습으로 나타날까? 그것은 아마도 외부의 인정에 집착하는 상황에서 가장

---

* 이 과정의 실례는 일상적 인간관계 영역에서도 발견된다. 직접 한번 찾아보기 바란다.

쉽게 관찰해볼 수 있을 것이다. 예를 들어, 누군가가 자신에게 기대를 거는 타인의 인정에 강하게 집착한다고 해보자. 그러면 그는 분명 상대의 기대에 위배되거나, 위배될 것이라고 상상하는 모든 행동 양식을 억압함으로써 스스로 불안을 자초할 것이다. 상대방의 평가에 얽매이게 되면 그의 기대를 충족시키는 측면만 표현해내면서 인정을 받으려고 애를 쓰게 되는 것이 보통이기 때문이다. 하지만 그는 자신의 불안에 억압이 관여한다는 점을 인식 못할 것이고, 어쩌면 불안과 집착 사이의 연관성조차 알아차리지 못할 것이다. 특별히 주의를 기울이지 않는 한, 상대에게 거절당하는 것 같은 상상 내용이 불안의 원인으로 전면에 부각될 것이기 때문이다. 이 같은 상황에서 만일 당사자가 그 상상 내용에 설득당해 그것을 진지하게 받아들이기라도 한다면, 그는 상대에 대한 집착을 강화함으로써 가장 직접적 원인이라 할 수 있는 억압을 도리어 심화하고 말 것이다.

이런 일은 한 개인과의 관계에서뿐 아니라 집단과의 관계에서도 동일한 방식으로 일어날 수 있다. 개인의 평가든 집단의 평가든 행동의 폭을 제약하기는 마찬가지이기 때문이다. 그러므로 격식 있는 자리나 낯선 환경 같은 상황과 연계된 불안도 집착과 억압의 관점에서 접근해볼 수 있을 것이다. 잘 알다시피, 집단의 평가에 직면한 상황에서는 그들의 요구 사항을 충족시키지 못할지도 모른다는 불안감에 휩싸이게 되는 것이 일반적이다. 머릿속으로 스며드는 이 상상 내용은 나름의 현실성마저 지니고 있어 뿌리

치기가 매우 힘들다. 하지만 이제 우리는 이 같은 불안의 내용을 불안의 원인으로 단정 지어서는 안 된다는 점을 이해하게 되었다. 불안의 대상은, 그것이 어떤 종류의 것이든 간에, 얼마든지 차후에 덧붙여질 수 있는 것이다. 따라서 이런 경우에는 위험과 연관된 불안의 의미를 받아들이기에 앞서, 반대 가능성부터 생각해볼 필요가 있을 것이다. 환경의 기준에 부합하지 않으리라 여겨지는 자신의 측면들을 사전에 반사적으로 억압한 데서 불안이 파생된 것이라면, 그와 같은 행동 양식 억압이 과연 어느 정도까지 정당한 것인지 스스로 자문해볼 수도 있기 때문이다.*

---

* 여기까지 말해놓고 보니 위의 원리와 긴밀하게 연관된 듯 보이는 현상 하나가 머리에 떠오른다. 사람들이 보통 강박적이라는 말로 표현하는 행동 양식이 바로 그것이다. 혹시 이런 행동 양식도 지금까지 설명한 원리를 바탕으로 하여 해명해낼 수 있는 것 아닐까? 너무 성급하게 일반화하는 감도 없지는 않다. 하지만 그런 행동 양식을 드러내는 사람들을 주변에서 관찰하다 보면 분명 겹치는 측면이 있다는 결론을 내릴 수밖에 없을 것이다. 직접 확인해보면 알겠지만, 그들은 보통 좋은 것을 지나치게 가리고 거기에 집착하는 경향성을 드러내 보인다. 그리고 무언가를 표현할 때도 좋은 측면만 표현해내고 나쁜 측면은 억누르는 경향이 있다. 하나의 전체적인 의지에 판단의 틀을 들이밀어 좋은 것만 여과해내고 나머지는 무시하는 것이다. 이는 외부 인식을 수용할 때도 마찬가지여서, 부정적이라고 판단한 인식 내용이 눈에 들어오면 그것을 단순히 못 본 척하거나 인식 영역 밖으로 밀쳐내버리곤 한다. 이와 같은 그들의 행동 양식은, 욕망의 대상에 과도하게 집착하는 데서 비롯되는 두 가지 결과에 거의 그대로 들어맞는다. 표현을 억누르는 측면은 집착에서 파생되는 억압에, 인식을 회피하는 측면은 집착과 연관된 불안의 작용에 각각 대응해볼 수 있는 것이다.
하지만 일상적인 집착의 경우와는 달리, 강박적 태도가 취해지는 상황에서는 거부당한 심리 요소들이 인식 영역으로 뚫고 들어오기 위해 끊임없이 공격을 가해 온다. 그것들은 마치 무시당한 것에 화가 나기라도 한 것처럼 당사자가 방심한 틈을 타 억압력을 뚫고 의식으로 침범해 들어오거나 불안의 대상들을 끈질기게 끌어들

그런데 알지 못하는 것이 불안의 대상처럼 다뤄지는 이유를 바로 여기서 찾을 수 있다. 모르는 것 또는 미지의 것이 불안의 대상으로 자리 잡는 이유는, 한마디로 당사자가 취하는 안전 조처 때문이다. 잘 모르는 대상과 관계를 맺는 당사자는 그 상황 속으로 어떤 태도를 삽입해 넣어야 하는지 모르기 때문에 부적절한 것으로 판명 날 우려가 있는 행동 양식들을 일단 억누르고 보는 것이 보통인데, 이 같은 안전 조처를 취하도록 만드는 요인이 바로 무지이므로 당사자에게는 마치 무지 그 자체가 불안의 직접적 대상인 것처럼 비치는 것이다. 하지만 사실 무지 자체에는 두려움을

임으로써 주체를 당혹감에 빠뜨린다. 이런 일이 일어나는 것은 아마도 거절당한 심리 요소들이 너무 많거나 강도가 너무 세서 압력을 견디지 못한 채 의식 영역으로 밀려들어오기 때문일 것이다. 한마디로, 관심의 편향이 지나치다 보니 관심을 박탈당한 세력의 불만이 터져 나오는 것이다.

그렇지만 이런 상황에 처한 당사자는 보통 본능적 의지의 이 같은 요구에 제대로 응하지 못한다. 그는 좋다고 판단한 것, 현실과 조화를 이룬다고 판단한 그것을 더욱 움켜쥠으로써 의식으로 스며드는 어둠의 세력으로부터 단순히 고개를 돌리려 한다. 즉, 강박적 사고나 행위를 통해 좋은 것을 강화하고 거기 매달림으로써 나쁘다고 판단한 것을 의식에서 다시 밀어내려 하는 것이다. 하지만 이 시도가 성공을 거두기까지는 수차례에 걸친 반복이 요구된다. 그렇게 반복함으로써 그 심리 요소와 반대되는 성질의 관심을 축적해야만 그것을 밀쳐내거나 억압하는 데 필요한 힘을 획득할 수 있기 때문이다. 게다가 이 같은 시도는 성공을 거둔다 하더라도 얼마 못 가 다시 무너지는 것이 보통이다. 그것은 의식 영역으로 표출되어 해소되려는 본능적 의지를 짓눌러 기존의 긴장 상태를 영속화하는 조처일 뿐이기 때문이다. 아마도 이 본능적 심리 요소들은 머지않아 불안과 함께 다시 터져 나오면서 그 무익한 노력을 재차 반복할 수밖에 없게 할 것이다. 하지만 애초에 거부당한 요소들이 보내는 신호를 제대로 해석해냈더라면 헤어나오기 어려운 교착 상태에 빠지는 일은 없었을지도 모른다.

일으킬 만한 요인이 아무것도 없다. 알지 못하는 대상과 마주한 당사자가 무지의 영향으로 사실상 억누를 필요가 없는 행동 양식까지 광범위하게 억압하면서 스스로 불안을 자초하는 것은 사실이지만, 엄격하게 말하면 그를 불안하게 만드는 것은 무지 자체가 아니라 무지로 인해 보류된 자신의 행위 의지이다.

하지만 이 같은 억압이 직접적으로 일어나는 경우는 많지 않다. 그것은 대개 안전해 보이는 행동 양식에 대한 집착을 통해 간접적인 방식으로 유발된다. 다시 말해, 알지 못하는 대상이나 상황과 마주한 당사자는 보통 어디서든 통용될 만하지만 그만큼 표현의 폭도 비좁은 특정 태도를 단단히 고수함으로써 그 밖의 다른 태도가 표출되는 것을 반사적으로 억압한다. 집착으로 인해 자기도 모르게 억압력을 행사하게 되는 것이다. 하지만 그렇더라도 그 억압의 범위가 해당 대상에 대한 무지의 정도에 비례한다는 사실에는 변함이 없다. 잘 모르면 모를수록 안전해 보이는 태도에 강하게 집착하게 될 것이고, 억압되는 표현의 범위는 다시 이 집착의 강도에 의존할 것이기 때문이다. 말하자면, 이 경우에는 무지와 불안이 한 실체의 두 측면처럼 긴밀히 연관되어 있는 것이다. 그러므로 여기서는 불안에 완전히 다른 의미, 즉 대상을 향한 관심 부족을 나타내는 신호의 의미를 부여해야 마땅할 것이다. 정당한 관심을 기울였다면 대상을 더 잘 알았을 것이고, 대상을 더 잘 알았다면 불필요한 집착과 억압은 애초에 발생하지도 않았을 것이기 때문이다.

죽음의 의미

그러면 마지막으로 불안과 죽음 사이의 연관성을 밝혀보기로 하자. 지금까지 설명한 원리를 바탕으로 삼아 죽음의 상징적 의미를 해석해내다 보면, 모든 불안은 죽음에 대한 불안이라는 말이 왜 그토록 공감을 불러일으키는지 이해할 수 있을 것이다. 이를 위해서는 우선 실제적 죽음이 뜻하는 바가 무엇인지 그 의미부터 파악해낼 필요가 있다.

실제적 죽음, 다시 말해 신체적 죽음에 대한 불안은 대개 삶에 대한 집착의 반작용으로 유발된다. 삶이란 관념에 집착을 하면 그 집착에 동원되는 힘이 반대로 밀려나면서 의지의 심층부에 마찰을 일으키게 되는데, 이렇게 형성된 불안의 직접적 대상은 주체 내부를 향해 반대로 작용하게 된 삶의 의지이므로 집착 대상인 삶과 성질상 반대되는 내용, 즉 죽음을 그 대상으로 끌어들이게 된다. 삶을 향한 이 같은 집착은 물론 목숨이 위협받는 위기 상황에서 위험에 대한 반응으로 일어나기도 하지만, 일상적으로는 삶이 더는 진척되지 못하는 정체 상태에서 일어나 죽음에 대한 불안을 촉발하는 식으로 작용하는 것이 보통이다. 어디로든 흐르기 마련인 의지를 제대로 활용하지 못한 채 방치해 두면, 본의 아니게 기존의 삶에 집착하는 데 그 의지를 쏟아붓게 되기 때문이다. 하지만 후자의 경우라면 삶에 대한 집착이 관념의 차원에서 직접 일어나기 힘들 것이다. 그 집착은 우선 가족이나 재산, 지위와 같이 삶이라는 현상을 대변해주는 가치들을 대상으로 일어날 것이다. 그러면 이들 각각에 대한 집착이 일으킨 역추동력이 한 지점으로 모이면서 하나의 공통 관념, 즉 죽음을 끌어들이게 될 것이다. 그러니까 이 경우에는 특정 관념에 대한 집착이 국한된 형태의 불안 대상들을 끌어들이는 것이 아니라, 개별 대상들에 대한 광범위한 집착이 죽음이라는 관념적 대상 하나를 형성해내는 것이다. 하지만 그렇더라도 당사자는 이 죽음 관념을 현실적인 것으로 받아들일 것이다. 죽음은 그가 집착하는 모든 것의 뿌리를 위협하기 때문이다. 그에게 죽음은 곧 모든 욕망의 좌절을 의미한다.

그런데 여기서 말하는 욕망의 좌절은 단순히 그 욕망이 실현되지 않는 것과는 다르다. 욕망의 좌절이란 욕망이 거꾸로 실현되는 것을 의미한다. 예를 들자면, 상대방과 좋은 관계를 맺고 싶어 하는 사람에게 욕망의 좌절은 상대와의 관계를 파탄 내는 것이다. 단순히 좋은 관계를 맺지 못하는 중립적 상태는 욕망의 좌절이라고 할 수 없다. 물론 이 상태도 당사자에게 어느 정도 불만족감을 가져다주기는 하겠지만, 욕망의 뿌리가 절단당하는 고통과는 분명 질적으로 차이가 난다. 이는 다른 경우에도 마찬가지여서, 진실을 열망하는데 진실에 가닿지 못하거나 성공을 추구하는데 성공을 달성해내지 못하는 상황 등은 사실 당사자에게 심각한 타격을 주지 못한다. 그에게 정말 참기 힘든 것은 진실되기는커녕 거짓된 것 또는 성공을 거두기는커녕 실패에 굴복하는 것 등이다.

그렇다면 불안 대상으로서의 죽음에는 모든 욕망이 거꾸로 실현된다는 의미가 내포되어 있다고 할 수 있을 것이다. 삶을 향한 의지 전체가 거꾸로 실현되는 것, 그것이 곧 죽음인 셈이다. 그런데 여기서 불안이 발생하는 일반적 원리를 떠올려 보면, 사실상 모든 불안이 이 같은 의지의 역전을 내용으로 한다는 점을 발견할 수 있을 것이다. 앞서도 말했듯이, 억압이나 집착의 영향을 받는 의지는 주체 자신을 향해 거꾸로 파고들면서 기존 의지의 좌절과 연관된 의미를 나타내기 때문이다. 이는 무언가를 향한 의지의 작용 없이 대상과 대면하여 불안이 직접 일어나는 경우에도 결국 마찬가지이다. 그 불안 내용에 반대되는 의지나 욕망의 존재는 얼마든지 가정해볼 수 있기 때문이다. 그러니까 이 경우에는 역전된 의지가 관념적 대상으로 퍼져 상상적이거나 구체적인 대상을 끌어들인 바로 그 시점부터 사건이 전개되는 것이다.

그러므로 모든 불안은 결국 죽음에 대한 근본적 불안이 소규모로 모습을 드러내는 것이라 할 수 있을 것이다. 불안의 내용이 실현되는 것은 의지나 욕망이 거꾸로 실현되는 것이고, 이는 곧 의지나 욕망의 죽음을 의미하기 때문이다. 그런데 사실상 대다수의 사람들은 죽음 관념보다는 욕망의 좌절을 더 두려워한다. 죽음은 추상적 관념에 불과하지만 현재 품고 있는 욕망의 좌절은 훨씬 현실성 있는 것이기 때문이다. 아마 죽음이란 현상이 이렇게 추상화되는 것도 시간에 따라 다양한 욕구를 번갈아 가며 전개해야 하는 일상의 특성 탓일 것이다. 현실에 참여하려면 특정 욕구를 중심으로 다소간 관심을 편향시켜야 하므로 삶과 죽음 같은 커다란 문제는 아예 눈에 들어오지도 않게 되는 것이다. 하지만 이 같은 관심의 편향은 지나칠 경우 도리어 현실 감각을 잃게 만드는 수가 있다. 관심이 한곳으로 쏠리면 그 부분이 모든 현실성을 다 떠맡게 되기 때문이다. 그리고 이렇게 되면 작은 죽음을 피하기 위해 큰 죽음을 택하는 일까지 벌어지게 된다. 하지만 물론 애초에 과도한 관심의 편향으로 인해 시야의 전체성에 손상을 입지 않았더라면, 당사자는 이 극단적인 자기 파괴 행위를 상상조차 하려 들지 않았을 것이다.

어쨌든 이로써 불안과 죽음 사이의 연관성은 상당 부분 해명되었을 것이다. 그리고 죽음의 상징적, 심리적 의미 또한 분명해졌을 것이다. 간단히 말하자면, 죽음이란 원하던 것이 이중으로 무산되는 비극을 의미한다. 원하던 대로 실현되지 않는 것만 해도 이미 불쾌한 상황에서 원하던 것과 정반대되는 사태가 벌어지는 것, 그것이 상징적 의미의 죽음인 셈이다. 하지만 이 상징적 죽음이 항상 단일한 욕구를 대상으로 일어나는 것은 아니다. 그것은 고차원적 욕구와 저차원적 욕구가 일으키는 갈등으로 인해 유발되기도 한다. 이질적인 두 욕구의 조합만으로도 심리적 죽음에 상응하는 효과가 산출될 수 있는 것이다.

그렇다면 이 독특한 형태의 죽음에서는 두 욕구가 서로 어떤 식으로 관련을 맺는 것일까? 일단 하나의 욕망에 집착하는 상황부터 다시 떠올려보기로 하자. 앞서 말했듯이, 이 같은 상황에서는 집착과 동시에 발생한 억압력이 부적절한 의지의 표현을 억누름으로써 집착의 반작용으로 일어난 불안, 즉 욕망의 죽음을 내용으로 하는 불안을 강화하는 경향이 있다. 하지만 때로는 의식으로부터 심하게 괴리된 의지가 공격적으로 돌변하여 욕망의 주변부에 형성된 억압력에 저항하기도 한다. 의식과 의지 사이의 괴리가 심해짐에 따라 갈등의 양상이 완전히 달라지기도 하는 것이다. 이때 당사자의 눈앞에 욕망의 대상이 실제로 나타나 인식을 점유한다고 해보자. 그러면 당사자는 우선 집착의 성질이 배어든 욕망으로 대상 전체를 감싸 안고는 그 대상을 향유하려 들 것이다. 하지만 동시에 그는 대상 인식을 뒤따르는 파괴적 의지의 존재 또한 인정하지 않을 수 없을 것이다. 한때 욕망의 주변부로 치고 나오던 그 의지는 이제 일체가 되어 주체로부터 뻗어 나올 것이고, 따라서 당사자는 애지중지하는 욕망의 대상을 괴리된 자신의 의지로부터 보호해야 하는 어처구니없는 처지에 놓이게 될 것이다. 이런 상황에서 만일 당사자가 거세게 압력을 가해 오는 그 의지에 관심을 빼앗겨 대상 인식으로부터 한눈을 팔기라도 한다면, 반항적 의지는 그 틈을 놓치지 않고 치고 나와 자신의 파괴적 욕망을 만족시키고 말 것이다.

심리적 죽음을 일으키는 두 욕구 간의 갈등은 바로 이런 식으로 일어난다. 저차원적 욕구의 충족을 통한 고차원적 욕구의 이중 좌절, 그것이 여기서 말하는 죽음의 의미이다. 어쩌면 이 같은 상황을 죽음에 비유하는 것이 지나치다고 생각할지도 모르지만, 실제 사례를 일부 검토해본다면 결코 과장이 아님을 알 수 있을 것이다. 예컨대, 사랑의 대상 앞에서 자신의 공격성을 억누르던 사람의 사례를 다시 떠올려보기 바란다. 그런 뒤 이번에는 그의 억압 시도가 실패로 돌아가 공격성이 터져 나온다고 가정해보자. 그럼 아마도 그는 스스로 파괴한 사랑의 대상을 바라보며 참기 힘든 감정에 휩싸이게 될 것이다.* 사랑에 사랑으로 보답하기는커녕 폭력을 행사해 처참히 부숴놓기까지 했기 때문이다. 말하자면, 공격적 욕구의 충족으로 인해 사랑의 욕구가 완전히 좌절되고 만 것이다.

그렇다면 타인의 인정에 집착하는 상황은 어떨까. 여기서 일어나는 갈등도 죽음의 효과를 일으킬 수 있을까? 완전히 같은 방식으로는 아닐 것이다. 방향이 정반대인 듯 보이기 때문이다. 하지만 사실상 이 경우에도 기본 골격 자체는 동일하다. 타인이 자신의 겉모습에 따라 반응하는 거울 역할을 떠맡는다는 점만 제외하면, 여기서도 사정은 결국 마찬가지이다. 따라서 만일 상대방에게 좋은 모습만 보이려 애쓰던 당사자가 자신의 열등한 측면들을 과도하게 억압하여 표면과 심층의 괴리를 심화한다면, 무시당한 그 측면들이 압력을 견디지 못한 채 쏟아져 나오면서 주체의 의식적 욕구를 심리적 죽음 상태에 빠트리는 수가 있을 것이다. 상대의 기대에 부응하지 못하는 것만 해도 이미 불쾌한데, 열등한 면모를 보여 실망까지 시키게 되는 것이다.

---

* 이와 관련된 더 상세한 내용은 235쪽의 '죄의식'을 다룬 부분을 참조하기 바란다.

상위 욕구가 하위 욕구에 의해 겁탈을 당하는 이 같은 사태는 그야말로 비극적이라고밖에는 말할 수 없을 것이다. 하지만 단일 인격을 구성하는 자질들 간의 격차가 일정 수준 이상으로 벌어지기만 한다면, 이런 일은 일상에서도 얼마든지 발생할 수 있다. 인격 내부에 조성된 팽팽한 긴장은 양극단을 한자리에 모음으로써 가장 빨리 해소되기 때문이다. 어쨌든 이렇게 해서 저차원적 욕망과 이해를 달리하는 고차원적 욕망, 즉 자아가 이질화된 욕망에 의해 죽음을 맞이하는 일이 벌어지게 되는데, 이 두 번째 유형의 죽음은 단일 욕망 그 자체가 죽어 나가는 첫 번째 유형의 죽음과 의미 있는 대조 관계를 형성해낸다. 하나의 욕망이 죽음을 일으키는 주체가 되기도 하고 객체가 되기도 하는 것이다. 그렇다면 다시 이 둘은 대체 어떤 식으로 연관된 것일까? 이 문제를 해결하려면 두 유형 사이에 놓인 불안 상황 하나를 구체화한 뒤, 각 구성 요소들의 연관 관계를 재차 숙고해볼 필요가 있을 것이다.

이를 위해, 욕망의 대상을 감싼 상위 욕구가 뒤에서 치고 나오는 하위 욕구에 의해 위협을 당하는 상황을 다시 떠올려보기로 하자. 그런 뒤 이번에는 외부화된 상위 욕구가 하위 욕구의 침투를 막아내는 데 성공한다고 가정해보자. 즉, 이번에는 대상 인식을 머금은 상위 욕구가 공격적으로 달려드는 하위 욕구를 성공적으로 억압하여 그 방향을 완전히 역전시킨다고 해보자. 그러면 아마도 불안으로 성질 변화를 일으킨 하위 욕구가 대상 인식을 점유한 상위 욕구와 주체 사이에 가로놓인 그림 하나가 완성될 것이다.

마치 불안으로 변한 하위 욕구가 작게 응축된 그림자의 형태로 상위 욕구의 저변부에 드리워져 있는 듯한 형상이다. 이제 이 상황에서 대상 인식이 철회되어 주체 자신이 인식의 중심에 자리 잡게 된다고 해보자. 그는 외부로 쏠렸던 관심을 거두어들임으로써 다시 자기 인식을 회복한다. 그러면 그는 아마도 역전된 자신의 하위 욕구에 의해 또다시 위협받는 처지에 놓여 있음을 감지하게 될 것이다. 하위 욕구의 억압 과정에서 발생한 마찰이 정체성을 양분하는 경계처럼 작용하기 때문이다. 하지만 그가 이 공격성의 본성을 제대로 파악하지는 못할 것이다. 즉, 그는 역전된 하위 욕구의 공격성을 그 욕구 너머에 있는 상위 욕구의 대상에게 부여함으로써, 그 대상의 비난이나 공격을 내용으로 하는 상상적 불안 속으로 빠져들고 말 것이다. 뒤집힌 욕구가 대상과 주체 사이에 자리 잡은 채 보이지 않는 색안경처럼 기능하기 때문이다.

그런데 여기서 주목할 점은 이 과정을 통해 갈등을 빚던 두 욕망이 하나의 욕망으로 합성된다는 점이다. 복잡했던 내적 갈등은 내면과 외면 사이의 단순한 갈등으로 전환되고, 따라서 이제 문제가 되는 것은 단일 욕망의 좌절뿐이다. 먼 우회로를 거쳐 결국 첫 번째 유형의 죽음 상황으로 되돌아온 셈이다. 그러므로 외부화된 상위 욕구와 방향을 튼 하위 욕구 사이의 대치 상황을 단일 욕망의 뿌리가 위협받는 불안 상황에 그대로 대응해봐도 좋을 것이다. 양자의 구성은 본질적으로 동일하며, 오직 대상의 영역으로 전개되었는지 여부에서만 차이가 나기 때문이다.

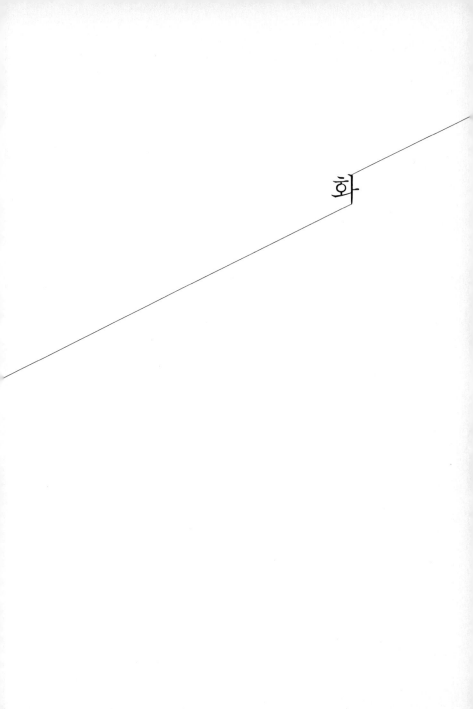

화

화는 매우 단순한 감정이다. 화는 감정을 구성하는 기본 성분과
도 같은 것으로서, 다른 감정들 속에서도 그 흔적을 자주 찾아볼
수 있다. 사실 지금까지 설명을 이어올 수 있었던 것도 화라는 감
정에 대한 경험적 이해를 미리 전제했기 때문이다. 하지만 원리가
비교적 간단하다고 해서 중요성이 감소하는 것은 결코 아니다. 화
만큼 위험천만한 감정도 없기 때문이다. 화는 모든 것을 불살라버
릴 정도의 잠재력을 지니고 있다. 그러므로 여기서는 화라는 상태
를 들여다보면서 그 기본 원리를 최대한 구체화해볼 생각이다. 화
라는 정서에 참여하는 요인들을 일일이 식별하고, 그들의 관계 양
상을 밝히다 보면, 그것을 무력화하는 방안들까지 함께 주어질지
모른다.

충돌과 과속

먼저, 화가 일어나기 위한 기본 조건부터 되짚어보기로 하자. 이미 말했듯이, 화라는 감정이 유발되려면 일단 무언가가 당사자의 의지를 가로막아야만 한다. 방해 요인이 전무하여 모든 것을 뜻대로 할 수 있는 상황에서는 의지가 아무리 내달린다 해도 화가 일어나지 않는다. 화의 기본 단위라 할 수 있는 충돌이 발생하지 않기 때문이다. 하지만 이처럼 방해 요인이 존재한다고 해서 반드시 화가 촉발되는 것은 아니다. 화를 유발하려면 당사자가 기존의 태도를 고집해야만 한다. 방해 요인을 인식하는 즉시 기존의 욕구나 견해 따위를 수정한다면 화는 일어날 수 없다. 화라 불리는 그 느낌은 사실상 의지와 방해 요인의 지속적 충돌 그 자체이기 때문이다.

그렇다면 당사자의 의지와 방해 요인은 대체 어떤 식으로 충돌을 일으키는 것일까? 주로 심상이나 관념의 형태를 띠는 방해 요인과 의지가 충돌한다는 건 말도 안 되는 소리처럼 들린다. 하지만 이 문제는 의식적 인상에 항상 의지가 수반된다는 사실을 떠올리기만 하면 즉시 해결된다.

예를 들어, 누군가가 상대방에 의해 욕망의 억제를 강요당하고 있다고 해보자. 그는 여전히 자신의 욕망을 충족시키고 싶어 하지만 눈앞의 상대 때문에 그렇게 할 수 없는 처지에 놓여 있다. 그래서 그는 내심 상대의 요구에 저항하면서 그에게 화를 품는다. 욕망에 따라 행동하고자 하는 의지로 상대의 강요에 못 이겨 취한

정적인 태도를 짓이기는 것이다. 하지만 분명 상황은 달라질 수도 있었다. 예컨대, 만일 그가 상대의 명령이라는 심적 인상을 받아들이고도 그것을 무시했다면, 즉 그 인상에 상응하는 의지의 태도를 취하지 않았다면, 그의 내면에서는 결코 화가 일어날 수 없었을 것이다. 오직 의지만이 의지를 가로막을 수 있기 때문이다. 그런데 그는 지금 상대의 요구에 맞게 의지의 일부를 교정해놓고도, 마치 완전히 굴복하기는 싫다는 듯이 기존의 욕망으로 그 의지의 장벽을 들이받고 있다. 상대와의 마찰을 피하려다 그 마찰을 내부로 끌어들이고 만 것이다.

이 원리는 견해의 영역에도 그대로 적용된다. 행위의 영역에서보다 의지의 움직임이 한층 더 섬세하기는 하지만, 여기서도 사정은 결국 마찬가지이다. 가령, 특정 견해를 소중히 떠받드는 당사자가 새로운 환경 속에 자신을 위치시킨 뒤, 눈앞에 펼쳐진 현실이 자신의 견해에 위배된다는 사실을 확인한다고 해보자. 그러면 아마도 그는 이 현실에 대고 화를 내게 될 것이다. 자신의 견해를 관철하고자 하는 그의 의지가 현실 인식을 반영하는 의지의 태도에 가로막히며 연쇄적으로 부서질 것이기 때문이다. 그는 현실을 파악한 뒤 그 현실을 개선하는데 도움이 되는 의지의 태도를 취하기보다, 단순히 현실 위에다 자신의 이상을 덮어씌우려고만 하는데, 그의 내면에서 화가 일어나는 건 바로 이 같은 조급성 때문이다.

이상이 지금껏 전제해 온 화의 기본 원리이다. 화라는 감정은 의지의 고집에서 비롯되는 감정 상태로서, 현실과 배치되는 자기 주장을 그 안에 담고 있다. 대상이든 상황이든, 마땅히 이러이러해야 하는데 그렇지 못할 때, 화가 일어나는 것이다. 하지만 이 같은 관점만으로는 현실을 충분히 포괄해내지 못한다. 능동성이 너무 강조되어 있기 때문이다. 화가 일어나는 상황을 제대로 이해하려면 당사자를 피해자로 바라볼 줄도 알아야 한다.

하지만 그것은 생각만큼 어려운 일이 아니다. 방해 요인을 침해 요인으로 바꿔보기만 하면 되기 때문이다. 즉, 욕망과 견해가 흐르는 기존의 생활 영역 내로 이질적인 대상이나 사건이 침입해 들어온다고 생각하면 그만인 것이다. 이런 관점은 당사자 스스로 설정한 자아의 경계가 어디인지 파악하도록 해주는데, 그중에서도 특히 고정 관념의 윤곽을 더듬는 데 도움이 된다. 화를 통해 정신적인 몸의 윤곽이 드러나는 셈이다. 어쩌면 화라는 것도 결국 그 보이지 않는 몸이 현실과 부딪힐 때 일어나는 심리적 통증에 불과한지 모른다.*

이 관점을 더 밀고 나가서, 화라는 반응을 뒤틀린 회복 의지로 볼 수도 있을 것이다. 화가 궁극적으로 추구하는 바는 결국 잃어버린 몸을 회복하는 것이기 때문이다. 이런 면에서 화는 몸에 난

---

* 욕설이나 비방은 어떤 관점을 취하든 오직 침해 요인으로만 작용한다. 인격의 중심을 직접 공격하기 때문이다. 이에 관한 설명은 우울감을 다룬 부분을 참조하기 바란다.

상처의 화끈거리는 반응과도 지극히 유사하다. 하지만 화는 신체적 염증과는 달리 본래 목적에서 벗어나 파괴를 향해 곧장 치달을 수도 있다. 회복 의지가 파괴 의지로 변형되고 마는 것이다. 이 상태에 처한 당사자는 본래 목적을 망각한 채 마치 파괴 자체가 목적이라도 되는 양 행세하는데, 이런 이탈이 일어나는 것은 분명 화 자체에 내재된 근시안적 특성 때문일 것이다.

그렇지만 이 같은 목적의 왜곡이 반드시 심각하고 예외적인 상황에서만 발생하는 것은 아니다. 이와 유사한 사례는 일상에서도 얼마든지 찾아볼 수 있다. 예를 들어, 누군가가 상대방의 사소한 부주의로 신체적이거나 정신적인 영역을 침해당했다고 해보자. 그는 말로 부탁하기만 하면 상황이 즉시 교정되리라는 점을 내심 알고 있다. 하지만 그는 그 간단한 해결책을 택하지 않는다. 그런 것을 말로 한다는 것 자체가 어색하거나 낯 뜨겁거나 성가시기 때문이다. 그래서 그는 자신의 조그만 회복 의지로 현실을 짓이기면서 상대에 대한 불만을 서서히 키워 나간다. 단순한 소통의 장벽을 넘어서지 못하고 화를 속에서 삭이기만 하는 것이다.

하지만 화를 참는 데도 한계는 있다. 불만이 충분히 쌓여 더는 압력을 견딜 수 없게 되었을 때, 그는 상대에게 그동안 쌓아놓았던 화를 몰아서 터뜨릴지 모른다. 그러면 상대는 아마도 그 어처구니없는 반응에 어쩔 줄 몰라 하다가, 자신이 부당한 대우를 당했다는 생각에 같이 화를 내기 시작할 것이다.

이 간단한 사례만 보더라도 회복 의지의 왜곡에서 비롯된 화가 얼마나 많을지 짐작해볼 수 있을 것이다. 상당수의 화가 회복이라는 본래의 목적에서 이탈하여 화 자체를 위한 화로 변질되고 만다. 하지만 문제는 이 같은 왜곡을 초기에 알아차리는 것이 결코 쉽지 않다는 점이다.

이로써 화의 발생 원리는 명백해졌을 것이다. 한마디로 말하자면, 화는 마치 벽에다 대고 의지를 짓이길 때 일어나는 고통과도 같다. 하지만 그렇다고 해서 화가 이 양자 사이에서 '생성'된다는 말은 아니다. 화는 기존의 의지가 변형된 결과물에 지나지 않는다. 방해 요인과 마찰을 빚는 동안 기존 의지의 일부, 아마도 그 표층부가 성질 변화를 일으켜 화의 형태로 변형되는 것이다.

그렇다면 이 마찰은 대체 어떤 식으로 의지에 변형을 가하는 것일까? 그것은 아마도 의지를 가속시킬 것이다. 일정한 방향으로 밀려드는 힘은 저항을 받으면 받을수록 흐름이 거세지기 때문이다. 어쩌면 화가 났을 때 심장 박동이 빨라지는 것도 다 이 때문인지 모른다. 하지만 이런 추정만으로는 부족하다. 이 점을 분명히 하려면 화가 표출되어 나오는 형식들을 살펴볼 필요가 있다.

잘 알다시피, 화의 표현적 측면이라 할 수 있는 공격성은 빠른 속도가 특징이다. 육체적 공격 행위의 대부분이 이 속도라는 요인에 의존하며 의미에 비중을 두는 욕설조차도 격한 음조의 도움 없이는 그 효과를 제대로 발휘하지 못한다. 게다가 공격성의 상징인 맹수의 이빨, 칼과 총탄 따위는 그 작용 과정뿐만 아니라 형상 자체에도 속도라는 요인을 머금고 있는 것처럼 보인다. 아마 속도라는 것을 굳힐 수 있다면 이처럼 날카로운 형상을 취할 것이다. 또한 평범한 생물이나 사물이라 하더라도 급속도로 움직이기만 한다면, 얼마든지 위협적이거나 공격적이라는 인상을 불러일으킬 수 있다. 결국 이 과속이란 요인 하나만으로 거의 모든 공격성을 포괄해낼 수 있는 것이다. 그러므로 화를 구성하는 의지에 같은 속성을 부여한다 해도 문제될 것이 아무것도 없을 것이다. 결과에 속하는 것은 반드시 원인 속에도 내재되어 있어야 하기 때문이다.

이렇게 해서 우리는 화가 의지의 과속 운동 그 자체라는 결론에 도달하게 되었다. 현실에 부딪혀 부서지는 의지를 실제로 확대해 볼 수 있다면, 아마도 이 같은 과속 운동을 발견해내게 될 것이다. 화 특유의 통증 자체에 이미 속도라는 요인이 들어 있는 것이다. 어쩌면 화의 뜨거운 느낌조차 결국 속도의 이면에 지나지 않는지 모른다. 물론 이처럼 모든 것의 일면만을 보는 태도에도 문제가 없는 것은 아닐 것이다. 하지만 적어도 여기서만큼은 이 관점에 초점을 맞추려 한다. 이 관점을 통해 은폐되는 사실보다 밝혀지는 사실이 더 많기 때문이다. 예컨대 이 관점에서 현실을 바라보면, 화를 품고 사는 사람들이 왜 그렇게 속도에 내몰리는지 대략적으로나마 짐작해볼 수 있게 된다.

그렇다면 화는 불안과 대체 어떤 관계를 맺고 있는 것일까? 앞서 불안을 묘사할 때도 여기서 동원한 것과 비슷한 비유에 의존했다. 즉, 불안도 의지 간의 연쇄적 충돌에서 비롯되는 일종의 심리적 통증이었다. 따라서 불안이란 감정도 자체 내에 속도란 요인을 품고 있어야 할 것이다. 불안도 결국 의지의 과속 운동이긴 마찬가지인 것이다. 아마도 이 점은 불안이 표출되어 나오는 모습들만 떠올려보아도 즉시 명백해질 것이다. 하지만 불안의 경우에는 화의 경우와는 달리 의지가 당사자 자신을 향해 밀치고 들어왔다. 공격적으로 치고 들어온 그 의지도 당사자의 의지이긴 마찬가지였지만, 어쨌든 순간적으로나마 조화를 잃고 기존 의지와 충돌하며 마찰을 일으켰다. 당사자가 공격을 받는 피해자의 역할까지 함께 떠맡은 것이다. 그러므로 이 사실로부터 화와 불안이 주체와의 관계에서 방향성만 반대라는 결론을 이끌어내도 좋을 것이다. 단순히 하나를 뒤집는 것만으로 다른 하나를 얻어낼 수 있기 때문이다.

간단한 예를 들어보면 이 점이 훨씬 더 분명해질 것이다. 잘 알다시피, 공포를 일으키는 가장 단순한 방법은 눈앞에 공격성을 들이대는 것이다. 실제적이든 상상적이든 눈앞에 공격적 언행이나 상징물 따위를 들이밀기만 하면, 우리는 즉시 증폭된 형태의 불안, 즉 공포를 경험할 수 있다. 그런데 이 공격성이란 것은 사실 화의 구현체에 지나지 않는다. 상징적 대상을 향해 육화되어 들어간 화, 그것이 바로 공격성이다. 따라서 이 강렬한 불안을 뒤집힌 화 그 자체라고 말해도 결코 과장은 아닐 것이다. 단순한 방향성 전환만으로 성질 자체가 완전히 변하는 것이다.

하지만 이 관계는 얼마든지 다시 역전될 수 있다. 즉, 회피 행동을 일으키던 강렬한 불안이 반대로 뒤집힌다면, 그것은 화로 돌변해 공격 행동을 유발할 수 있다. 궁지에 몰린 동물의 공격 행동이 대표적인 예일 것이다. 아무리 온순한 동물이라도 더는 선택의 여지가 없을 때는 공격을 가해 오는 것이 보통인데, 이런 일이 일어나는 건 분명 그 전에 이미 내면에서 회피 의지가 반대로 뒤집혔기 때문일 것이다.

화에 대한 취약성

이제 화를 일으키기 쉬운 내면 상태들을 살펴보기로 하자. 화재에 취약한 장소를 지정하듯, 화라는 감정에 휩쓸리기 쉬운 심리 상태들을 식별해 둔다면 예방에 도움이 될지도 모를 일이다.

앞서 화가 일종의 충돌에서 비롯된다고 한 바 있다. 상징적 의미에서든 실제적 의미에서든, 충돌 없이는 화라는 감정도 발생할 수 없었다. 그런데 이처럼 충돌이 일어나려면 부딪히는 대상이 반드시 단단해야만 한다. 휘거나 굽을 수 있는 대상은 그 유연성의 정도만큼 충돌을 감소시키기 때문이다. 충돌을 일으킬 수 있는 건 결국 그 대상의 단단한 측면뿐이다. 따라서 일단 심리 영역에 존재하는 어떤 단단함, 경직성이야말로 모든 화의 전제 조건이라 말해도 좋을 것이다. 그렇다면 이 같은 경직성은 대체 어떻게 형성되는 것일까? 원론적으로 말하자면, 그것은 분별과 집착을 통해 형성된다. 좋고 싫음, 옳고 그름 따위를 분별한 뒤 거기에 집착하는 태도가 인격을 완고하게 만드는 것이다. 하지만 이 두 태도는 대부분 잘 인식되지 않는다. 도취라는 단 하나의 과정 속에 녹아 있는 경우가 많기 때문이다. 그렇다면 다시 도취란 또 무엇인가? 여기서 말하는 도취란, 한마디로 자아 내부에 있는 선호의 대상 쪽으로 관심을 끌어모으는 과정을 의미한다.* 이 태도를 취하는 당사자는 자신에게 속한 특정 대상을 향해 직접 관심을 흘려보내거나 그 대상 이외의 모든 대상을 밀쳐냄으로써 스스로 택한 대상 쪽으로 관심을 끌어모으는데, 이렇게 모아진 관심은 그 지점을 중심으로 들뜬 형태의 쾌감을 산출해낸 뒤 어디론가 사라져버리는 것이 보통이다. 하지만 이 들뜬 쾌감은 사태의 일면에 지나지 않는다. 도취라는 이 태도는 도취의 대상을 중심으로 공격성 또는 화를 방출해내기도 한다. 특정 지점을 향해 빨려드는 관심이 그 대상을 긍정하느라 반대되는 모든 것을 강하게 부정하고 마는 것이다. 사실 이질적 대상에 대한 거부를 통해 선호 대상 쪽으로 관심을 끌어모을 수 있는 것도 다 분별과 집착에 내재된 이 이중적 성질 덕택이다.

어쨌든 이처럼 도취라는 태도는 도취의 대상을 중심으로 상반된 두 느낌을 동시에 산출해낸다. 그것은 쾌락과 화를 동시에 터

---

* 도취는 시기심에서 언급한 매혹과 본질적으로 다르지 않다. 양자는 대상의 위치에서만 차이가 난다.

뜨리는 독특한 과정으로서, 이 두 느낌이 결코 둘이 아니라는 사실을 극명하게 드러내준다. 하지만 이 두 느낌이 항상 함께 나타나는 것은 아니다. 주변 환경이나 당사자의 관심이 한쪽으로 치우쳐 있다면, 그 방향에 있는 요인만 전면에 부각될 것이다. 예컨대, 주변에 성질상 상반되는 대상이 아무것도 없다면, 당사자는 오직 공격성 없는 쾌감만을 감지하게 될 것이다. 하지만 반대로 주체의 관심이 반대 요인을 밀쳐내는 곳으로만 쏠려 있다면, 그는 배후에 드리워진 자의식적 쾌감을 거의 감지하지 못하게 될 것이다. 양자가 사실상 일체를 이루고 있는데도, 이러저러한 여건들로 인해 그 사실이 은폐되고 마는 것이다. 따라서 여기서는 이 둘 사이의 대치 관계야말로 도취라는 과정의 근본 원리란 점을 특별히 강조해둘 생각이다. 현실의 개별적 장면들을 충실히 반영해주지는 못하지만, 그 전체 상을 숨김없이 드러내주기 때문이다. 실제로 이 하나의 과정, 즉 중심으로 수렴하며 쾌락을 산출하고 외곽으로 퍼져나가며 화를 방출하는 이 과정 하나만 기억해 두면, 도취가 일으키는 효과들 사이의 연관성을 파악하는 일이 훨씬 더 수월해진다.

그럼 이제 현실에서 이 관계가 어떤 식으로 모습을 드러내는지 살펴보기로 하자. 가장 인상적인 유형은 외관상 무해해 보이던 도취가 화의 형태로 터져 나오는 경우인데, 이런 사례들은 도취가 일회적으로 그치는 것이 아니란 점을 잘 드러내준다. 다른 감정 상태들과 마찬가지로 도취는 도취의 열기가 가심에 따라 잠재 상태로 굳어졌다가, 차후에 적절한 조건이 마련되었을 때 다시금 솟

아닌다. 마치 도취의 형태로 터져 나온 폭약이 다시 고체의 형태로 응축되었다가 또다시 터져 나오는 것과도 같다. 하지만 이 과정은 단순 반복에서 그치지 않는다. 도취 현상은 주변 여건에 따라 발현 양상이 달라질 수도 있다. 즉, 특정 자질을 향해 직접적으로 일어난 도취라 하더라도 반대 요인이 끼어들어 뇌관을 건드리기만 하면, 그것은 정반대의 형태로 폭발을 일으킬 수 있다. 침해 요인이 도취 대상의 가치를 정면으로 부정하는 상황에서 기존의 가치를 고수할 수 있는 가장 단순한 방법은 그 요인을 강하게 거부하는 것이기 때문이다. 이런 상황에 처한 사람이라면 아마도 그 침해 요인을 격하게 밀쳐냄으로써, 그리고 이에 대한 반작용으로 부각되는 자신의 가치를 움켜쥠으로써 원래의 높이로 솟아오르고자 시도할 것이다. 하지만 물론 애초에 그런 도취를 일으키지 않았더라면, 같은 자극을 받더라도 이 정도로 격렬하게 반응하지는 않았을 것이다. 이 자극도 결국 촉매에 지나지 않는 셈이다.

이는 반대의 경우에도 마찬가지이다. 즉, 공격성의 표출을 통해 간접적으로 일으킨 도취라 하더라도, 주변 여건 변화에 따라 순전한 쾌락만을 산출해낼 수 있다. 하지만 이런 경우에는 그 도취적 입지를 유지하기 위해 폭력이 반복적으로 동원될 가능성이 높다. 관심의 노력을 기울여 얻어낸 성과는 설령 그것이 도취의 대상으로 전락해버린다 하더라도 노력이라는 기존의 태도를 먹이로 삼을 수 있지만, 애초부터 폭력적 수단을 통해 획득한 성과는 그 생명력 유지를 위해 화나 공격성 같은 수단에 다시 기대기 쉬운 것이다. 아마도 이런 상태에 처한 당사자는 내면의 우상으로 관심을 끌어들이기 위해 적대적 대상들을 발판으로 삼을 것이고, 이 같은 조처를 통해 시들해지던 도취적 만족감을 다시금 되살리려 들 것이다.

이런 묘사만 보면 첫 번째 유형을 선으로, 두 번째 유형을 악으로 간주하기 쉬울 것이다. 직접적으로 일어난 도취는 침해를 받는 경우에만 화로 변형되지만, 간접적으로 일어난 도취는 화 자체를 양분으로 삼기 때문이다. 하지만 문제는 그렇게 간단하지가 않다. 양자는 복잡하게 얽힌 채 의미 있는 상호작용을 주고받는다. 예를 들어, 누군가가 마땅히 흘러넘쳐야 할 관심을 자기 자신에게만 쏟아붓는다고 해보자. 그는 스스로 획득한 자질을 곱씹으면서 여분의 관심을 오직 자신의 도취적 쾌락만을 위해 사용한다. 그 관심이 향해야 할 자연스러운 경로를 인식하지 못하는 데다가 당장은 그게 더 만족스럽고 편하기 때문이다. 어쩌면 그는 스스로 그럴 자격까지 갖추었다고 느낄지 모른다. 어쨌든 그건 그가 힘들게 이루어낸 성과이기 때문이다. 하지만 이런 태도는, 사실 진정한 성취 위에다 군더더기 같은 껍데기를 덧씌우는 것이나 다름없는 태도이다. 그는 아마도 이 직접적 도취의 영향으로 자기 만족이나 오만에 빠져들 것이고, 이 같은 태도는 다시 그의 내면에서 온갖 종류의 악덕과 가식 따위를 길러내는 토양으로 작용할 것이다. 넘쳐흐르지 못하는 바로 그만큼 내적으로 부패하게 되는 것이다. 하지만 그는 자신에게 너무 취한 나머지 그것이 문제가 된다는 사실조차 제대로 인식 못 한다. 누군가 나서서 그의 인식을 일깨워주어야만 한다. 그렇다면 이 일을 누구에게 맡겨야 할까? 자연은 흥미롭게도 그 역할을 후자에 속한 사람에게 위임했다. 이런 문제가 일어났을 때 가장 선두에 나서서 잘못을 지적하는 것은 주로 두 번째 유형의 도취에 빠진 사람이다. 그는 그 껍데기를 벗겨냄으로써 원래의 가치가 되살아나도록 도와준다. 직접적 도취에 의해 퇴색된 가치가 간접적 도취에 의해 복구되는 셈이다. 하지만 문제는 간접적 도취에 빠진 이자가 껍데기만 벗겨내지 못한다는 것이다. 그는 껍데기를 신나게 깨부수다가 그 속에 있는 알맹이까지 파괴하고 만다. 도취의 영향력으로부터 자유로운 사람이라면 절제된 태도로 문제를 지적해줄 수 있겠지만, 이 자는 반작용으로 튀어나오는 도취적 쾌락을 뒤집어쓰느라 그런 섬세함을 발휘하지 못한다. 이런 유형의 도취가 치명적인 것은 바로 이 점 때문이다.

하지만 이 간접적 도취의 문제점을 알아차리는 것만큼 힘든 일도 없다. 간접적 도취가 내용으로 삼는 것은 주로 침해당한 고귀한 이상이기 때문이다. 간접적 도취 상태에 빠진 사람은 그 이상이나 가치의 옹호자를 자처하기 때문에, 자신의 태도가 문제가 될 수 있다고는 추호도 생각하지 않는다. 게다가 이런 성향에서 완전히 자유롭지 못했던 탁월한 인물들도 많으므로, 그는 자신을 기꺼이 그 대열에 합류시키고자 한다. 하지만 이상을 전면에 내세우며 화를 토해내는 한, 그리고 그 반작용으로 일어나는 자의식을 만끽하는 한, 그는 아마도 폭력적이라는 비난을 면치 못하게 될 것이다.

이로써 도취라는 현상의 윤곽은 대략 잡혔을 것이다. 미묘하게 얽힌 문제를 너무 개괄적으로 다룬 감이 없지 않지만, 현재로서는 이 정도로 충분하다. 지금 중요한 건 도취가 화에 대한 취약 요인으로 작용한다는 점을 밝히는 것이기 때문이다. 하지만 지금까지는 특정 도취 대상에 초점을 맞추느라 그 태도에서 비롯되는 더 일반적인 성향은 소홀할 수밖에 없었다. 그러니 여기서 간단하게나마 이 점을 짚고 넘어가기로 하자.

도취에 수반되는 일반적 성향이란 다름 아닌 자기 중심성을 의미한다. 도취는 그것이 어떤 식으로 일어나든 당사자의 전반적인 자의식을 강화하는 경향이 있다. 이는 아마도 특정한 자질이나 입장을 중심으로 일어난 도취가 그 중심에 놓인 자아 관념을 매개로 삼아, 자아의 다른 영역으로까지 확산되기 때문일 것이다. 특수한 영역에서 일어난 가치의 팽창으로 인해 전반적인 자기 가치 관념까지 과장되고 마는 것이다. 일단 이런 일이 일어나면, 당사자는 자기 주관을 강하게 내세우며 고집을 부리는 성향을 나타내 보이기 시작하는데, 이는 그만큼 자기 가치에 확신이 있기 때문이다. 그는 도취의 쾌감으로 자존심을 잔뜩 부풀려놓았다. 따라서 그는 아마도 과장된 자신감과 권리 의식을 내세우면서 매사에 자신의 뜻을 관철하려 할 것이다. 그리고 만일 이런 시도에서 성공을 거둔다면 자신의 도취적 확신을 강화할 수도 있을 것이다. 하지만 반대로 현실에 의해 의지의 행사를 저지당한다면, 그는 그 현실에 대고 분통을 터뜨릴 수밖에 없을 것이다. 현실이 감히 자신의 뜻을 거스르기 때문이다. 그는 눈앞의 현실을 부당한 것으로 취급하면서 공격성을 드러낼 것이고, 현실에 대한 이 같은 저항을 통해 기존의 입장을 유지하고자 시도할 것이다. 말하자면, 스스로 설정한 기준을 현실에 강요하느라 내면에 불을 내고 마는 것이다. 하지만 그가 내세우는 입장은 도취의 영향을 받은 바로 그만큼 과장된 것으로서, 그 안에 이미 부당한 성질을 내포하고 있다. 이 점을 알아차리지 못하는 한 그는 그 성질을 현실에 덧씌운 뒤, 마치 자신이 피해자인 양 행세하게 될 것이다.

그런데 어쩌면 폭력과 권력 사이의 연관 관계를 여기서 찾을 수 있을지도 모르겠다. 도취가 자기 뜻대로 하고 싶어 하는 인격적 성향 형성에 기여한다면, 그것은 충분히 폭력과 권력의 공동 원천으로 작용할 수 있기 때문이다. 아마도 이런 인격 성향이 강한 사람이라면, 자기 진로를 가로막는 현실과 끊임없이 충돌하면서 폭력을 행사하거나 자신의 뜻대로 행할 수 있는 지위에 올라 도취적 입지를 과시할 가능성이 높다. 그 비대해진 몸집을 유지하려면 침입해 들어오는 현실을 끊임없이 공격하거나 그 전체를 장악할 수밖에 없는 것이다. 하지만 분명 이 두 번째 선택지는 소수에게만 개방되어 있는 것이므로, 이 성향이 화와 폭력성의 일반적 원천이라고 말해 두어도 좋을 것이다.

그럼 이제 관점을 조금 바꿔보기로 하자. 위에서는 자기 중심성이 태도에 끼치는 영향에 초점을 맞추어 설명했지만, 이 성향은 현실 인식에도 상당한 영향을 주어 당사자의 현실 감각을 현저히 저해시켜놓는다. 밖으로 흘러 나가 현실을 밝혀야 할 관심이 자기 자신을 향해 중첩되면서 혼자만의 세계를 팽창시켜놓기 때문이다. 이렇게 되면 현실에 대한 그의 이해력에 심각한 손상이 가해질 수밖에 없을 것이다. 관심의 철회와 중첩에 의해 인식이 이중으로 흐려지기 때문이다. 그런데 현실 상황에 대한 이 같은 이해는 화를 제거해주는 가장 강력한 수단이다. 터질 듯이 들끓던 화라도 상황에 대한 이해가 들어서기만 하면 즉시 사라질 수 있다. 이 효과는 거의 놀라울 정도이다. 따라서 현실에 대한 이해력 결여는 생각보다 큰 문제라 할 수 있다. 불필요한 화를 촉발하는 원인으로 작용하기 때문이다. 즉, 현실에 대한 관심이 부족하면 부족할수록 상황을 제멋대로 해석해놓고 거기에다 화를 내기도 쉬운 것이다. 하지만 이런 상태에 빠진 사람이 자신의 현실 해석에 의문을 품지는 않을 것이다. 그의 눈에는 어쨌든 그것이 현실이기 때문이다. 그는 아마도 스스로 설정한 현실에 반감을 품음으로써 기존의 도취 상태를 다시 강화하고 말 것이다. 도취를 통해 세상을 왜곡되게 인식한 뒤, 그 왜곡된 현실을 발판삼아 다시 도취를 강화하는 것이다.

아마도 왜곡된 신념이 그토록 완고할 수 있는 것은 바로 이 같은 인식의 폐쇄성 때문일 것이다.

지금까지 도취에서 비롯되는 인격의 경직성에 대해 알아보았다. 경직성이라는 요인은 가장 주된 취약 요인으로서, 어떤 의미에서는 이미 그 자체 내에 화를 품고 있다고까지 말할 수 있다. 나무 속에 불이 들어 있다면 경직된 인격 속에는 화가 들어 있는 것이다. 따라서 경직성을 마땅히 점검 대상 일순위에 놓아야 할 것이다. 하지만 그렇다고 다른 취약 요인들을 가볍게 보아서는 안 된다. 첫 번째 요인에 비해 부차적이긴 해도 실제 현실에서 드물지 않게 발견되기 때문이다. 게다가 이 취약 요인들은 화의 대상을 왜곡하는 주범들이기도 하다. 그러니 이제부터는 이 요인들을 식별해보기로 하자.

우선 화가 일어나는 배경을 살피다 보면 속도라는 요인을 어렵지 않게 발견해낼 수 있을 것이다. 이 속도라는 요인은 화의 본성 그 자체이기도 하지만, 화에 대한 취약 요인으로서도 한 몫을 담당한다. 과속이 충돌이나 사고의 원인으로 작용하듯, 지나치게 서두르는 태도에도 화가 수반되기 마련인 것이다. 그렇다면 구체적으로 이 속도의 어떤 측면이 취약 요인으로 작용하는 것일까? 그것은 한마디로 경직성이다. 한 말을 또 반복하는 것 같겠지만, 적어도 이번에는 그 발현 양상이 다르다. 즉, 앞서 설명한 경직성은 한 지점에 응축되어 있지만, 속도에서 비롯되는 경직성은 공간상으로 퍼져 있다. 유연하게 구부러지지 못하는 뻣뻣함이 자신을 운동의 형태로 전개시킨 것이다. 그렇다면 여기서 분별과 집착의 대상에 해당하는 것은 무엇일까? 그것은 아마도 직선 운동 그 자체라 할 수 있을 것이다. 잘 알다시피, 속도가 빠른 물체는 되도록 굽어지지 않으려 하기 때문이다. 그것은 오직 직선만을 선호하고, 그 이외의 다른 것을 지나치게 요구하면 그냥 가서 부딪쳐 버린다.*

하지만 반대로 경직성을 속도의 관점에서 바라보는 것도 가능하다. 경직성이란 것도 결국 원래 상태에 대한 침해를 잠시도 못 견디는 조급성에 지나지 않기 때문이다. 그 대상에게 의식이 있다면, 즉시 원상태를 되찾으려 서두르다 불을 내고 말았노라 털어놓을지도 모를 일이다.

요컨대, 이 속도란 것은 경직성의 다른 한 측면과도 같은 것으로서, 역시나 화를 일으키는 전제 조건으로 작용한다. 하지만 경직성과는 달리, 이 요인은 가끔씩 화의 원인 역할까지 함께 떠맡는다. 즉, 경직성이 전제된 상황에서는 경직성을 침해한 외부 대상이 화를 일으킨 혐의를 거의 모두 떠맡게 되지만, 속도가 전제된 상황에서는 앞을 가로막은 대상뿐 아니라 속도 그 자체까지도 일정 부분 책임을 떠맡게 된다. 왜 그럴까? 그건 아마도 속도란 요인이 외부로 드러나 있기 때문일 것이다. 인격의 경직성이란 요인은 내면 깊숙이 잠재되어 있어 그쪽으로 혐의를 돌려 마땅한 경우에조차 면책을 받을 수 있지만, 속도라는 요인은 당사자가 직접 취하는 외적 태도인 만큼 화의 원인을 찾을 때 고려 대상으로 떠오르기도 쉬운 것이다. 아마도 당사자는 서두르지 않았을 경우에

---

* 물론 인간 행동의 영역에서는 욕구 대상까지의 최단 거리가 이 직선에 해당될 것이다.

도 자신이 그 대상에게 화를 냈을지 자문해볼 것이고, 그렇지 않다는 대답이 나온다면 눈앞의 대상 대신 자신의 태도를 문제 삼으려 할 것이다.

하지만 물론 그렇게 하지 않을 수도 있다. 아예 자신이 서두르고 있다는 점조차 의식하지 못할 수도 있고, 의식했다 하더라도 얼마든지 눈앞의 대상만 비난해댈 수 있다. 그렇게 하는 것이 더 쉽기 때문이다. 상대에게 책임을 전가하면 자신을 되돌아보는 수고를 하지 않아도 된다. 속도라는 요인이 원인을 왜곡하기 쉽다고 말한 것은 바로 이런 사정 때문이다.

한편, 절박성이란 요인도 화에 대한 취약 요인으로 작용할 수 있다. 여기서 말하는 절박성이란 화를 내도록 밀어붙이는 압력을 의미하는 것으로서, 화를 촉발하는 직접적 대상과 아무런 연관성도 없는 것이 보통이다.

예컨대 누군가가 계속해서 화를 내면에 축적한다고 해보자. 즉, 침해당한 기억을 잊지 못하고 계속 거기에 집착을 한다고 해보자. 그러면 아마도 그의 내면은 시간이 갈수록 점점 더 팽팽해질 것이다. 화에서 비롯되는 압력으로 들끓어 오를 것이기 때문이다. 하지만 그가 이 화를 적절히 해소하지 못하고 계속 담아 두기만 한다면, 추가적인 자극이 주어졌을 때 일시에 터져 나오는 수가 있을 것이다. 그 자극 자체는 그리 대단한 것이 아닐지 모르지만, 축적된 화가 일정 한도를 넘어 더는 감당할 수가 없기 때문이다. 이렇게 되면 마지막으로 화를 자극한 그 대상에게 그 모든 비난을

다 뒤집어씌우는 수가 있을 것이다. 자기 내면에 이미 화가 축적되어 있다는 사실을 인식하지 못하기 때문에, 애꿎은 대상에게 화를 몰아서 터뜨리게 되는 것이다. 따라서 자극에 선행하는 내면 상태에도 충분한 관심을 기울일 필요가 있을 것이다. 아마도 이 요인에 관심을 기울이면서 화가 발생하는 앞뒤 맥락을 살피다보면, 생각보다 훨씬 더 많은 화가 이런 식으로 촉발된다는 점을 발견할 수 있을 것이다.

이와 정반대인 경우도 생각해볼 수 있다. 절박성이란 조건이 결핍을 통해 마련되는 경우가 그것이다. 하지만 물론 여기서 말하는 결핍은 화의 결핍이 아니라 내적 자산 또는 존재성 그 자체의 결핍이다. 아마도 한번쯤은 경험해봤겠지만, 정신이 빈곤해진 상태에서는 작은 자극에도 극히 민감하게 반응하게 된다. 이런 상태에서는 어찌된 일인지 사소한 침해조차도 비위에 거슬린다. 마치 나란 것의 영역이 단단히 굳어지기라도 한 느낌이다. 왜 이렇게 되는 것일까? 그건 아마도 그만큼 회복이 절실하기 때문일 것이다. 원래 상태로 되돌아가지 못해 내심 초조해하고 있는데 줄어든 입지마저 침해당하니 참지 못하는 것이다. 이런 상황에 처한 당사자는 분명 내적 결핍에 떠밀려 현재 남은 정신적 자원에 집착할 수밖에 없게 될 것이다. 하지만 이렇게 형성된 집착은 화의 축적 못지않게 위태롭다. 집착에 동원되는 압력이 침해와 동시에 방향을 틀어 파괴성의 형태로 터져 나올 수 있기 때문이다. 말하자면, 안으로 응축되던 힘이 자극을 밀쳐내려다 반대 방향으로 폭발을 일으키고 마는 것이다.

하지만 이 화는 사실 절박한 내면 상태의 표현일 뿐이다. 그것은 성급한 회복 의지 또는 과장된 회복 의지로서 적절한 여건이 마련되기만 한다면 진정한 회복을 위해 사용될 수도 있는 일종의 힘이다. 이 의지가 집착이나 화를 일으키는 데 동원되는 건 단지 그 의지를 집중할 마땅한 대상을 찾지 못했기 때문이다. 화를 내는 당사자는 그 외부 대상을 비난하면서 자신의 태도가 정당하다고 느낄지 모르지만, 그 화의 진정한 의미를 파악하지 못한다면 계속해서 힘만 낭비하게 되는 수가 있을 것이다.

강 도 변 화

이로써 화의 원인과 관련된 문제는 어느 정도 해명되었을 것이다. 그럼 이제 마지막으로 일단 촉발된 화가 어떤 식으로 강도 변화를 일으키는지 파악해보기로 하자.

우선 화가 증폭되는 경우부터 보면, 가장 먼저, 화가 난 그 지점을 향해 어떤 요인이 밀고 들어오는 듯한 느낌을 감지해낼 수 있을 것이다. 어디선가 솟아난 요인이 화에 첨부되어 화를 강화하는 듯한 느낌이다. 그렇다면 그 요인은 무엇일까? 그것은 한마디로 말하면 기억이다. 그것은 자아 관념을 중심으로 뭉쳐진 일종의 기억 복합체로서, 단편적 기억이나 관념, 심상과 같은 형태로 의식에 떠오르는 것이 보통이다. 화가 증폭되는 건 바로 이 요인 때문이며, 화가 증폭되는 정도 역시 이 요인이 첨가되는 정도에 정확히 비례한다. 이 기억 복합체에 의해 화의 강도가 전적으로 좌우되는 것이다. 그런데 사실 이 요인이 없으면 증폭은커녕 화가 일어나는 것조차 불가능하다. 화를 처음 자극받는 순간에는 순수한 신체적 느낌이나 비일상적 상황에 대한 인식만이 존재하는데, 이 상태를 화라고 부르기엔 무리가 있기 때문이다. 이 인식 전체를 불길에 휩싸이게 만드는 건 그 위에 부가되는 기억 덩어리, 즉 자아 그 자체이다. 따라서 외부 자극이 불꽃이라면, 이 기억 덩어리는 연료라 할 수 있을 것이다. 하지만 이 기억을 첨부하지 않은 채 머무는 것도 결코 쉬운 일만은 아니다. 상황에 대한 순수 인식에 이 기억 복합체를 접촉시키는 것이 거의 습관처럼 되어 있기 때문이다. 그것은 거의 모든 인식을 그림자처럼 따라다니면서 그 인식 내용에 나름의 해석을 내놓는다. 단순한 인식만으로도 화가 일어나는 것처럼 보이는 것은 바로 이 같은 사정 때문이다.

하지만 분명 이 습관을 거스르는 것은 가능하다. 기억을 개입시키지 않고 상황에 대한 알아차림만 지속하면, 화가 번지는 것을 미연에 방지할 수 있다. 이 상태에서 감지되는 건 오직 최초의 자극뿐이고, 그 자극, 즉 불꽃이 사그라들고 나면 아무런 일도 일어나지 않은 채 상황이 종료된다. 자극이 안으로 스며들지 못하고 표면에서 처리되는 것이다. 아마도 이 상태에 머물며 자극을 누그러뜨리는 것이야말로 가장 근본적인 의미의 인내라 할 수 있을 것이다. 감내하는 불쾌감의 강도는 약한 반면 그 영향력은 상당하기 때문이다. 하지만 물론 이렇게 하는 것 자체가 지극히도 힘든 일이다. 습관을 지속적으로 거스르는 데는 엄청난 주의력이 동원되기 때문이다. 그보다는 어느 정도 기억을 첨부해 화를 내는 편이 차라리 자연스러워 보일 것이다.

그런데 여기서 주목할 점은 이 기억이 남용되기도 한다는 사실이다. 화가 일어난 것을 발견하면 마땅히 연료를 멀리 치워버려야 하는데도 가끔씩 사람들은 이와 정반대로 행동한다. 즉, 불쾌한 그 자극으로부터 관심을 돌리기는커녕 화를 일으킨 상황이나 대상을 곱씹으면서 그 화에 기억을 들이붓는다. 왜 이런 행동을 하는 것일까? 이런 태도가 치명적임은 두말할 필요도 없는 사실이다. 잘못 휩쓸렸다간 안팎으로 무지막지한 해악을 끼치게 되는 수가 있다. 탐닉을 부추기는 어떤 요인이 없다면 그 누구도 이런 태도를 취하려 하지 않을 것이다. 그렇다면 그 요인은 무엇일까? 그것은 바로 기억을 첨부하는 순간 느껴지는 어떤 쾌감 또는 해방감이다. 화를 증폭하는 순간에는 이상하게도 어떤 시원한 느낌이 든다. 그 느낌은 화를 해소해낼 때 느껴지는 해방감과도 어딘가 닮은 데가 있다. 아마도 이 양자 사이의 유사성이 화에 탐닉하는 정신 나간 행동을 뒷받침해주는 듯하다. 마치 갈증에 정신이 혼미해진 사람이 바닷물을 퍼마시듯, 순간적인 해소의 느낌을 위해 불길 속으로 뛰어드는 것이다. 하지만 분명 화의 표출과 증폭은 정반대 과정이다. 양자 모두 능동성을 발휘하여 무언가를 배출해내는 듯한 느낌을 제공해주지만, 하나는 진짜이고 다른 하나는 가짜이다.

물론 화를 단순히 표출해내는 것만으로도 충분히 해로울 수 있을 것이다. 하지만 이 경우에는 덜 해로운 쪽으로 표출의 방향을 조절하는 것이 가능하다. 해악을 최소화할 수 있는 쪽으로 화를 토해낸다면 그 화는 별 문제를 일으키지 않은 채 소진될 것이다. 하지만 화를 증폭하는 태도는 처음부터 끝까지 해롭기만 하다. 문제를 악화하면서 환호성을 지르는 것이나 다름없는 태도이기 때문이다. 증폭에 수반되는 환상적 해소의 느낌조차 없다면 이런 태도는 순전한 광기로 치부되었을 것이다. 그런데 어쩌면, 화를 표출하는 데서 오는 해악이 두려워 내면에서 화를 키우는 것인지도 모른다. 화가 일어나니 어떻게든 표출해내고는 싶은데 밖으로 표출하면 해로울 것 같으니, 공상의·영역에서 화를 증폭하면서 배출의 쾌감과 비슷한 느낌으로 위안을 삼는 것이다. 하지만 사실 이런 태도는 화를 직접 표출하는 것 이상으로 유독할 수 있다. 내면에서 화가 비현실적으로 과장되면 될수록 그것을 처리하는 일도 그만큼 더 어려워지기 때문이다. 만일 그 화가 더는 압력을 견디지 못하고 터지기라도 한다면 안팎의 모든 것이 일순간 재로 변하는 수가 있을 것이다.

어쨌든 이처럼 화는 통상 자아라 불리는 기억 복합체를 태움으로써 유지되고 증폭된다. 기존 기억의 개입이 없다면 화라는 감정은 아예 존재조차 할 수 없다. 따라서 일단 그 기억의 공급만 효과적으로 차단해도 얼마든지 화를 소진시킬 수 있을 것이다. 태울 것을 다 태우고 나면 화도 더 유지될 수 없을 것이기 때문이다. 하지만 분명 이처럼 점진적인 과정만 존재하는 건 아니다. 앞서 말했다시피, 화는 현실에 대한 새로운 인식이나 이해가 첨부될 경우, 일시에 소진되기도 한다. 그 인식에 의해 대상 자체가 제거되거나 변형되기 때문이다.

그렇다면 이 새로운 인식은 대체 어떤 식으로 대상에 영향을 끼치는 것일까? 우선 그 인식이 화의 대상이 되는 기존의 인식 자체를 완전히 대체하는 경우부터 생각해볼 수 있을 것이다. 화를 촉발한 최초의 인식이 부실할 경우, 새로운 인식은 기존 인식 전체를 일순간에 무너뜨릴 수 있다. 예컨대 누군가가 한정된 단서를 바탕으로 삼아 나름의 현실을 구성해낸 뒤, 그 현실의 부당함에 분통을 터뜨리고 있다고 해보자. 그는 어찌된 일인지 자기가 추정한 현실의 진실성을 조금도 의문시하려 들지 않는다. 아마도 불확실한 상태에 수동적으로 머무는 것보다 지레짐작에 의지해서라도 나름의 입장을 취하는 쪽이 더 편한가보다. 아니면 불확실성 때문에 화를 보류했다가 나중에 가서 짐작이 현실로 밝혀지면 억울할 것 같으니 미리 선수를 치는 것인지도 모른다. 아무튼 그는 이처럼 스스로 설정한 장애물에 의지를 짓이겨 넣으며 화를 일으키고 있다. 이때, 진짜 현실이 끼어들어 그 추론의 허구성을 폭로한다고 해보자. 또는 그가 스스로 정신을 차리고 편견 너머의 현실을 직시한다고 해보자. 그러면 아마도 그는 자신이 고수하던 기존의 인식을 통째로 포기할 수밖에 없을 것이다. 그리고 이 인식을 놓아버림과 동시에 화 전체가 순식간에 사라지는 것을 느끼게 될 것이다. 화의 근거가 된 현실 해석 자체가 순전히 환상이라는 점이 밝혀졌기 때문이다. 이제 그는 상대에게 화를 내는 대신 미안한 감정을 품게 될 것이고, 때로는 스스로 바보가 된 듯한 기분에 빠지기도 할 것이다.

한편, 대상에 대한 기존 인식이 단순히 확장되는 경우도 생각해 볼 수 있을 것이다. 화를 일으킨 그 인식 내용이 그대로 보존된다 하더라도 연관된 앞뒤 맥락과 함께 인식된다면, 성질 변화를 일으켜 더는 화를 자극하지 않게 될 수 있다. 잘 알다시피, 모욕적이거나 불쾌한 상대의 태도에 화가 난 사람이라도 그렇게 행동할 수밖에 없었던 이유를 이해한 뒤에는 그에 대한 화를 누그러뜨리는 것이 보통이다. 이해의 과정을 통해 대상의 성질이 변형될 뿐만 아니라, 그 대상을 대하는 당사자의 자아까지도 함께 유연해지기 때문이다. 그는 이제 눈앞의 인식 내용을 침해 요인으로 보지 않고, 따라서 거기에 대고 화를 내지도 않는다. 이해라는 특수한 태도를 취함으로써 문제였던 것을 문제가 안 되도록 만든 것이다. 이 과정은 문제도 아닌 것을 문제로 만드는 지레짐작과 완전히 상반되는 과정이라 할 수 있다. 현실의 표면으로부터 공상의 영역으로 부풀어 오르는 대신, 현실 속으로 깊숙이 침투하여 사태의 본성을 드러내기 때문이다. 하지만 극과 극은 통하는지라, 이 두 태도는 느낌이 지극히도 유사하다. 양자 모두 어쨌든 대상을 향해 정신을 쏟는 과정이기 때문이다. 이런 이유로 인해, 대상을 이해한답시고 달려들었다가 도리어 비방만 일삼게 되는 일이 벌어지기도 한다. 하지만 분명 이 둘은 성질 자체가 완전히 다르다. 이해가 새로운 관심을 불어넣는 과정이라면, 지레짐작은 낡은 기억이 끌려 들어가도록 방치하는 과정에 지나지 않기 때문이다.

하지만 기존의 기억이라고 해서 다 부정적인 것만은 아니다. 좀더 전체적인 인식을 가능하게 해주는 기억은 화를 증폭하는 대신 소진시켜준다. 예컨대 누군가가 상대와 불화를 겪다가, 어떤 이유에서든 그에게 느꼈던 호감의 기억을 되살린다고 해보자. 그러면 그는 아마도 상대에 대한 화가 누그러지는 것을 느끼게 될 것이다. 대상을 좀 더 전체적인 관점에서 인식하게 되었기 때문이다. 이해에 의존하는 경우만큼 인식의 확장이 자연스럽게 일어난 것은 아니지만, 전체적으로 보면 여기서도 결과는 동일하다. 게다가 나름의 이점까지 지니고 있다. 즉, 이해를 통해 인식을 변형할 때는 화를 자극한 대상 속으로 주의력을 모아 넣어야 하는 어려움이 있지만, 이 경우에는 미리 집중된 주의력을 단순히 첨부하기만 하면 된다. 말하자면 미끄러질 위험이 덜한 것이다. 하지만 화가 난 상태에서 이런 기억을 일으키는 것도 결코 쉬운 일만은 아니다. 현실에 첨부되는 기억은 대체로 그 현실의 성질을 그대로 반영하기 때문이다. 이 자동적인 연상 과정을 거스르려면 특수한 관심의 노력을 기울여야만 한다. 상대편에서 먼저 호감 가는 측면을 내비친다면, 그 인식에 의지하여 한결 수월하게 연상을 이어갈 수도 있겠지만, 그렇지 않다면 기존 습관대로 휩쓸려 가기 쉬울 것이다.*

　마지막으로 인식의 확장이 반대 방향으로 일어나는 경우도 생각해볼 수 있을 것이다. 자신이 과거에 상대를 어떻게 대했는지 돌이켜보는 경우가 바로 여기에 해당된다. 사람들은 가끔씩 상대의 불쾌한 태도에 대응되는 자신의 과거 행적을 기억해냄으로써, 그에 대해 품었던 화를 누그러뜨리곤 한다. 원인을 제공한 것이 결국 자기 자신임을 인정하기 때문이다. 이 경우 당사자는 상대의 태도가 단순한 반작용에 지나지 않음을 인식하며, 이 같은 인식을 바탕으로 삼아 그 책임을 자기 자신에게 되돌린다. 인과 관계를 명확히 파악함으로써 감정이 개입할 여지를 아예 없애버리는 것이다. 하지만 사실 이런 식으로 문제가 해결되는 경우는 소수에 지나지 않는다. 자기를 되돌아본다는 것 자체가 쉽지 않은 과정이기 때문이다. 게다가 설령 그렇게 한다 하더라도 대부분의 경우 원인으로 작용한 자신의 태도를 찾아내는 데 실패하고 만다. 원인과 결과 사이에 시공간적 거리가 존재하기 때문이다. 어떤 원인이든 결실을 맺기까지는 시간이 걸리기 마련인데, 이 시간적 거리는 환경과 대상에도 영향을 끼쳐 인과 관계를 한없이 흐려놓는다.

　하지만 분명 인과 관계는 존재하며, 효과를 낼 때까지 결코 작

---

* 이 과정은 현실 인식을 억압하는 것과는 다르다. 현실 인식을 억압할 때는 상반되는 인식 내용에 집착하면서 불쾌한 현실을 애써 못 본 척하는 태도가 개입되지만, 이 경우에는 매달림도, 눈가림도 동원되지 않는다. 이 과정을 통해 획득되는 인식은 각각의 개별적 인식을 모두 포괄하면서 넘어선다.

용을 멈추지 않는다. 실제로 현실의 겉모습을 뒤로한 채 그 골격을 더듬어본다면, 이 기본적인 원리가 도처에서 작용하고 있음을 실감할 수 있을 것이다. 결국 내보낸 것은 되돌아오기 마련인 것이다.

우울과 슬픔

우울과 슬픔이란 감정은 상당히 비슷하면서도 다르다. 각각의
감정을 일으키는 원인과 표현 방식에서는 큰 차이를 찾아볼 수 없
을 정도로 유사하지만, 느낌 자체만을 놓고 본다면 어떤 차이가
있음을 분명히 느낄 수 있다. 가장 두드러진 차이점은 슬픔에 내
재하는 미묘한 쾌감이다. 우울감은 시작부터 끝날 때까지 힘이 빠
지고 정신이 황폐해지는 듯한 불쾌감만 일으키고, 따라서 겉으로
만 보았을 때는 일부러 그런 정감을 바랄 만한 측면이 조금도 없
어 보인다. 하지만 슬픔에는 독특한 만족감이 고통과 알 수 없는
형태로 정도 차를 달리하여 뒤섞여 있는 것이 보통이다. 그래서인
지 사람들은 가끔 슬픔을 일으켜줄 수단을 자발적으로 찾기도 한
다. 그리고 어쩔 수 없이 슬픔을 느끼게 된 경우라 하더라도 슬픔

에 내재된 만족감은 그 정감을 최소한 견딜만 한 것으로 만들어주는 경향이 있다.

그렇지만 슬픔에 내재된 고통에만 주목해보면 그것이 우울감의 고통과 본질적으로 같은 것이라는 인상을 지울 수가 없다. 슬픔의 불쾌감은 만족을 일으키는 측면과 한데 융합되어 있고, 따라서 느낌의 질도 우울감에서 느껴지는 불쾌와 다소 다른 것이 사실이긴 하지만, 슬픔에 내재된 만족을 상상 속에서나마 감소시켜보면 슬픔의 불쾌감이 우울감으로 점차 근접해 들어간다는 사실을 확인해볼 수 있기 때문이다. 그러므로 우울감의 기본적 고통 위에 그 고통을 완화해주는 무언가가 첨가된 감정이 슬픔이라고 해도 크게 틀린 말은 아닐 것이다. 그리고 이처럼 우울감이 더 단순한 감정이라면 우울감이 유발되는 방식부터 파악해보는 것이 순서일 것이다.

의지의 유출

우울감은 다른 감정들에 비해 그 진행 과정이 비교적 단조롭고 정적인 것처럼 보인다. 우울감을 느꼈던 상황을 돌이켜보면, 어떤 격한 충돌도, 인상적인 기복도 없이 그저 맥없이 이어지는 쓸쓸함만 일정 시간 동안 계속되다 소멸했던 것 같은 인상을 받게 된다. 게다가 우울감을 느끼는 상황에서는 보통 그 느낌을 유발한 외부적 요인도 함께 확인해볼 수 있기 때문에, 그 외부 요인을 우울감의 원인으로 단정 짓고 우울감 특유의 느낌과 진행 과정 자체는 그런 상황에서 겪어낼 수밖에 없는 것으로 당연시하기 쉽다. 하지만 아무런 이유도 없이 우울감이 일어난 것처럼 보일 때도 분명 있다. 우울한 기분도 들고 우울감 특유의 반응들도 나타나지만, 언제부터 무슨 이유로 그렇게 된 것인지 도무지 알 길이 없는 것이다. 그런데 이런 상황이 도리어 우울감을 제대로 이해하는 실마리가 되어준다. 원인을 찾을 수 없다는 당혹감이 정신을 자극하여 우울감을 일으킨 주관적 요인으로 관심을 돌리도록 하기 때문이다.

실제로 우울한 느낌이 발생하는 시점에 관심을 기울여보면, 그 느낌이 특정한 정신적 태도를 취하는 순간 비교적 갑작스럽게 불러일으켜지는 것을 관찰할 수 있을 것이다. 우울감의 원인이 되는 이 태도는 대체로 외부 환경의 강압에 의해 어쩔 수 없이 취해지지만, 결코 외적 요인에만 의존하는 것은 아니다. 이 태도는 우울감을 일으킨 외적 사건 이후 상상적 노력에 의해 반복적으로 취해지기도 하고, 별다른 외적 사건 없이 오직 상상에만 의지하여 취해지기도 한다. 아마 우울감이 다른 감정에 비해 길고 단조롭게 진행되는 듯이 보이는 이유도 우울감을 촉발하는 이 정신적 태도가 최초의 우울감이 일어난 뒤 몇 차례 반복적으로 연달아 취해지기 때문일 것이다. 이 태도로 인해 약화되던 우울감이 다시 강화되어 지속 기간이 늘어나지만, 정작 그 태도 자체는 망각되고 마는 것이다. 그렇다면 우울감을 일으키는 태도란 무엇이고 왜 망각되는 것일까? 이 의문에 답하려면 우울감 자체와 그 느낌이 촉발되는 상황의 앞뒤 맥락을 더듬어볼 필요가 있을 것이다.

이를 위해, 우울감이 촉발되는 순간 그 정감과 연계된 상상 내용에 끌려가지 말고, 그 느낌 자체의 흐름에 주목해보기 바란다. 그러면 아마도 무언가 빠져나가는 듯한 느낌을 감지할 수 있을 것이다. 열기를 담고 있는 무언가가 빠져나가며 가슴이 텅 비고 서늘하게 식는 듯한 느낌이 들기도 하고, 좀 더 위쪽 어딘가에서 정신이 새어 나가기라도 하듯, 저릿거리는 통증이 일어나기도 한다. 말 그대로 정말 맥 빠지는 느낌이 아닐 수 없다. 그런데 이런 느낌은 보통 당면한 외적 현실 때문에 품고 있던 기대나 소망, 사랑, 욕망 따위를 포기할 수밖에 없을 때 유발된다. 이는 바꿔 말하면 기대나 소망과 같은 요인들이 우울감의 전제 조건으로 작용한다는 뜻이다. 그렇다면 이와 같은 조건들의 공통점은 무엇일까? 그것은 아마도 이 모든 요인이 만족이나 충족의 경험으로 향하는 당사자의 의지라는 사실, 상당량의 정신적 힘을 머금은 긍정적 성질의 의지라는 사실일 것이다.

이런 정황을 고려해보면, 우울감의 고통이 이러한 의지의 유출, 또는 소실에서 비롯된다고 생각해볼 수 있을 것이다. 다시 말해, 당면한 현실 상황과 자신의 의지가 공존 불가능하다는 점을 인식한 당사자가 현실을 인정하고는 어쩔 수 없이 자신의 의지를 놓아버릴 때, 정신에 의한 구성 작용을 상실한 의지가 흩어져 소멸하면서 우울감 특유의 불쾌감을 유발하는 것이다.* 아마도 현재로서는 이런 묘사가 너무 개괄적이고 불분명하게 들리겠지만, 설명의 편의를 위해 해명은 잠시 미뤄두기로 하자. 더 구체적인 과정은 잠시 후에 다루게 될 것이다.

어쨌든 사정이 이렇다면, 일단 이 의지 또는 욕구에 대한 포기 행위를 우울감의 원인이 되는 태도 가운데 가장 본질적인 측면으로 설정할 수 있을 것이다. 그것은 가장 직접적이고 핵심적인 원인으로서, 그 어떤 것보다도 우울감에 밀착해 있다. 하지만 그런데도 이 포기 행위는 보통 우울감의 원인으로 잘 인식되지 않는다. 왜냐하면 포기는 사실상 이미 어느 정도 우울감 그 자체이기 때문이다. 게다가 포기는 당사자 입장에서 능동적으로 취하는 행위도 아니다. 포기는 기존에 취하고 있던 태도를 내려놓는 지극히 수동적인 행위로서, 의식에 아무런 인상도 남기지 못한 채 망각되고 만다. 이런 이유로 인해, 사실 의지에 대한 포기 행위로 돌려졌어야 할 우울감의 원인이 무언가를 결여한 현실 상황으로 전가되는 경우가 자주 발생한다. 포기 행위와 현실에 대한 인정 또는 인식이 동시에 발생하는 데다가, 그 순간 당사자의 관심도 자신의 의지로부터 철회된 채 이미 현실의 결핍을 향하고 있기 때문이다. 하지만 그렇다고 현실의 인식으로부터 원인 자격을 박탈해야 한다고까지 말하려는 것은 아니다. 일상적 의미에서는 현실의 결핍

---

* 이는 한 집단의 장이 죽거나 사라졌을 때 집단 전체가 와해되는 상황과도 비슷하다.

을 우울감의 원인으로 돌리는 이 같은 태도가 얼마든지 정당화될 수 있다. 게다가 현실의 인정과 의지의 포기란 것도 결국 동일한 과정의 두 측면에 지나지 않는다. 그렇지만 우울감이라는 느낌 자체의 가장 직접적인 원인만을 고려한다면, 현실 상황은 구체적 원인에 인접한 환경으로서의 자격만 떠맡을 수 있을 것이다.

그런데 우울감을 일으키는 태도에 포기 하나만 있는 것은 아니다. 애초에 현실과 합치되지 않는 의지를 불러일으킴으로써 포기의 대상을 마련하는 것도 결국 당사자의 몫이기 때문이다. 물론, 특정 대상이나 상황을 향해 의지를 일으키는 행위만으로는 우울감이 일어날 수 없고, 포기가 잇따르기 바로 전까지는 일종의 만족감이나 막연한 희망 같은 감정마저 느끼겠지만, 이 과정을 통해 불러일으켜진 의지가 없다면 그 의지의 소멸에 따른 우울감도 있을 수 없을 것이다. 따라서 이러한 태도가 우울감의 필수적인 한 측면인 것만은 분명하다. 실제로 이유를 알 수 없는 우울감을 느끼는 상황에서 자신이 조금 전에 어떤 태도를 취했는지 점검해보면, 정신적 충족이나 만족을 향한 기대를 어떤 식으로든 일으켰음을 확인해볼 수 있을 것이다.

우울감의 원인이 되는 태도가 망각되는 또 하나의 주된 이유도 바로 이 선행 단계의 모호성과 연관되어 있다. 만족을 향한 이 의지는 그것을 포기하도록 만드는 현실 인식이 잇따르지 않을 경우 우울감과 아무런 연관성도 지니지 못하는 데다가 느낌 자체도 우울의 불쾌감과는 거리가 멀기 때문에, 당사자 입장에서는 그 태도가 우울감의 원인으로 작용할 가능성을 애초부터 배제한 뒤 모든 혐의를 자신의 의지와 상충되는 현실 상황으로만 전가하게 되는 것이다.

하지만 반복하건대, 우울한 느낌의 진정한 원인은 현실 상황 자체가 아니라 그 현실 너머로 부풀어 오른 의지의 포기이다. 설령 현실 인식을 포기와 결국 동일한 것으로 간주하고 우울감의 원인으로 설정한다 하더라도, 그 원인과 사실상 일체를 이루고 있는 능동적 측면을 무시한다면, 다시 말해 현실의 압력에 짓눌려 곧 무산되고 말 의지를 굳이 일으키는 이 맹목적 행위를 함께 고려하지 않는다면, 전체 원인의 반쪽을 놓치는 셈이 될 것이다. 어쩌면, 여기서 한 걸음 더 나아가, 이 능동적 측면이 원인으로서 더 큰 자격을 갖춘다고까지 말할 수 있을지도 모른다. 왜냐하면 기대나 의지를 일으키는 행위는 상당 부분 의식의 주도적 통제 범위 내에 있기 때문이다. 특히 상상적 기대와 포기를 반복하며 우울감을 연장하는 상황에서는 정감에 대한 주도권이 사실상 당사자 자신에게 있는 것이나 마찬가지라고 할 수 있을 것이다. 이런 상태에 머무는 것은 자신의 의지를 끌어올리다 밖으로 내던져 흩어버리기를 반복하는 것이나 다름없기 때문이다. 물론 그 스스로는 자신이 무슨 행위를 하고 있는지 모르겠지만, 그렇다 하더라도 그 태도를 취하는 자가 당사자 자신이란 점에는 변함이 없다.

그러면 이제 우울감이 유발되는 과정과 조건을 좀 더 구체화해

보기로 하자. 앞서 의지를 놓아버리는 행위가 의지의 유출을 일으
킨다고 말한 바 있다. 비록 단순해 보이긴 해도 이것이 바로 우울
감의 중심 원리였다. 그렇다면 의지의 포기는 대체 어떻게 일어나
는 것일까? 의지를 포기하겠다고 선언하면 의지가 포기되는 것일
까? 분명 그렇지는 않을 것이다. 의지에 대고 명령을 해봤자 달라
지는 것은 아무것도 없기 때문이다. 의지는 그런 식의 명령을 결
코 진지하게 받아들이지 않는다. 하지만 의지에 대응하는 의식적
심상에 영향을 끼친다면 사정이 달라진다. 의지는 의식적 심상에
의존하다시피 하기 때문이다. 따라서 의지의 포기는 의지의 대상
인 심상의 포기를 통해 일어난다고 할 수 있을 것이다. 말하자면,
심상을 중심으로 집중되어 있던 의지가 심상의 소멸과 함께 구심
점을 잃고 흩어져버리는 것이다. 그런데 사실 이 심상의 포기란
말에도 다소 애매한 점이 있다. 왜냐하면 포기는 의식적 심상을
단순히 의식 영역 밖으로 밀쳐낸 뒤 다른 활동에 관심을 쏟는 태
도와 혼동될 수 있기 때문이다. 그러므로 포기를 일으키는 조건,
즉 당사자의 의지와 어긋나는 현실 인식이란 것이 무엇인지도 해
명할 필요가 있을 것이다.

　우선 의지의 포기를 일으키는 현실 인식은 특히 그 의지에 대응
하는 심상과 애초에 공존이 불가능한 것이어야 한다. 다시 말해,
성질상 그 심상과 함께 품는다는 것 자체가 모순인 인식 내용이어
야 한다. 예를 들어 있음과 없음, 찬사와 비난, 성공과 실패 등은
그것이 동일 대상을 중심으로 일어나는 경험인 한 어긋나는 것이

며 양자택일의 대상이 되는 것이다. 따라서 그들 중 어느 하나에 대한 긍정은 반드시 다른 하나에 대한 부정 또는 포기를 수반할 수밖에 없고 그 반대도 마찬가지이다. 특정한 인식 내용을 대상으로 품은 태도가 그와 모순되는 인식 내용에까지 영향을 끼치게 되는 것이다. 따라서 모순되는 현실을 인정하는 행위 속에 의지에 대응되는 심상을 포기하는 행위가 이미 내재되어 있다고 말해도 좋을 것이다. 이 둘은 동일한 과정의 양극단으로서 완전히 일체를 이루고 있기 때문이다.

그렇다면 모순되는 인식 내용은 대립하는 의지와의 관계에서 어떤 위치를 점하는 것일까? 이 의문에 답하려면 억압에 대해 설명하면서 동원한 상을 다시 활용하는 수밖에 없을 듯하다. 먼저 특정 대상을 향해 돌출되어 나오는 욕망의 상을 하나 떠올려보기 바란다. 그런 뒤 그 욕망을 살짝 눌러 억압해보기 바란다. 그러면 아마도 그 욕망의 역추동력에 의해 의지의 저변부에 불안이 형성될 것이다. 이 모습은 마치 구체 하나가 물위에 뜬 채 반쯤 잠겨 있는 것과도 같다. 그럼 이제 그 불안이 자신의 대상을 끌어들인다고 해보자. 그 대상은 아마도 욕망의 좌절을 나타내는 인식 내용들일 것이다. 욕망의 뿌리를 위협하는 심상, 그것이 바로 불안이 선호하는 대상이다. 그렇다면 이 인식 내용은 욕망을 이끄는 심상과 어떤 관계를 맺는 것일까? 두말할 것도 없이 그들은 서로 모순 관계를 맺는다. 동일 의지를 정 반대 방향으로 이끄는 인식 내용들끼리 맺는 관계, 그것이 바로 모순인 것이다. 따라서 모순되는 심상이란 한마디로 의지의 뿌리를 위협하는 심상 또는 의지의 목숨을 노리는 심상이라 할 수 있을 것이다. 그리고 이런 관점에서 보면 우울감이란 감정은 특정 의지가 죽음을 맞이하면서 내는 신음 소리에 다름 아닐 것이다.

하지만 물론 이렇게 심상이 단순히 제시되는 것만으로는 충분치 않다. 우울감이 일어나려면 그 심상이 현실화되어야만 한다. 가능성의 영역에 머무는 상은 불안을 일으키는 데서 그치기 때문이다. 사실 이 불안만으로도 두 의지의 거리가 벌려지긴 하나, 어쨌든 완전히 떨어지는 것은 아니다. 그렇지만 불안의 대상이 유일한 현실로 자리 잡는 순간에는 의지의 뿌리를 도려내는 것과도 같은 일이 벌어진다. 즉, 모호했던 경계가 뚜렷해짐에 따라 욕망의 대상을 따르던 의지가 당사자의 관심 영역 밖으로 내쫓긴 것과도 같은 상황에 처하게 되는 것이다.

아마도 이것이 의지의 포기가 일어나는 방식, 의지의 유출이 일어나는 방식일 것이다. 자신의 일부를 떼어내는 행위가 본능과 가장 거리가 먼 의식의 판단에 의해 일어난다는 사실은 통념과도 잘 부합하는 듯 보인다. 그런데 어떻게 보면 의지가 빠져나갈 수 있다는 말 자체가 이상하게 들릴 수도 있을 것이다. 왜냐하면 의지란 것은 다분히 정신적인 성향을 띤 것이기 때문이다. 그렇지만 가장 고차원적 의미의 의지로부터 다양한 형태의 욕망을 경유하여 본능 또는 신체로 이행해 들어가는 과정이 하나의 연쇄를 이룬다는 점을 떠올려본다면, 다시 말해 이 속성들 간의 뚜렷한 경계를 설정하는 것이 애초에 불가능하다는 점을 떠올려본다면, 의지도 순전히 정신적인 것만은 아니라는 점을 알 수 있을 것이다. 그리고 신체는 주체 외부로 빠져나갈 수 있을 뿐만 아니라 심지어 절단될 수조차 있으므로, 의지에 이런 성질을 일부 부여한다고 해서 문제될 일은 아무것도 없을 것이다.*

　지금까지 살펴본 내용을 통해 우울감의 유발 과정과 연관된 문제들은 상당 부분 해결되었을 것이다. 하지만 우울감을 느끼게 되는 조건과 관련해서는 아직 더 해명해야 할 부분이 남아 있다. 그것은 주로 자신의 의지와 모순되는 현실 인식에 당면한 주체의 주관적 태도와 관련된 문제이다. 예컨대, 당사자가 의지의 포기를 강요하는 현실을 인정하지 않고 자신의 의지를 고집한다고 해보자. 그러면 그는 우울감을 느끼기는커녕 도리어 화를 내게 될 것이다. 의지의 실현을 가로막는 현실 인식을 향해 자신의 의지를 밀어 넣으며 저항을 할 것이기 때문이다. 따라서 주체의 의지와 공존 불가능한 현실 인식이 우울감의 원인으로 작용하려면 그 인

---

* 전체 경험에 대한 순수 기억, 즉 형상은 소실될 수 없다. 그것의 신체적 측면은 일종의 복사본에 지나지 않는다. 여기서 말하는 형상이란, 대상에 대한 표상, 또는 심상과 그 표상을 잇따르는 의지의 측면 모두를 단번에 포괄하는 그 무엇이다. 그것은 어떤 의미에서는 바라보는 자 그 자체이다. 인식이란 것의 순환적 성격, 즉 기억을 통해 보고, 본 것을 바탕으로 기억한다는 사실을 이해하려 애쓸 필요가 있다. 이와 관련된 내용은 플로티노스,《엔네아데스 Ⅲ(Ennead Ⅲ)》에 실린 '비신체적인 것의 초연함에 관하여'와 유식 사상의 근본이 되는 종자식(種子識) 개념 참조.

식 내용에 이러한 저항을 불가능하게 하는 어떤 요인이 포함되어 있어야 할 것이다. 그렇다면 저항 시도를 애초에 꺾어놓는 요인은 무엇일까? 그것은 아마도 권위라는 말로 가장 적절히, 그리고 포괄적으로 표현할 수 있을 것이다. 비록 당사자의 의지에 반하는 외적 대상이 사람이 아니라 특정한 현실 상황이라 하더라도, 그 현실은 이미 현실로서 무게를 지닌 채 주체에게 힘을 행사할 것이기 때문이다.

그런데 이 권위라는 속성의 특질 중 하나는 권위의 대상이 실제로 그러한 성질을 지니는지 여부가 상대방의 주관적 판단에 크게 의존한다는 점이다. 그리고 잘 알다시피, 이 주관적 판단이란 것은 성질이 고정되어 있지 않다. 그것은 언제든 변동 가능하다. 따라서 의지의 포기를 강요당한 당사자가 외부 현실의 권위를 인정했다가 다시 부인하기를 반복하면서, 우울감과 화를 다소 번갈아 느낄 수도 있을 것이다. 우울감을 경험하는 사람이 간헐적으로 화를 터뜨리기도 하는 것은 분명 권위의 이 같은 주관적 성질 때문일 것이다.

하지만 현실의 권위적 성격만 주관성의 영향을 받는 것은 아니다. 때로는 현실과 의지의 공존 불가능성에 대한 인식마저 순전히 주관적 판단에 내맡겨진다. 예를 들어, 당사자가 특정 대상을 향해 소망을 품고 있다고 해보자. 하지만 그는 그 소망의 대상에 가 닿기까지 해결해야 할 문제가 너무 과중하다는 점도 잘 알고 있다. 그러면 당사자는 그 문제의 배후에 놓여 있는 의지의 대상을 포기하면서 우울감에 빠질 수 있을 것이다. 자신의 평소 역량으로는 해결하기 힘든 문제에 직면해 있기 때문에, 그 문제를 해소하는 것이 불가능하다고 판단한 것이다. 이런 판단은 그 문제에 권위적 성격뿐 아니라 소망과 공존 불가능한 현실로서의 성격, 즉 모순되는 성격까지 함께 부여한다. 하지만 이와 정반대되는 경우도 생각해볼 수 있다. 다시 말해, 당사자가 그 문제를 어떻게든 해결할 수 있는 것으로 보고 노력을 기울이기 시작한다면 정서적 반응은 문제 해소를 향한 관심과 주의력, 행위로 대체될 것이고, 그 문제 자체는 권위적 성격과 공존 불가능성 모두를 잃게 될 것이다. 그 문제는 이제 말 그대로 해결 가능한 하나의 문제에 불과하며, 따라서 당사자의 의지를 박탈하는 대신 필요한 행동 조처들을 지시해 보이게 될 것이다.

하지만 물론 이것이 전부는 아니다. 앞서 말한 것처럼, 당사자가 그 문제에 저항할 수도 있다. 그리고 저항을 하는 순간에는 그 문제가 권위적인 성격은 잃고 모순되는 성격은 보유하게 될 것이다. 말하자면, 단순한 장애물로서의 성질을 띠게 되는 것이다. 하지만 이 경우에는 의지를 가로막는 대상이 시공간상의 한 지점에 고정된 것이 아니기 때문에, 당사자의 저항 시도 역시 노골적인 화로 분출되지 못하고 다소간 모호한 형태로 퍼지게 될 것이다. 그리고 이 변형된 형태의 화는, 가슴 답답한 느낌으로 경험되는 내면의 마찰과 여기서 발생한 열기를 뿜어내려는 시도 등으로 표현될 것이다. 막막하다는 말로 묘사되곤 하는 느낌이 바로 그것이다.

어쨌든, 이처럼 문제가 비결정적 성질을 지니는 경우에는, 그 문제의 성격이 당사자의 관점과 태도에 전적으로 의존하여 결정될 것이다. 한마디로, 주관적 판단에 따라 대상의 속성 자체가 완전히 변형되는 것이다. 따라서 현실 문제 위에 덧씌워지는 이 주관적 인식이야말로, 상황에 대한 사람들 사이의 정서적 반응 차이를 설명해내는 기본 바탕이라 할 수 있을 것이다.

발 생 유 형

누군가가 자신을 비판하거나 모욕하면 보통 화를 내게 된다. 자신을 축소시키는 상대방의 언사를 받아들일 수 없기 때문이다. 하지만 때로는 이와 같은 비판이 화가 아닌 우울감의 원인으로 작용한다. 비판이나 모욕에 어쩔 수 없이 동조할 수밖에 없도록 조건이 조성되어 있기 때문이다. 즉, 비판을 하는 상대방의 권위나 비판 자체의 정당성으로 인해 거기에 저항을 할 수가 없는 것이다. 이런 상황에서라면 그 비판에 맞도록 자기 자신을 재단해내는 수밖에 없을 것이다. 그렇다면 이 경우 포기된 의지는 어디에 있는 것일까? 다시 말해, 주체의 영역 밖으로 소실되어버리는 그 의지의 정체는 대체 무엇일까? 간단히 말하자면, 그것은 기존의 자아상에 대응하는 의지의 측면이라 할 수 있을 것이다. 자기 가치에 대한 신념, 즉 자아상은 누구든 습관적으로 품고 다니는 것이고, 자아상을 품는다는 것은 곧 그에 대응하는 의지의 측면을 몸의 일부처럼 들고 다닌다는 말이나 다름없기 때문이다. 따라서 이 경우에는 우울감이 철저히 외부의 강압에 의해서만 일어난다고 할 수 있을 것이다. 당사자 입장에서 아무런 적극적 역할도 하지 않기 때문이다. 그가 하는 일이라고는 상대가 들이민 비판을 인정하는 것이 전부이다.

그렇다면 다시 비판이란 무엇일까? 일반적으로 비판이란 상대방의 단점을 지적해내는 행위를 의미한다. 그가 지닌 단점으로 주의를 집중시킴으로써 자아상을 추락시키는 행위, 그것이 바로 비판이다. 하지만 비판이라고 해서 다 같은 것은 아니다. 비판도 거칠게나마 현실적인 것과 과장된 것, 두 종류로 나눠볼 수 있다. 이중 현실적인 비판이란 부풀어 올랐거나 치우친 자아상을 현실 수준으로 끌어내리는 행위를 의미하고, 과장된 비판이란 말 그대로 자아상을 현실보다도 못한 지점으로 과장되게 격하하는 행위를 의미한다. 그런데 우울감의 상황에서 목격되는 것은 주로 이 두 번째 형태의 비판이다. 상대를 특별히 배려해주지 않는 한 어떤 식으로든 과장*이 섞여 들어가기 마련인 것이다. 그러므로 비판 상황에서 소실되는 의지 역시, 비판받는 당사자가 현실 너머로 들어

---

* 비판하는 자가 상대에게 느끼는 도취적 우월감과 비판 과정에 섞여들기 쉬운 공격성이나 화와 같은 요인도 비판을 과장하는 요인에 포함해야 한다. 이 도취적 우월감과 유사한 과장 요인으로 주변의 시선을 들 수도 있을 것이다. 이런 요인들에 의해 증폭된 비판이 양자 모두에게 치명적일 수 있음은 두말할 필요도 없을 것이다.

올린 의지의 측면과 비판의 주체가 현실 아래로 깎아내릴 의지의 측면, 두 겹으로 되어 있다고 할 수 있을 것이다. 결국 부당하거나 정당한 두 종류의 자기 보존 의지가 흘러나가는 셈이다.

하지만 관심을 여기로만 국한해서는 안 된다. 이처럼 과장된 비판을 받아들이게 할 정도의 인물이라면 그만한 권위를 지닐 것이 틀림없고, 이 정도의 권위를 행사하는 인물이라면 상대방의 내면에 인정받고자 하는 욕구를 촉발할 가능성도 높을 것이기 때문이다. 따라서 비판에 의해 우울감이 유발된 상황에서는 인정 욕구라는 요인의 개입 여부도 반드시 함께 점검해봐야 할 것이다.

어쨌든, 이처럼 비판을 원인으로 하여 우울감이 일어날 때는 당사자의 내면에서 마치 자아의 심장부가 패어 나가는 것과도 같은 일이 벌어진다. 상대가 가하는 비판이 그의 인격 내부로까지 침범하여 이미 보유하고 있던 의지를 포기하도록 만드는 것이다. 따라서 이 경우에는 그 정감이 일어나는 위치가 그 어느 때보다도 주체에 밀착해 있다고 할 수 있을 것이다. 하지만 외부 세력이 인격 내부로 침입하지 않는 경우에도 이와 유사한 형태로 우울감이 일어날 수 있다. 당사자가 사랑하고 소유하는 외부 환경이나 대상, 타인 등은 그의 일부나 다름없으며, 사실상 넓은 의미의 주체 자체이기 때문이다. 그러므로 만일 이런 외적 대상들 중 하나가 손실된다면, 주체의 의지가 습관적으로 옮겨 다니며 만족을 얻어내던 관심의 경로에 구멍이 난 것과도 같은 상황이 조성될 것이고, 따라서 주체의 의지는 그 지점에 다다를 때마다 외부로 흘러 나가면서 우울감을 일으키게 될 것이다. 의지의 습관적 움직임을 받아 줄 대상이 없기 때문이다.

그렇지만 이처럼 사랑의 대상을 상실한 것으로부터 일어나는 우울감이 항상 환경의 강압에 의해서만 촉발된다고 보기는 힘들 듯하다. 왜냐하면 시간이 지남에 따라 그 대상으로 향하던 의지를 거두어들여 다른 대상으로 대체해 나감으로써 의지의 습관을 바꾸는 것이 보통이며, 또한 정상적인 반응이기 때문이다. 그러므로 상실된 대상으로 의지를 향하는 행위가 지나친 것이 되는 시점부터는 그 우울감이 자기 파괴적 속성을 지니게 된다고 봐야 할 것이다.

이와 같은 중간 단계를 매개로 해서 이제 당사자가 참여하는 가운데 우울감이 일어나는 경우를 살펴보기로 하자. 여기서 우울감 발생 과정에 참여한다는 것은 당면한 현실과 공존 불가능한 어떤 이상향을 향해 의지가 흘러넘치도록 조장한다는 것을 의미한다. 즉, 이 경우에는 현실이 들이닥쳐 의지를 가격하는 것이 아니라 의지가 먼저 현실의 경계를 넘어가려다 허공으로 흩어져버리고 만다. 의지가 스스로 소멸을 자초하는 것이다. 이런 식으로 우울감이 일어나려면 분명 어떤 식으로든 인식이 손상되거나 제한을 받아야만 할 것이다. 왜냐하면 결국 포기할 수밖에 없는 의지를 자발적으로 일으킨다는 것 자체가 이미 명백한 자기 파괴 행위이기 때문이다. 인식 상태가 온전하다면 자신의 일부를 내버리는 것이나 다름없는 행위를 결코 하지 않을 것이다.

그렇다면 인식의 손상이나 제한은 대체 어떤 식으로 일어나는 것일까? 그것은 크게 두 가지 형태로 나눠볼 수 있다. 그중 하나는 주체의 의식이 의지나 욕망으로부터 괴리되는 경우이고, 또 다른 하나는 의지의 대상 자체가 지닌 속성상 시야가 한정될 수밖에 없는 경우이다. 하지만 이 가운데 두 번째 형태는 사실상 첫 번째 형태가 외부로 전개된 것에 지나지 않으므로, 여기서는 더 근본적인 첫 번째 상황에 중점을 두어 설명하려 한다.

그럼 먼저 의식 자체의 기능과 특성부터 살펴보기로 하자. 이를 위해 일단 이 의식이란 것에 관심을 기울여보면, 대상을 비추어 그 모습을 드러내는 것이 그 주된 기능이라는 점을 알 수 있을 것이다. 이 과정을 통해 대상의 인상 자체를 향유하거나, 아니면 그 인식 내용을 바탕으로 앞으로의 행동 방향을 결정하는 것, 그것이 의식의 가장 기본적인 기능이다. 온갖 형태의 감정 경험과 사고 작용도 대상을 밝히는 의식의 기본 작용을 바탕으로 해서만 촉발될 수 있다. 그런데 여기서 중요한 것은 이런 인식에도 깊이 혹은 범위가 있다는 사실이다. 동일한 대상이라 하더라도 당사자가 기울이는 관심의 강도에 따라 전혀 다른 모습으로 인식될 수 있다. 예컨대 부주의한 의식이라면 오직 대상의 외관이나 명칭만을 드러낸 뒤, 그 인상에 대해 지극히 습관적이고 제한된 행동 양식으로 대응하겠지만, 주의 깊은 의식이라면 그 대상과 주변 여건의 관계나 대상에 내재된 시간적 전개 양상 등을 하나의 인상에 포괄해냄으로써 가능한 반응의 폭을 훨씬 더 넓힐 수 있을 것이다.

인식의 정도에 따른 이와 같은 차이는 당사자가 현실과 조화되지 못하는 욕망의 대상과 관계 맺는 상황에서 특히 두드러진다. 보통 이런 상황에서는 대상과 최초로 접촉하는 의식이 욕망의 대상만을 제한적으로 드러냄으로써 일단 주체의 욕구를 순간적으로 자극한다. 하지만 곧이어 그 방향으로 관심이 모여들어 의식의 강도와 범위가 커지면, 의식은 욕구 충족의 부적절성을 지시하는 공간적, 시간적 배경을 드러냄으로써 욕망이 더는 일어나지 못하도록 제어하는 기능을 수행하기 시작한다. 결국, 동일한 의식이 그 밝기 차이에 따라 욕망을 일으키기도 하고 통제하기도 하는 것이다. 그러므로 이처럼 욕망과 현실이 대립하는 상황에서 의식의 기능을 고려할 때는 의식을 두 부분으로, 즉 욕망에 밀착하여 방향성을 제시하는 하부 의식과 그 위를 덮어 욕망이 현실성을 무시하고 치솟지 못하도록 보호하는 상부 의식으로 편의상 나누어 생각해볼 수 있을 것이다.

그런데 이 같은 의식의 두 기능은 충분한 강도를 지닌 의식이 대상을 중심으로 인식을 확산하는 방식으로 대상과 환경 전체를 포괄하여 인식하는 경우에만 제대로 작용할 수 있다. 만일 어떤 이유로든 욕망의 대상에 대한 인식과 현실 인식이 분열된다면, 이 두 기능이 조화를 이루지 못한 상태에서 개별적으로 영향력을 행사하는 결과가 초래되어 기능에 장애를 일으키고 말 것이다. 이와 같은 인식의 분열은 당사자의 의식이 현실적 문제에 너무 얽매여 의지나 욕망 또는 몸의 필요를 지나치게 경시하는 경우에 주로 발생한다. 다소 역설적으로 들릴지 모르지만, 이런 상황에서는 의식이 관심을 기울이는 대상과 욕망이 관심을 기울이는 대상이 다르기 때문에, 욕망이 인식 범위에 들어온 특정 대상이나 인식 내용에 의해 환기된 심상 등에 자극되어 뻗어나간다 하더라도, 주체의 의식이 거기 동참하기를 거부할 수 있다. 즉, 의식은 아마도 지금 자신이 얽매여 있는 현실에 대한 인식만을 고집함으로써, 그 욕망이 혼자 빠져나가도록 내버려 둘 것이다. 그러니까 이 경우에는 현실 인식이 욕망과 괴리된 채 욕망의 저변부에 놓여 있기 때문에, 욕망을 보호하기는커녕 절단하는 기능을 수행하게 되는 것이다.

하지만 물론, 당사자가 욕망이 일어난 방향으로 관심을 기울일 수만 있었더라면, 다시 말해 본능의 필요를 무시할 만큼 의식적 현실에 얽매이지만 않았더라면, 이처럼 욕망의 돌출과 절단이 양극화되는 일은 일어나지 않았을 것이다. 현실 인식이 욕망의 대상에 대한 인식 주변으로 확산되는 상황에서는, 첨부된 의식이 욕망에 방향성을 제시하는 의식의 상부를 감싸면서 그 의식과 일체를 이룰 것이고, 이렇게 해서 의식이 통합되고 나면 통합된 의식은 욕망에 대한 자극과 제어 기능을 동시에 수행하면서 욕망의 수위를 적절히 조절할 것이기 때문이다.

그렇다면 의식이 의지나 욕망의 필요를 경시할 정도로 현실에 얽매이는 상황에는 어떤 것들이 있을까? 우선 가장 일상적이고 평범한 예로서, 과중한 과제나 일 따위에 짓눌려 행동의 자유를 심하게 제한당하는 경우를 생각해볼 수 있다. 이 같은 환경 여건에서는 우울감이 자극될 가능성이 상당히 높을 것이다. 이렇게, 당사자의 의식이 현실의 요구를 떠맡았음에도 그의 의지와 욕망이 그 결정에 동의하지 못하는 경우에는, 내적으로 욕구 불만이 쌓이기 쉬울 것이고, 이런 과정을 통해 욕망이 강화되면 그 욕망은 점차 의식의 태도로부터 괴리되면서 탈출구를 모색하기 시작할 것이기 때문이다. 만일 이런 상황에서 인식 범위 안에 욕망을 자극하는 대상이 들어오거나, 아니면 욕망의 힘에 영향을 받은 당사자가 잠시 방심한 채 그 욕망과 연관된 공상을 품는다면, 안에서 불만족으로 들끓던 욕망은 그 순간을 놓치지 않고 그 인식의 통로를 향해 당장 치고 나갈 것이다. 하지만 현실적 요구에만 몰두하는 주체의 의식은 곧이어 현실을 인식하고 그 문을 닫아버림으로써 자신의 일부인 욕망을 스스로 포기한 것과도 같은 상황에 처하게 될 것이다. 과중한 심적 부담이 우울감을 일으키기도 하는 것은 바로 이 같은 사정 때문이다.

이 예는 활동 영역의 제한이라는 좀 더 일반적인 상황으로 자연스럽게 확장될 수 있다. 주체가 자신의 활동 범위를 자발적으로 제한하는 경우라면 예외이겠지만, 그러지 않으면, 이 경우에도 역시 의지나 욕망에 대한 통제력이 손상되기 쉬울 것이다. 현실의 강압이나 의식의 독단적 결정에 의해 의지의 행동 가능 범위가 평소 습관적으로 옮겨 다니던 영역 안쪽으로 제한된다면, 만족스럽지 못한 현 상황에 대한 반작용으로 현실 도피와 연관된 온갖 종류의 욕망들에 힘이 실리게 될 것이기 때문이다. 말하자면, 활력과 만족을 길어 올리던 원천들과 부분적으로 단절되면서 더는 욕망에 대한 지배권을 행사할 수 없게 되는 것이다. 이렇게 의식과 욕망 사이에 힘의 불균형 상태가 조성된다면, 주도적 의식이 사로잡혀 있는 현실의 주변부를 향해, 즉 의지가 차지하고 있던 기존의 영역을 향해 욕망이 범람하듯 흘러 나가게 될 것이다. 이 상황은 마치 더는 만족을 제공할 수 없게 된 집단으로부터 구성원들이 이탈해 나가는 것과도 같다.*

그렇다면 사랑의 대상을 상실하고 난 뒤 우울감이 비정상적으로 지속되는 경우는 어떨까? 이 경우에도 이 기본 원리를 적용할 수 있는 것일까? 아마도 그럴 것이다. 여기서도 결국 사정은 마찬가지라 할 수 있을 것이다. 당사자가 상실된 대상으로 향하는 의지의 육체적이고 본능적인 측면을 배려하지 않고 대상으로부터

---

* 욕구 불만이 심화되어 욕망의 강도가 거세지면 거세질수록 현실에 몰두하는 당사자의 시야는 좁아지게 될 것이다. 욕망으로 관심이 분산되어 전체적인 의식의 강도가 낮아질 것이기 때문이다. 이렇게 되면 상황을 하나로 포괄해내는 능력이 저하되어 모순을 판단하는 의식의 기준 역시 엄격해지게 될 것이다. 작은 어긋남조차 조화시키지 못한 채 공존 불가능한 것으로 간주하게 되는 것이다.

다른 한편, 강도 증가에 의해 욕망에 맹목적인 성질이 배어들면 배어들수록, 그 욕망은 자신이 추구하는 대상의 현실성을 무시하게 될 것이다. 그것은 만족을 약속하는 대상들을 향해 절박하게 치고 나가려 할 것이고, 결국에 가서는 현실과 공존 불가능한 대상마저 추구하게 될 것이다.

의식과 의지의 괴리에서 비롯되는 이 두 과정은 합세하여 포기 성향을 크게 키울 것이다. 이 둘은 사실 서로를 촉진하면서 완전히 동시에 일어나는 하나의 과정이기 때문이다.

의식을 강압적으로 철회하여 현실에 고정시킨다면, 의식과 괴리된 채 여전히 대상을 추구하는 욕망이 다소간 독자적으로 활동하면서 주체의 관심 영역 외부로 빠져나가려 할 것이기 때문이다. 다시 말해, 충족되지 못한 주체의 욕망이 상실된 사랑의 대상과 연상에 의해 연결된 온갖 인식 대상들을 향해 발작적으로 치솟지만, 현실에 얽매여 욕망의 필요를 잊어버린 주체의 의식이 즉시 현실을 향해 관심을 철회함으로써 그 욕망이 새어 나가도록 방치하는 것이다. 이런 상황에서 욕망과의 소통을 계속 등한시하거나 대체 만족 대상을 찾지 않는다면, 다시 말해 어떤 식으로든 괴리된 욕망을 달래지 못한다면, 찰나의 만족을 좇아 죽음을 택하는 이 의지의 흐름도 계속해서 이어질 수밖에 없을 것이다. 욕망을 가라앉혀 시야를 넓히지 않는 한, 포기는 중단되지 않을 것이기 때문이다.

그러면 이제 대상의 속성 자체에 의해 인식이 제한되는 상황을 간단히 살펴보기로 하자. 여기서 대상에 의해 인식이 제한되는 상황이란, 다름이 아니라 그 대상에 내재된 풍부한 가능성으로 인해 당사자가 일으킨 의지의 운명이 불확실해지는 경우를 말한다. 예를 들어, 어떤 목표를 달성하기 위해 노력하는 경우에는 자기가 그것을 정말로 실현할 수 있는지 여부가 불확실할 것이고, 누군가에게 구애를 하는 경우에는 자신의 사랑을 상대가 받아줄 것인지 여부가 불확실할 것이다. 의지를 일으킨 대상의 성질이 아직 고정되지 않았기 때문이다.* 이 같은 상황에서는 당사자의 의식 상태가 온전하다 하더라도 시야의 전체성이 손상을 당할 수밖에 없을 것이다. 그 대상들의 시간적 전개 양상을 정확히 예측해낸다는 건 불가능한 일이기 때문이다.

하지만 그렇다 하더라도 아예 시도 자체를 포기할 수는 없는 노릇이다. 아무 위험도 감수하지 않으면 아무 일도 이루어지지 않기 때문이다. 따라서 당사자 입장에서는 어쨌든 그 대상을 향해 자신의 의지를 내맡길 수밖에 없을 것이다. 그런데 여기서 문제는 시도를 하는 당사자가 결과에 지나친 기대를 품기도 한다는 점이다. 아마 자신의 능력을 과신했거나 대상의 겉모습만 보고 섣불리 판단했기 때문일 것이다. 이런 경우에는 모든 불확실성을 무시한 채 미래의 가능성을 향해 자신의 의지를 과도하게 내맡기기 쉽다. 그 의지가 보존될 것이라 확신하기 때문이다. 하지만 물론 당사자는 목표 달성에 실패할 수 있고, 상대로부터 거절당할 수도 있다. 따라서 이런 일이 벌어진다면 그는 마치 내면의 현실이나 상대방의 판단에 의해 의지를 절단당한 것과도 같은 상황에 처하게 될 것이다. 그러니까 여기서는 비결정적 성질을 지닌 의지의 대상이, 자기 고유의 매혹으로 주체의 의지를 일으키는 동시에 그 의지의 현실화에 동참하기를 거부하기도 하는, 이중의 역할을 담당하게 되는

---

* 첫 번째 사례에서 의지의 대상에 해당하는 것은 외적 목표 자체가 아니라 그 목표의 달성이라는 주관적 심상이다. 이 대상 속에는 주체 자신의 인격도 포함된다.

것이다.

그런데 이 같은 대상의 역할을 주의해서 보면, 그것이 앞서 말한 의식의 두 기능과 매우 유사하다는 점을 발견할 수 있을 것이다. 욕구를 자극하며 방향성을 제시하는 의식의 측면은 대상의 외적 매혹에, 그리고 욕구의 현실성을 부정하는 의식의 측면은 대상의 내적 실상에 각각 대응시킬 수 있기 때문이다. 그러므로 이런 상황은 당사자의 내면에서 일어나던 의식과 욕구의 괴리 과정과 그 작용 양상이 대상과 맺는 관계 영역으로까지 확장되어 나온 경우로 볼 수 있을 것이다.

인 식 의   황 폐 화

　　　　　　　　　　　　　　　다음으로 우울감에 동반되는 인식 내용의 성질에 관심을 기울여보기로 하자. 잘 알다시피, 우울감을 느끼는 상황에서는 세상 모든 것을 부정적인 시선으로만 바라보게 된다. 눈에 들어오는 인식 대상들은 마치 모든 가치가 증발해버리기라도 한 듯 무의미하거나 한없이 초라하게만 느껴지고, 가끔씩은 현재의 상태가 그 대상의 실제 모습 아닐까 하는 생각마저 하게 된다. 한마디로 인식 전체가 극도로 황폐해지는 것이다. 하지만 정작 이 상태에 빠진 당사자 입장에서는 이런 인식의 정당성을 의심하기가 상당히 힘들다. 그 느낌이 저항하기 힘든 설득력으로 자신의 진실성을 주장하기 때문이다. 물론 그 순간이 지나고 나서 나중에 돌이켜보면, 어떻게 그토록 편향된 관점을 현실로 느꼈는지 안도감 뒤섞인 흥미를 조금 느끼게 되는 경우도 있지만, 적어도 우울감에 사로잡힌 순간만큼은 그러한 인식을 현실로, 그것도 꽤나 견고한 현실로 간주하기 쉽다. 하지만 그뿐만이 아니다. 우울감에 뒤덮인 이 인식 대상은 자신의 주변부에 질적으로 퇴보를 거듭하는 듯한 동적 인상을 불러일으킴으로써 불쾌감을 배가하기까지 한다. 마치 서서히 생명력을 상실하는 대상이 녹스는 냄새를 풍기기라도 하는 듯한 기분이다. 그렇다면 우울한 상태에서는 대체 왜 이런 식으로 느끼고 생각하게 되는 것일까? 이 의문에 답하려면 먼저 우울감의 유발 과정을 되짚어볼 필요가 있을 것이다.

앞서 말했듯이 우울감이란 감정은 모순되는 현실과 충돌하며 붕괴하는 의지로부터 비롯된다. 이상적이라 여기는 대상을 향해 들어 올린 의지나 욕망이 그것과 정반대되는 성질의 현실에 의해 좌절당할 때 일어나는 감정, 그것이 바로 우울감이다. 따라서 우울감이 유발되는 순간에는 반드시 극적인 인식상의 대비가 있다고 할 수 있을 것이다. 이상을 향하던 시선이 현실로 고정됨과 동시에 촉발되는 정서이기 때문이다. 지금까지는 이런 측면을 강조하지 않았지만, 이제부터는 이 점에 특히 주목할 필요가 있다. 이 단순한 사실이 우울한 상태의 인식을 해명해내는 실마리가 되어주기 때문이다. 그런데 사실 인식의 영역에서 일어나는 이 대비의 효과에 대해서는 열등감을 다루면서 이미 살펴보았다. 간단히 반복하자면 대비는 매혹의 반작용으로 일어난 섬세한 형태의 거부감으로 인식을 뒤덮음으로써, 상대적으로 열세에 놓인 대상의 가치를 현실 아래로까지 추락시키는 경향이 있다. 따라서 우울감을 느끼는 상황에서 인식 내용의 가치가 저하되는 현상도, 일단 이상과 현실의 이 같은 대조를 통해 설명해낼 수 있을 것이다. 결국, 생기 있고 화려한 대상과의 대조 없이는 현실을 황폐하거나 초라하게 인식할 수도 없는 것이다.

여기까지는 아무런 어려움도 없을 것이다. 기존의 내용들을 재배열한 것이 전부이기 때문이다. 하지만 우울한 인식이 지니는 설득력을 해명해내려면, 현실이라는 것의 기준이 무엇인지 탐색하는 수고를 하는 수밖에 없다. 우울감에 빠진 사람은 온갖 비관적인 생각을 다 늘어놓으면서 그것이야말로 현실적인 것이라고 생각하기 때문이다.* 그러니 잠시 멈춰 서서 현실성을 결정짓는 것이 무엇인지 한번 자문해보기 바란다. 그러면 아마도 처음에는 기억의 연속성이나 일관성 같은 관념들을 떠올리게 될 것이다. 하지만 그런 요인들의 근거를 계속해서 추적해 나가다 보면, 결국에 가서는

---

* 진리의 전통들도 세상의 가치를 부정하거나 제한한다. 하지만 이런 입장은 우울한 상태에서 취하게 되는 염세적 세계관과 분명히 구분되어야 한다. 완전히 다른 상태에서 하는 말이기 때문이다. 하지만 경박하게 들뜬 낙천성을 옹호할 생각은 조금도 없다. 그것도 치우친 건 마찬가지이기 때문이다.
아마도 고도로 균형 잡힌 평정 상태에서는 세상의 가장 큰 향락조차 번잡스럽게만 느껴질 것이다. 쾌락에 수반되는 온갖 잡다한 일들까지 함께 인식되기 때문이다. 극과 극이 통한다는 말은 여기에도 그대로 적용된다.

그것이 다름 아닌 이 몸이라는 결론을 내리게 될 것이다. 기억의 연속성과 일관성을 보장하는 것도 결국 몸 자체이기 때문이다. 그러므로 여기 놓인 이 몸이야말로 상대적 현실의 기준이라고 단정지어도 좋을 것이다. 모든 경험 기억이 그것을 중심으로 배열되기 때문이다. 몸은 마치 주관적 기억의 총체와 눈앞의 현실을 연결시켜주는 매듭과도 같다.

그렇다면 우울감은 대체 왜 현실성의 기준을 변화시키는 것일까? 그것은 한마디로 우울이란 감정이 의지의 유출 그 자체이기 때문이다. 몸과 뚜렷한 경계를 형성하지 않는 의지, 바로 그것이 빠져나가니 현실을 판단하는 기준도 함께 낮아질 수밖에 없는 것이다. 그 의지가 다시 충전되지 않는 한, 당사자 입장에서는 결핍된 내면 상태를 반영하는 대상들만을 현실적인 것으로 느끼게 될 것이다.

그런데 여기서 흥미로운 것은 우울감의 상황에서 위의 두 원리가 완전히 하나로 통합된다는 사실이다. 다시 말해, 우울한 상태에서는 인식상의 대비에 의한 가치 저하 현상과 의지의 유실에 의한 현실 기준 변화가 완전히 동시에 일어난다. 의지의 움직임과 대상 인식이 서로를 그대로 반영하기 때문이다. 이건 또 무슨 소릴까? 아마도 상황을 뒤집어놓고 생각해보면 그 의미가 좀 더 분명해질 것이다. 예를 들어, 당사자가 소중히 여기는 객관적 대상이 실제로 질적 퇴보를 거듭한다고 해보자. 그 대상은 점진적으로 붕괴하면서 기존에 지녔던 가치를 차례로 상실해 나간다. 그러면 그 현상을 목격하는 주체의 내면에서는 기대와 포기라는 과정이 끊임없이 연쇄적으로 일어나며 의지가 흘러 나가게 될 것이다. 대상에 대한 인식 위에 의지를 내려놓으려 하지만, 인식이 계속해서 후퇴를 거듭하며 의지를 받아주지 않기 때문이다. 말하자면, 여기서는 인식의 대비라는 현상이 의지의 축을 따라 지속적으로 유발되는 것이다.

이 같은 상황은 인식과 의지의 관계를 완벽히 드러내준다고 할 수 있다. 끊임없이 퇴보를 거듭하는 인식이 의지의 차원에서 무엇을 의미하는지 분명히 밝혀주기 때문이다. 그것은 소실되는 의지의 움직임이 온전히 인식으로 전환될 경우 어떤 모습을 드러낼지 예측할 수 있도록 해준다.

이런 점들을 감안해보면 우울감을 느끼는 당사자가 왜 실제로는 아무 변화도 없는 대상을 보면서 질적 퇴보와 연관된 인상을 받는지 이해할 수 있을 것이다. 그것은 한마디로 흘러 나가며 소멸되는 의지의 움직임이 가치의 저하라는 정신적 인상을 환기하기 때문이다. 하지만 주체의 관심이 눈앞의 현실적 대상에 고정되어 있을 경우에는 그 인상이 오직 느낌의 형태만을 취하게 될 것이다. 그리고 이 같은 상황은 인식의 측면에서 일어나던 대비 효과가 의지의 차원으로까지 확장된 경우로 볼 수 있을 것이다. 상반된 의지의 태도인 기대와 실망의 대비 효과가 지속적으로 빠져나가며 소멸되는 느낌이란 형태로 정신적 인식 위에 첨부되기 때문이다. 하지만 당사자가 소멸되는 의지의 영향을 받아 구체적 인식으로부터 연상의 영역으로 빨려 들어간다면, 느낌에 불과했던 질적 퇴보가 그의 눈앞에 영상과 언어, 의미 등의 형태로 전개되어 나타나게 될 것이고, 나아가 이러한 인식의 흐름에 휩쓸린 주체가 그 인상들을 바탕 삼아 좀 더 적극적으로 연상을 늘어놓는다면, 최초의 대상과 완전히 동떨어진 인식 내용들에까지 가치의 저하라는 의지의 특성이 배어들게 될 것이다. 아마도 우울감에 종종 동반되는 비관적 사고는 바로 이런 식으로 설명해낼 수 있을 것이다.

이제 잠시 멈춰 서서 이런 식의 설명이 경험을 과연 제대로 반영하는 것인지 돌이켜보기로 하자. 그러면 우울감을 겪는 상황이라고 해서 모든 대상이 다 황폐하게 인식되는 것은 결코 아니라는 점을 확인해볼 수 있을 것이다. 사실 우울감과 직접 연관성을 맺는 대상들은 오직 소수에 지나지 않으며, 나머지는 그저 기분이 좀 침체된 상태에서 인식했다는 점만 제외하면 평소 모습과 별다를 바 없는 현실적 대상들이다. 특정 대상이 우울감과 밀접하게 연결되려면 그 대상에 대한 인식이 현재의 기분을 조금이라도 낫게 해줄지 모른다는 식의 막연한 기대가 반드시 선행되어야 한다. 이 기대는 이전의 상태를 회복하려는 욕망에 떠밀려 품게 된 맹목적 기대로서, 제대로 의식되지는 않지만 우울감이 대상 위에 자리 잡는 과정에서 항상 발견되는 필수 조건이다. 우울감 특유의 인식 작용이 일어난 시점 직전의 심리 상태를 점검해보면 이 사실을 실제로 확인해볼 수 있을 것이다.

 그러므로 우울감과 연계되는 이 대상은 단순히 우울감이라는 정감이 자리 잡을 지점을 마련해주는 데서 그치는 것이 아니라 서서히 약화되어 가던 우울감에 새로운 자양분, 부정적 의미의 자양분을 공급함으로써 우울감의 지속 기간을 연장하는 역할까지 더불어 수행한다고 할 수 있을 것이다. 막연한 기대의 형태로 대상 인식에 선행하는 회복 의지가 현실과 접촉하는 순간 붕괴되면서 우울감을 재활성화하기 때문이다. 여기서 말하는 회복 의지란 것이, 불만족스러운 상황에 대한 반작용으로 일어난 일종의 욕망인 만큼 어떤 절박성을 띠기 쉽고, 따라서 비현실적 기대의 형태로 부풀어 오르기도 쉽다는 점을 감안해보면, 현실에 대한 의지의 취약성은 충분히 이해할 수 있을 것이다. 어쨌든 이 같은 과정을 전체적으로 보면, 최초의 대상으로부터 촉발된 우울감이 빗나간 회복 의지 또는 성급한 회복 의지를 매개로 해서 다른 대상 위에서 그 발생 과정을 반복하고, 이를 통해 스스로를 유지해 나아가는 모습이 눈에 들어올 것이다.

 그런데 여기서 주목할 점은 이 같은 반복이 인식과 의지의 순서를 뒤바꿔놓음으로써 결국 주체의 현실 지각을 왜곡한다는 사실이다. 가령, 누군가가 기대했던 일이 좌절되어 우울감에 빠지게 되었다고 해보자. 그는 우울감의 원인으로 작용한 것이 현실적 좌절임을 잘 안다. 하지만 우울감이 지속됨에 따라 이 사실을 점차 잊어버리다가, 결국에는 완전히 망각하고 만다. 우울감에 동반되기 쉬운 비현실적 회복 의지에 떠밀려, 평소 같았더라면 아무렇지도 않았을 대상을 황폐하게 인식하고는 그 인식 때문에 우울해진 것으로 생각하는 것이다. 하지만 이 경우에는 우울하기 때문에 그렇게 인식할 수밖에 없었다는 것이 진실이다. 최초의 좌절로 인해 우울해지지 않았더라면 대상을 향한 절박한 기대를 일으키지도 않았을 것이기 때문이다. 물론 그 인식으로 인해 우울감에 다시 힘이 실린 것은 사실이지만, 그런 식으로 인식하도록 조건을 형성한 것은 소멸 과정을 거치던 기존의 우울감이므로, 이 선행된 우울감을 인식과 느낌 모두의 본질적 원인으로 간주하는 것이 마땅할 것이다.

비현실적 회복 의지가 대상 인식에 미치는 이 같은 영향은 우울감에 빠진 주체의 자기 인식에도 그대로 적용할 수 있다. 우울감을 경험하는 상황에서 주변 세상이 평소보다 도리어 더 화려해 보이고 자신은 한없이 초라하게 느껴지는 경우는, 얼핏 보면 지금까지의 설명에 정면으로 반하는 것처럼 보이지만 사실 원리 자체는 근본적으로 동일하다. 다만 이 경우 다른 점이 있다면, 앞서 회복 의지라 표현한 일종의 욕구가 당사자의 의식으로부터 더 심하게 괴리되어 있기 때문에, 그 욕구가 추구하는 대상과 주체가 인식하는 현실 사이의 간극도 그만큼 더 넓다는 사실이다. 즉 외부 대상의 황폐화가 일어나는 상황에서는 대상에 대한 공상적 기대가 실제 대상 인식에 충돌하여 흩어지면서 현실적 대상 인식을 흐려놓지만, 이 경우에는 심하게 괴리된 욕망이 만족의 대상을 찾아 자아 영역을 한정 짓는 의식의 통제 범위 밖으로까지 뻗어 나가기 때문에,* 그 욕구의 포기에서 비롯된 의지의 잔해가 주체의 자아 인식을 흐려놓게 되는 것이다. 따라서 자기 인식이 저하되는 이 같은 과정은, 대상에 대한 공상적 인식과 현실적 인식 간의 대립이, 욕구의 영향을 받아 화려해진 외부 현실과 이에 대한 대비 효과로 초라하게 인식되는 자신의 모습 간의 대립으로까지 확대된 경우로 볼 수 있을 것이다.

이로써 우울감이란 감정의 윤곽이 어느 정도 잡혔을 것으로 믿는다. 그러니 이제 우울감과 밀접하게 연관된 감정인 슬픔에 관심을 기울여보기로 하자.

사 랑 의 혼 입

슬픔은 우울감과 거의 비슷한 것으로 생각하기 쉽다. 하지만 사실 그 안에는 우울감과 상반된다고까지 말할 수 있는 원리 하나가 내포되어 있다. 실제로 슬픔을 느꼈던 상황을 돌이켜보면 우울감에서는 찾아볼 수 없는

---

* 기분을 낮게 해주는 대상 인식은 자아의 반영으로서 자아를 고양시켜주는 것이어야 한다. 괴리가 심하지 않은 경우에는 욕망이 이 사실을 망각하지 않으며, 따라서 자아 영역 내부에서 대상을 찾는다. 하지만 괴리가 심화되어 욕망이 맹목적 성질을 띠게 되면, 그 욕망은 자신의 소속마저 잊어버린 채 자아의 영역 밖으로, 즉 다른 자아의 영역으로까지 치고 나가게 된다.

어떤 요인이 우울이라는 기본 정서에 녹아 들어가 있다는 느낌을 받을 수 있을 것이다. 이 요인이 일으키는 느낌은 불쾌하기는커녕 어떤 위안을 가져다주며, 때에 따라서는 상당한 충족감을 안겨주기까지 한다. 그것이 구체적으로 무엇인지는 상황에 따라 다소 차이가 나겠지만 슬픔이란 감정은 거의 대부분이 사랑하는 대상을 잃게 된 상황과 연관되므로, 여기서는 그 요인을 단순히 사랑이라 부르려 한다. 이 사랑은 상실의 고통을 매개로 하여 뒤늦게 일깨워진 것으로서 눈앞의 대상에 대한 직접적 사랑과 발생 환경이 다르기는 하지만, 느낌 자체만 놓고 본다면 현실의 사랑과 질적으로 다를 바가 없는 실제적 사랑이다. 사랑이란 감정이 둘도 없는 정신적 양분 역할을 한다는 점을 감안해보면 슬픔이 보기보다 역설적인 정서임을 알 수 있을 것이다.

그렇다면 슬픔에 내재된 이 사랑이 상실이나 이별의 상황에서 갑작스럽게 환기되는 이유는 무엇일까? 아마도 이 의문은 상대를 향한 관심의 강도와 깊이라는 측면에 중심을 두고 생각해보면 어렵지 않게 해소할 수 있을 것이다. 보통 누군가와 함께 지내는 동안에는 상대방에게 충분한 관심을 기울이기가 어렵다. 일상에서는 관심이 한곳에 온전히 모아지기보다는 이곳저곳 분산되어 있는 것이 보통이고, 따라서 상대방으로 향하는 관심도 제한받을 수밖에 없기 때문이다. 그래서인지 평소에는 상대를 향한 사랑의 감정이 일상의 익숙함에 파묻혀 제대로 모습을 드러내지 못한다. 하지만 상실이나 이별의 충격은 이 익숙함이란 장막을 단번에 걷어버린다. 상실이나 이별은 일상으로 향하던 모든 관심을 거두어들여 상실의 대상으로 향하게 함으로써 평소에 인식하지 못했던 대상의 본질적 가치를 주체에게 드러내 보인다. 모이면 모일수록 투과성이 높아지는 것이 관심이란 것의 본성이기 때문이다. 따라서 상실과 이별의 순간에 평소보다 강도 높은 사랑의 느낌을 경험하게 되는 것도 바로 이 같은 관심의 집중과 침투 때문이라고 할 수 있을 것이다.

그런데 슬픔에 내재된 사랑의 대상에는 특이한 점이 하나 있다. 그것은 다름이 아니라 그 대상이 현실에 실재하는 대상이 아니기 때문에 당사자에게 사랑의 느낌뿐 아니라 이 같은 비현실성의 인식도 더불어 전달한다는 점이다. 따라서 주체 입장에서는 대상의 부재와 관련된 인식이 배어든 정도만큼 그 대상으로 향하던 의지를 포기함으로써 정신력의 유실을 일으킬 수밖에 없을 것이다. 그러니까 이 경우 슬픔의 대상은 고조된 관심의 도움을 받아 의지를 길어 올릴 수 있도록 하는 원천이 되어주기도 하지만, 동시에 그 비현실성을 의식하고 의지를 흘려보내는 통로로 작용하기도 하는 것이다. 그러므로 이제부터는 이 슬픔이란 감정을 의지의 충전과 유실이란 관점에서 바라볼 수 있을 것이다. 대상에 대한 사랑으로 몰입하는 관심의 측면과 그 주도적 관심 주변에 모호하게 퍼진 현실성 인식이 서로 상반되는 의지의 흐름을 일으킴으로써 유발되는 복합적 감정 상태, 그것이 바로 슬픔인 것이다.

그렇지만 슬픔에 내재된 이 사랑이 단순히 소실된 의지를 재충

전해주는 역할만 하는 것은 아니다. 사랑의 느낌은 대상으로 향하는 욕망의 측면을 달래어 거두어들이는 역할까지 더불어 수행한다. 어째서 그런 것일까? 아마도 만족감이 욕망에 미치는 영향력을 떠올려보면 이 같은 사랑의 기능을 이해하는 데 도움이 될 것이다. 실제로 경험을 돌이켜보면, 만족감이 대상으로부터 욕망이 떨어져 나오도록 돕는다는 점을 발견할 수 있을 것이다. 비록 일시적이긴 하지만 만족감은 대상을 향한 욕망을 크게 누그러뜨려준다. 이는 아마도 대상을 향해 이미 일어난 욕망의 측면은 만족감이란 느낌으로 소진되고, 욕망을 자극하는 인식 내용은 만족감에 젖어 본연의 성질을 상실해버리기 때문일 것이다. 그런데 슬픔의 상황에서는 사랑의 감정이 바로 이 만족감과 같은 작용을 한다. 즉, 그것은 대상을 부여잡으려고 치솟는 욕망을 부분적으로 충족시킴으로써 그 욕망이 가라앉도록 돕는다. 끈적거리는 욕망을 녹여냄으로써 그것이 집착으로 변질되지 않도록 해주는 것이다.

일상적인 슬픔 상황에 극적인 성질이 배어드는 것도 바로 이 같은 사랑의 기능 덕택이다. 사랑은 슬픔에 빠진 사람이 취하는 극적 행동에 어떤 원동력 또는 동인을 제공해준다. 의지의 움직임이 행동의 내적 근거로 작용하는 것이다. 따라서 이 과정에 대한 철저한 해명은 슬픔에 내재된 기본 원리에 든든한 경험적 기반을 제공해줄 것이다. 하지만 이 작업은 그리 간단치가 못하다. 그 관계 방식을 제대로 드러내려면 먼저 하나의 시각상부터 동원할 필요가 있다.

우선 머릿속에 아래, 위 두 갈래로 갈라진 나뭇가지 하나를 떠올려보기 바란다. 이 둘 중 아래쪽 가지는 현실의 영역을 나타내는 것으로서, 현실로 향하는 주체의 관심과 거기 수반되는 의지가 이 가지를 타고 흐른다. 반면, 위쪽 가지는 회상의 영역을 나타내는 것으로서, 상실의 대상으로 향하는 관심과 의지는 이 가지를 통해 흘러 나간다. 주체의 관심, 즉 의식과 그에 상응하는 의지는 서로 일체를 이루기를 지향하며 이 양 가지를 향해 동시에 뻗어 나가는데, 그 길이에 한계가 있어 한쪽을 잡아당기면 다른 한쪽의 길이가 줄어들게 된다. 슬픔을 경험하는 상황에서는 보통 관심과 의지가 현실과 회상의 영역 양측에 어느 정도 걸쳐진 채로 있고, 또한 한 사람이 지닐 수 있는 이들 각각의 강도에도 한계가 있기 때문이다. 그뿐만 아니라 정신의 이 두 측면은 항상 일치하는 것도 아니어서, 예컨대 관심이 강압적으로 현실의 방향을 향하면 관심을 상실한 채로 회상의 영역에 홀로 남은 의지의 측면이 소실될 수도 있다. 관심이란 담지체가 벗겨져 나가는 만큼, 그 내용물이라 할 수 있는 의지의 말단부가 유실되어버리는 것이다.

하지만 의지의 참여를 결여한 채 아래쪽 가지로 뻗어 나간 관심의 측면도 온전할 수는 없을 것이다. 신체적 기반이 결여되어 있기 때문이다. 의지의 지지를 받지 못하는 그 의식은 힘없는 관심 혹은 공허한 관심에 불과할 것이다.

어쩌면 이 도식이 다소 복잡해 보일지도 모르겠다. 하지만 이보다 더 단순한 상을 제시한다는 건 사실상 불가능하다. 실제 현실

이 그렇기 때문이다. 아마도 여기에 살을 붙여 나가다 보면 그림을 이런 식으로 그린 이유를 더 잘 이해하게 될 것이다.

그러면 당사자가 상실이나 이별의 필연성을 처음으로 자각하는 순간부터 시작해보기로 하자. 우선, 이 같은 자각의 순간에는 현실로 향하던 주체의 의지와 관심이 대상을 다시 볼 수 없다는 사실에 충격을 받아 대상 기억이 위치한 회상의 영역으로 빨려 들어가게 될 것이다. 즉, 이 경우에는 정신의 끈이 위쪽으로 급격히 잡아당겨진다. 그리고 이렇게 대상 기억을 향해 집중된 정신은 순간적으로나마 다시 일깨워진 사랑을 느끼게 될 것이다. 하지만 이 느낌은 곧이어 일어나는 현실 인식에 의해 우울감과 뒤섞이면서 슬픔으로 변하게 될 것이고, 이 슬픔에 나란히 동반되는 현실 인식은 대상으로부터 관심을 거두어들일 필요성을 지시해보일 것이다. 그렇지만 현실의 요구를 좇는답시고 의지의 필요를 무작정 무시해버릴 수는 없는 노릇이다. 따라서 당사자는 슬픔의 상태에 좀 더 머물며 그 정감에 내재된 사랑을 느낌으로써, 대상을 향한 의지의 집착이 누그러지도록 조처할 것이다. 만일 이러한 애도 과정을 통해 의지가 가라앉기 시작한다면, 당사자는 그 의지가 후퇴하는 것과 보조를 맞추어 대상으로부터 관심을 거두어들임으로써 큰 고통 없이 대상과의 거리를 벌려 나갈 수 있을 것이고, 또한 이렇게 해방된 의지를 관심과 함께 아래쪽의 현실 영역으로 밀어 넣음으로써 정상적인 현실 기능을 서서히 회복해 나갈 수도 있을 것이다. 하지만 만일 대상에게서 관심을 철회하는 속도가 의지의 후퇴 속도보다 빨라져서 의지의 유실이 발생하고, 그에 따라 우울감이 일어나기 시작한다면, 그는 잠시 멈춰 서서 사랑을 환기함으로써 흘러 나간 의지를 보충하고, 이 충족감으로 의지를 달래는 과정을 거칠 것이다. 그리고 이를 통해 다시 의지가 가라앉기 시작하면 가라앉는 그만큼 고통 없이 관심을 거두어들이고, 다시 관심이 의지를 지나치면 멈춰 서서 슬픔과 사랑을 느껴 의지를 달래는 식으로 서서히 회상의 영역 깊숙이 얽매여 있던 의지와 관심을 끌어내어 현실의 영역을 향해 조금씩 밀어 넣을 것이다.

사랑을 통해 의지를 달래는 이 같은 과정은 슬픔을 경험하는 사람의 행동에 그대로 반영되어 나타난다. 예컨대, 사랑하는 두 사람이 헤어지거나 어떤 사람이 사랑의 대상을 두고 떠날 때, 그들 혹은 그는 단순히 돌아서서 제 갈 길을 가는 것이 아니라 반복적으로 멈춰 서서 뒤를 돌아보며 상대의 가치를 재음미하는 과정을 거친다. 이는 분명 그 당사자가, 앞서 묘사한 의지의 움직임을 직관적으로, 혹은 본능적으로 느끼기 때문일 것이다. 또한 이런 상실을 경험하는 사람들은 보통 상실을 받아들이고 현실로 돌아가기에 앞서 마지막으로 상대를 포옹하거나 하는 식으로 사랑의 측면을 강조하는 행동을 취하기도 하는데, 이런 행동에도 마찬가지로 슬픔에 내재된 사랑의 측면에 집중함으로써 의지를 가라앉히고, 이를 통해 본격적인 관심의 철회를 준비하는 과정으로서의 의미가 은연중에 내포되어 있을 것이다.

이쯤에서 잠시 감동이란 상태로 관심을 돌려보기 바란다. 그러면 아마도 그 상태와 극적인 성질이 가미된 슬픔 사이에 어떤 일치점이 존재한다는 사실을 발견할 수 있을 것이다. 실제로 감동의 특정한 한 유형은 사랑에 의해 고양된 슬픔과 거의 같아서 양자의 차이점을 구분해내기 힘들 정도이다. 일부 극예술 작품이나 문학 작품들을 떠올려보면 이 점이 명백해질 것이다. 잘 알다시피, 감동을 자극하는 작품들은 보통 긴 시간을 들여 사랑의 대상을 서서히 형성해내다가 어느 순간 그것을 일시에 박탈해버림으로써 감상자의 내면에 파장을 일으킨다. 그런 뒤, 감상자들이 당혹감이나 우울감에 빠지려 할 때쯤 그 사랑의 대상과 연관된 사물 등을 제시해보임으로써 고조된 관심이 흐를 수 있는 통로를 마련해준다. 말하자면 극적 수단을 동원해 관심을 집중시킨 뒤, 사랑 대상의 전 가치를 상징적으로 대변해주는 사물 등을 제시함으로써 일상에서는 잘 드러나지 않던 그 가치를 응축된 형태로 향유할 수 있도록 해주는 것이다. 그런데 여기서 감동의 매개물로 제시되는 상징적 대상이 사랑 대상의 가치뿐 아니라 그의 부재까지도 함께 환기시킨다는 점을 고려해본다면, 이 특정 형태의 감동과 슬픔 사이에 본질적인 차이가 존재하는 것은 아니라는 점을 확신할 수 있을 것이다.

그렇다면 양자를 가르는 기준은 어디에 있는 것일까? 이 의문에 대한 해답은 아마도 사랑 대상의 성질 자체에서 찾아야 할 것이다. 감동의 상황에서는 대부분 외부적이거나 새로 획득된 사랑이 포기되지만, 슬픔의 상황에서는 주로 내부적이거나 기존에 지녔던 사랑이 포기되기 때문이다. 여분의 사랑을 놓아 보내긴 쉬워도 몸의 일부를 떼어내기는 힘든 것이다.

울 음 과 고 통

어쩌면 지금까지 슬픔에 대한 설명을 읽으면서 무언가 빠져 있다는 인상을 받았을지도 모르겠다. 사실 앞선 묘사에는 슬픔에 내재된 고통의 측면이 거의 전적으로 배재되어 있다. 이렇게 치우친 관점에서 글을 전개한 것은 물론 설명의 편의를 위해서이기도 하지만 이런 식의 묘사만으로도 충분히 해명되는 상황들이 분명히 있기 때문이기도 하다. 예를 들어, 상실 경험이 지니는 정감의 비중이 크지 않거나 당사자가 상실을 미리 예측하고 심적으로 준비를 하고 있었던 경우라면 위의 설명을 그대로 적용해도 별 무리가 없을 것이다. 하지만 상실의 충격이 크거나 그 상실이 예기치 않게 찾아온 경우에는 앞서 설명한 과정 앞에 비통한 느낌이 지배하는 선행 단계를 첨부할 필요가 있을 것이다. 이 단계에서는 보통 돌연히 닥친 현실에 적응하면서 자신이 처한 상황을 이해해 나가는 과정이 진행되는데, 이같은 수용의 과정에서는 울음이란 정서적 반응이 중요한 역할을 담당한다. 즉, 이런 상황에 처한 주체는 적절한 해소 반응이 없었다면 심한 우울감으로 느껴졌을 인식과 의지의 불일치 상태를 울음이라는 수단의 도움을 받아 완화하면서 점차로 현실 인식을 심화해 나아간다. 그러다가 마침내 대상을 떠나보내야 한다는 진정한 현실 수용과 이해에 도달하고 나면, 바로 이 시점을 기점으로 해서 사랑의 대상과 거리를 두는 애도의 두 번째 단계를 진행하기 시작한다.

하지만 만일 당사자가 이 첫 번째 단계에서 겪게 되는 비통함의 느낌을 이겨내지 못하고 고통을 줄이기 위해 대상 기억을 외면하거나 무시한다면, 대상을 떠나보내며 의지를 거두어들이는 다음 단계로의 이행이 가로막혀버리게 될 것이다. 그리고 이런 식으로 애도 과정이 도중에 중단된다면, 대상 기억에 얽매여 있는 의지의 측면이 주체 의식의 관할 범위 밖으로 밀려나 의식으로부터 괴리되면서 향후 우울감을 일으키기 쉬운 심적 조건을 조성하게 될 것이다. 게다가 이처럼 의지의 일부가 분리되어 나가면, 현실로 향하는 의지의 강도도 그만큼 줄어들게 되어 현실을 인식하는 주체의 의식도 전처럼 눈앞의 현실을 깊이 긍정하기 힘들게 될 것이다. 이런 상황은 마치 완료되지 못한 애도의 첫 번째 단계가 마음속 어딘가에 잠재된 채로 이후의 삶에 계속해서 영향력을 행사하는 것과도 같다. 비록 주체는 자신이 현실을 인정하고 대상을 떠나보냈다고 생각할지 모르지만, 의지의 측면에서는 여전히 대상을 움켜쥐고 있는 것이나 다름없으므로 사실상 대상의 상실을 받아들이지 못한 것이고, 그러기 때문에 본의 아니게 상실의 초기 단계에 집착하면서 그 경험을 늘어뜨리게 되는 것이다.

그런데 때에 따라서는 이 같은 애도 과정의 중단이 전적으로 타의에 의해 일어나기도 한다. 예컨대, 상대방이 당사자의 사랑을 거절한다면 그는 사실상 사랑의 대상을 상실한 것과도 같은 상태에 빠지겠지만, 이미 상대측에서 사랑을 차단한 상태이므로 그를 향해 사랑의 감정을 품을 수 없을 것이고, 따라서 마치 애도의 첫 번째 단계에 갇힌 것과도 같은 형국에 처하게 될 것이다. 만일 상대방이 당사자의 이 같은 내면 상황에 공감할 줄 안다면 분리를 점진적으로 진행하면서 자신에게 얽매인 상대의 의지를 풀어줄 수도 있겠지만, 그러지 못한다면 자칫 당사자를 사랑 없는 슬픔 또는 우울감에 빠뜨릴 수 있을 것이다.

여기서 더 나아가기 전에 잠시 개념상의 문제를 짚고 넘어가기로 하자. 앞서 슬픔이란 감정을 정의할 때 그 주된 특징으로 사랑의 느낌을 제시한 바 있다. 하지만 애도의 단계를 설명하는 지점에 이르러서는 첫 번째 단계로부터 사랑의 측면을 제외한 뒤 대신 울음이란 해소 반응을 포함시켰다. 그렇다면 애도의 첫 번째 단계는 슬픔이라 부르지 말아야 할까? 아마 그렇지는 않을 것이다. 사람들은 울음으로 해소 과정을 거치는 우울감에도 자주 슬픔이라는 표현을 사용하기 때문이다. 게다가 실제 현실에서는 오직 예외적인 경우에만 위 두 단계가 뚜렷이 나뉜다. 다시 말해, 애도 과정에는 보통 울음을 통한 분출 반응과 사랑의 느낌 모두가 포함되며, 초반부에서 후반부로 가면서 달라지는 것은 각각이 차지하는 상대적 비중뿐이다. 그러므로 이런 현실을 감안하여 울음이란 해소 반응을 사랑의 느낌에 버금가는 슬픔의 결정 요인으로 설정한 뒤, 이 울음을 통해 의지가 위로를 받고 그로부터 우울감의 고통이 충분히 완화되는 경우도 슬픔에 포함시킬 필요가 있을 것이다.

일단 이렇게 슬픔의 정의를 확대하고 나면, 이 감정이 사랑의 만족감으로 의지를 거두어들이는 동시에, 밖으로 새어 나가던 의지를 울음으로 수렴하기도 하는 이중의 작용을 한다는 점을 확인해볼 수 있을 것이다.

그러면 이제 울음이 우울감과 맺는 관계를 조금 더 구체화해보기로 하자. 이들의 연관성은 보는 관점에 따라 긴밀하게 느껴지기도 하고 다소 생소하게 느껴지기도 하는데, 그 내막을 들여다보면 왜 그런지 이해할 수 있을 것이다.

먼저 울음에 대해 말할 수 있는 한 가지 사실은 그것이 우울감의 신체적 표현이란 것이다. 우울감이 몸이라는 통로를 통해 배출되면서 사랑 없는 슬픔으로 변하는 과정, 아마도 그것이 울음일 것이다. 우울감의 유발 과정과 울음의 표현 양식을 비교해본다면 이 점이 좀 더 분명해질지 모른다. 앞서 여러 번 강조했듯이, 우울감은 의지가 빠져나가며 소멸되는 느낌 그 자체이다. 그런데 이같은 의지의 움직임은 울음의 특성과 유사한 면이 매우 많다. 예컨대 울음의 가장 큰 특징인 눈물의 유발 과정에 주목해보면, 그것이 흘러나가는 의지의 신체적 등가물과도 같다는 점을 발견할 수 있을 것이다. 눈물은 눈에서 흘러나오는 체액이고, 눈은 정신의 상징이기 때문이다. 또한 울부짖을 때 내는 울음소리가 갈라지며 분산되는 듯한 느낌을 준다는 점에 주목해본다면, 그것이 의지의 소멸에 대한 대응물일지 모른다는 인상을 받게 될 것이다. 비록 매체는 다를지 몰라도 기본 구조 자체는 동일하기 때문이다. 아마도 그것은 흩어지며 소멸되는 의지가 신체 특유의 언어를 통해 표현되어 나오는 하나의 방식일 것이다.

울음이란 신체적 반응이 어떻게 우울감을 해소해줄 수 있는 것인지 의문을 제기해볼 수도 있을 것이다. 울음이 해소 작용을 한다는 점만큼은 분명해 보이지만, 그 과정이 애매한 채로 남아 있기 때문이다. 이 의문을 해결하는 데는 다른 감정과의 유비 관계를 활용하는 것이 도움이 될 듯하다. 그러니 여기서 잠시 특정한 신체적 고통에 대해 불안감을 느꼈던 상황을 떠올려보기 바란다. 그런 뒤 그 고통이 유발된 상황을 상상하면서 고통의 경험이 불안에 어떤 영향을 끼치는지 숙고해보기 바란다. 그러면 아마도 신체적 고통이 마치 불안을 빨아들이기라도 하듯 시공간상의 한 지점으로 불안의 감정을 수렴하는 역할을 한다는 점을 발견할 수 있을 것이다. 그러니까 여기서는 만연된 통증으로서의 불안이 특정 신체 부위로 집중된 고통의 느낌으로 전환됨과 동시에 해소되는 것이다. 강도가 높아지는 대신 시간상으로 단축되는 물질화 과정, 아마도 이것이 신체 반응을 통한 감정의 배출을 설명해주는 중심 원리일 것이다. 그렇다면 울음을 통해 우울감이 해소되는 과정도 이와 크게 다르지 않을 것이다. 즉, 이 경우에는 울음이 고통의 경험과 유사한 역할을 하면서 우울감으로 빠져나가던 의지를 수렴

해주고, 이를 통해 마치 우울감이 배출된 것과도 같은 효과를 가져다준다고 볼 수 있을 것이다.

그렇지만 울음을 통한 이 같은 해소 반응이 항상 일어나는 것은 결코 아니다. 만일 그랬다면 우울감이라는 감정 상태는 존재하지도 못했을 것이다. 울음은 주체가 의지의 흐름에 동참하여 그것과 공감해낼 수 있는 경우에만 유발될 수 있다. 그리고 이 같은 노력은 의식의 차원에서 보자면 의지의 흐름이 향하는 인식 대상에 관심을 머물게 하는 것에 해당할 것이다. 보통 울음을 참으려고 할 때 가장 먼저 취하는 조처가 인식 대상을 의식 밖으로 밀어내는 것이라는 사실을 떠올려본다면, 그리고 울음을 참는 것이 습관화되어 잘 울지 못하는 사람도 사랑이나 가치의 대상이 의식의 관심을 붙잡아주는 상황에서는 비교적 수월하게 울음을 터뜨릴 수 있다는 사실을 고려해본다면 이 점이 좀 더 분명해질 것이다.

그런데 여기서 잠시 의식과 의지의 괴리, 다시 말해 의지의 요구를 무시하면서까지 현실 인식을 고수함으로써 조성되는 내적 분열 상태가 우울감의 전제 조건이란 점을 기억해보기 바란다. 그러면 그것이 울음을 유발하기 위한 조건과 정면으로 배치된다는 사실을 발견할 수 있을 것이다. 말하자면, 우울감을 일으키는 정신적 태도 자체가 바로 우울감에서 울음으로의 이행을 가로막는 것이다. 우울감에 빠진 주체가 울음이란 해소 반응을 눈앞에 놓아 두고도 애써 고통을 감수하는 듯 보이는 이유도 바로 이와 같은 관점에서 설명해낼 수 있다. 그가 울지 않는 이유는 울기 싫어서라기보다는 자기가 울음을 억누르고 있다는 사실을 모르고, 따라서 울음을 통한 해소의 가능성조차 인식하지 못하기 때문이다. 우울감을 일으킨 순간에 이미 의지로부터 등을 돌렸고, 이를 통해 본의 아니게 우울감의 배출 통로를 스스로 차단해버렸는데도, 그 사실을 자각하지 못하는 것이다. 따라서 만일 그가 현실의 요구를 의지의 필요에 앞세웠던 기존의 태도를 취소하지 않은 채 계속해서 의식의 긴장된 태도를 고수한다면, 쉽게 울음을 터뜨릴 수 없을 것이고, 때에 따라서는 현재 자신이 처한 상태의 자연스러운 배출구가 울음이라는 사실조차 인식하지 못하게 될 것이다. 이런 상황은 마치 사랑 없는 슬픔으로 표현되었어야 할 감정 과정을 중간에서 가로막아 발생 상태의 슬픔을 비정상적으로 지속하는 것과도 같다. 우울감이 어딘지 모르게 부자연스럽고 인위적인 인상을 풍기는 것도 분명 이런 이유들 때문일 것이다.

죄의식

죄의식은 열등의식과 매우 긴밀히 연관되어 있다. 완전히 다른 감정 상태로 간주될 때가 많긴 하지만, 이 두 상태는 사실 그 구성과 작용 방식 면에서 상당한 유사성을 보인다. 그래서인지 죄의식의 특정한 한 형태에는 도덕적 열등감이라는 이름이 부여되기까지한다. 내용의 차이를 제외하면 다른 점을 거의 찾아볼 수 없는 것이다. 그러므로 여기서는 열등의식의 연장선에서 이 죄의식의 문제를 다뤄볼 생각이다. 열등의식, 즉 열등감과 수치심에 대한 이해를 바탕으로 한다면, 죄의식의 다양한 형태들 역시 별 무리 없이파악해낼 수 있을 것이다.

그런데 이 같은 정서들의 비교 작업에 착수하기에 앞서 해결해야 할 문제가 하나 있다. 죄의식의 특징적인 양심 기능을 해명하는 일이 그것이다. 이 과정을 빠뜨린다면 죄의식에 대한 설명은 열등의식과의 단순 비교에 그치게 될 것이다. 따라서 먼저 이 양심이란 것의 특성부터 파악해낼 필요가 있다.

하지만 사실 이 주제에는 죄의식 자체보다 훨씬 광범위하고 풍부한 의미가 내포되어 있다. 거기 담긴 의미를 다 풀어내겠다고 달려들었다가는 완전히 곁길로 빠져버릴 것이 분명하다. 그러므로 여기서는 양심 기능의 형성과 관련된 굵직한 윤곽만 더듬어볼 생각이다. 모호하고 추상적으로 들릴 우려가 있긴 하지만 현재로서는 다른 방도가 없다.

공감 능력의 발달

공감 능력이란 한마디로 정체성의 영역을 대상으로까지 확대하는 능력이라 할 수 있다. 상대를 자신의 일부처럼 느끼는 것, 이것이 공감의 본성 자체이다. 이 능력을 발휘하는 사람은 보통 섬세한 인식의 연쇄를 통해 관심을 대상 속으로 밀어 넣은 뒤, 그 관심을 통해 상대의 느낌과 감정을 전달받는다. 대상 속으로 스며든 관심을 마치 외부 자극을 수용하는 신체 기관처럼 활용하는 것이다. 그가 기존 정체성의 경계를 허물 수 있는 것도 이 관심을 매개로 한 체험의 공유 덕택이다. 그런데 여기서 주목할 점은 이 같은 정체성 확장이 당사자의 이기적 행동에 제약을 가한다는 사실이다. 일단 정체성의 범위가 확대되고 나면, 그에게는 이기적 행동 자체가 아예 불가능해진다. 공감 범위에 포함된 관계 당사자 모두가 이제는 자기 자신이기 때문이다. 이 공감이 유지되는 한 당사자는 자신과 상대 모두를 위한 최선만을 자연스럽게 욕구하게 된다. 공감이라는 단순한 행위를 통해 온갖 도덕적 요구를 단번에 충족시키게 되는 셈이다.

하지만 이 공감 기능이 밖으로만 작용하는 것은 아니다. 그것은 당사자 내면의 심적 전체성과 직접 교감하기도 한다. 특수한 상황에 매몰된 단편적 정체성이 잠재 상태에 있는 자신의 인격 전체와 교감하는 것이다. 이 같은 접촉에는 일반적으로 공감이라는 이름이 붙지 않지만, 그것도 사실 공감의 한 유형으로 분류할 필요가 있다. 특정 현실에 처한 당사자가 앞으로의 자신과 공감하는 것이나 다름없기 때문이다. 결국, 이 경우에는 대상과의 공감이 시간 축 방향으로 일어나는 셈인데, 이렇게 정체성이 시간 영역으로 확장되고 나면, 당사자는 훗날 자신에게 해가 될 만한 행동으로부터 스스로 물러서게 된다. 물론 눈앞의 유혹이 강렬하다면 무작정 행위 속으로 뛰어들 수도 있겠지만, 그러려면 우선 정체성의 범위부터 다시 국한해야 할 것이다.

양심에 대해 다루겠다고 해놓고 갑자기 공감 이야기를 하는 게 이상해 보일지도 모른다. 하지만 사실 양심은 공감 능력이 표현되는 한 방식에 지나지 않는다. 공감이란 개념의 포괄 범위가 양심보다 훨씬 넓은 것이다. 어쩌면 대상과의 완전한 공감이 양심 기능의 절정이라고까지 말할 수 있을지도 모른다. 왜 그런지는 공감 능력이 완성되는 전 과정을 훑어본 뒤에야 밝혀지겠지만, 공감에 내재한 도덕적 잠재력을 고려해본다면 양자 사이의 관련성을 대강이나마 예측해볼 수 있을 것이다. 그러면 지금부터 공감 능력의 발달 과정을 추적해보기로 하자. 가장 본능적인 단계에서부터 완성 단계까지 짚어 나가다 보면 양심이란 것의 본성과 위상은 자연스럽게 밝혀질 것이다.

먼저, 거의 전적으로 자기 자신하고만 공감하는 어린아이가 있다고 해보자. 아이는 관심이 자신의 몸 주변으로 지극히 한정되어 있어 오직 본능적 욕구에 의해서만 행동을 지시받는다. 아이의 관심이 미치는 범위로만 국한된 시각에서 본다면, 이런 본능적 행위들이 그 자체로 최선의 것일지 모르지만, 주변 사람들에게는 결코 그렇지 못하다. 아이의 행동 중에는 분명 다른 사람들에게 해를 끼치는 행동들이 포함되어 있을 것이다. 오직 자신의 욕구만을 고려한 행동들이기 때문이다. 그뿐만 아니라 아이의 행동 중에는 장기적 관점에서 그 자신에게 해가 되는 행동도 포함되어 있을 것이다. 당장 눈앞의 현실만 고려하면 최선이지만, 시간의 지평을 넓혀놓고 보면 그렇지 않은 것이다. 따라서 아이는 성장 과정을 거치면서 관계 구성원 모두의 공동선과 자신의 장기적 혜택을 도모하는 방향으로 행동을 교정하도록 요구받을 것이다. 그리고 이러한 요구는 궁극적으로 당사자의 공감 범위를 공간과 시간의 양방향으로 확대하는 결과를 가져다줄 것이다.

이러한 외부의 요구는 기본적으로 칭찬과 처벌이라는 형태를 띠게 될 것이다. 칭찬과 처벌이란 수단은 각각 쾌락과 고통에 해당하는 것으로서, 정상적인 경우라면 아이의 본능적 쾌락과 고통 위에 부가되어 각각의 상황에서 최적인 것으로 간주되는 행동 원칙들을 지시해줄 것이다. 본능에 매몰된 상태로부터 의식을 서서히 해방하기 위해 그 본능과 유사한 수단을 동원하는 것이다. 이 인위적 자극들은 반대 성질의 본능적 자극과 섞임으로써 전체 자극의 질을 중화해주는데, 이는 결국에 가서 본능의 행로 자체를 바꿔놓는 결과를 낳는다. 하지만 이 보조 자극들에는 단순한 교정 수단 이상의 의미가 있다. 그 자극들은 미래의 자신과 타인의 경험에 대한 상징적 대응물로서, 공감 능력의 확장을 위한 발판 역할을 해주기도 한다. 다시 말해, 인위적 자극들은 당사자가 취한 특정 행위가 공감 대상에게 어떤 영향을 끼치는지 미리 경험해볼 수 있도록 해준다.

이 과정은 어떻게 보면 아이의 시야를 넓히기 위해 시공간상으로 분산된 경험을 한데 모아 제시하는 것과도 같다. 외부 권위자가 아이에게 자신의 포괄적 시야를 주입해 넣는 것처럼 일이 진행되는 것이다. 사실 칭찬과 처벌이라는 것도 외부 인격체의 관심이 아이의 본능과 교감하는 과정에서 파생되어 나온 산물에 불과하며, 그가 이 모든 노력을 통해 지시하는 행동 방식이란 것도 결국 자기 인격의 한 단면에 지나지 않는다. 따라서 겉으로 드러난 수단들보다는 아이를 향해 쏟아붓는 외부 인격체의 관심 자체를 본질적인 것으로 상정할 필요가 있을 것이다.

그런데 이런 과정을 통해 행동 원칙들이 각인된다 하더라도 아직 아이의 내면에서 자체적인 영향력을 지니지는 못할 것이다. 그것은 온갖 종류의 특수한 상황에 개별적으로 관련된 기억의 단편들에 불과하기 때문이다. 따라서 상당 기간 동안은 외부의 관심이 행동의 방향을 끊임없이 바로잡아주어야 할 것이다. 하지만 행위의 교정이 반복되다 보면 경험 기억들이 축적되면서 유사 상황별로 분류되기 시작할 것이고, 이렇게 정돈된 기억들은 행동의 각 영역에서 신체적 습관의 형태로 모습을 드러내게 될 것이다. 원래 습관이란 것은 특정 행위의 반복을 통해 얻어지는 것이지만, 여기서는 이처럼 습관 형성 작용이 생활의 전 영역에서 다소간 동시에 진행되는 것이다.

그렇다면 습관이란 또 무엇일까? 그것은 한마디로 신체로 밀착해 들어간 경험 기억들의 총체라 할 수 있다. 특정 행위를 의식적으로 반복하여 행위의 기억을 축적해놓으면 그 행위가 필요한 상황에 직면할 때마다 그 기억 전체가 단번에 불러일으켜지는데, 이 신체적 기억, 즉 습관은 주체의 의식 대신 행위에 필요한 관심을 공급함으로써 행위의 수행으로부터 의식을 해방해주는 경향이 있다.*

---

* 이 과정은 단편적 인상에 의해 그와 연관된 정신적 기억 전체가 환기되는 현상과 의미 있는 대조를 이룬다. 이와 관련된 더 자세한 내용은 베르그송의 《물질과 기억》 2장에서 두 종류의 기억에 대해 다룬 부분을 참조하기 바란다.

하지만 일단 이렇게 습관이 형성된다 해도 외부 인격체의 간여는 여전히 필요할 것이다. 습관이 제공해주는 것은 행위의 수월성 뿐이기 때문이다. 아이의 내면에는 아직 습관에 따른 행위를 선택하도록 만드는 강제력이 형성되어 있지 않다. 따라서 감시가 충분히 허술해지기만 한다면 아이는 비판당할 위험을 무릅쓰고서라도 본능에 따른 행위를 선택하려 들 것이다. 이 단계에서 외부 권위자가 맡는 역할은 이 같은 일탈을 제지하고 습관을 들인 그 행위를 반복해서 선택하도록 권장하는 것인데, 사실 이것만으로도 상당한 진전이라 할 수 있다. 예전에는 관심을 기울이면서 행위를 일일이 교정해줘야 했지만, 이제는 관심만 기울이면 되기 때문이다. 아마 여기서 조금만 더 나아가면 아이에게 자신의 존재를 암시하는 것만으로 영향력을 행사하는 경지에 다다르게 될 것이다.

하지만 발달은 여기서 끝나지 않는다. 이 이상 발전하지 못한 듯한 성인들도 많긴 하지만 대개는 그 외부 권위를 스스로 소유하는 단계까지 성숙을 이어간다. 외부 권위를 내면화하는 이 과정은 마치 준비된 몸에 혼을 불어넣는 것처럼 진행되며, 당사자의 능동적 참여를 수반하는 것이 보통이다.

앞서 말했다시피, 특정 행위가 몸에 익으면 당사자의 의식은 그 행위의 수행으로부터 상당 부분 자유로워진다. 그리고 이렇게 의식이 해방되고 나면 당사자는 여분의 관심을 마음대로 운용할 수 있게 된다. 이 여분의 관심은 공상이나 잡념의 쾌락으로 소모되는 것이 일반적이지만, 항상 그런 것은 결코 아니다. 그 행위 자체를 바라보면서 추가적으로 관심을 기울여 넣을 수도 있기 때문이다. 이때 당사자는 자신의 행위를 한층 포괄적인 안목으로 바라보면서 그 행위에 지적 인식을 첨부해 나가게 되는데, 이 인식은 충분히 축적될 경우 내면에서 가치관의 형태로 모습을 드러내게 된다. 이 가치관은 행위의 의미와 필요성에 대한 하나의 이해이자, 그 행동 영역에서의 경험 기억 전체를 관통하는 중심 원리로서, 자체 내에 그 모든 기억을 담고 있다. 즉, 가치관은 체험적 바탕이 결여된 추상 관념이 아니다. 그것은 응축된 기억으로서 정신인 동시에 스스로 힘을 지니는 일종의 부분 의식이다. 애초에 그런 행동 방식을 요구했던 외부 인격의 대응물이 축적된 행위를 몸체 삼아 당사자의 내면으로부터 솟아난 것이다.

이처럼 아이를 교육하는 외부 인격체가 칭찬과 처벌 같은 수단으로 본능의 수용 폭을 넓힌 뒤 습관이란 씨앗을 심어 넣으면, 아이는 그 씨앗을 품고 성숙시킴으로써 가치관이라는 하나의 부분 인격을 탄생시키게 되는데, 이 전 과정은 생명이 대를 잇는 과정과도 상당한 유사성을 보인다. 여기에 부분 인격과 외부 인격 사이의 동질성까지 첨부해 숙고해본다면, 이런 유비 관계가 우연만은 아니라는 인상까지 받을 수 있을 것이다.*

어쨌든, 이렇게 해서 일단 가치관이 불러일으켜지고 나면, 그 가

---

* 베르그송,《물질과 기억》2장 후반부에 등장하는 운동적 도식 개념도 함께 참조.

치관은 이제 당사자의 내면에서 스스로 영향력을 발휘하기 시작할 것이다. 그리고 이와 더불어 외적 간여의 필요성 또한 큰 폭으로 줄어들게 될 것이다. 외부 권위의 압박 때문에 어쩔 수 없이 받아들인 가치관의 껍질은 그 힘을 외부 인격체로부터 공급받지만, 당사자의 내면에서 솟아난 이 가치관의 정수는 그의 인격적 전체성으로부터 힘을 직접 조달받기 때문이다. 그는 외부 권위자가 제공한 몸체를 발판 삼아 하나의 원리에 가 닿았고, 이를 통해 하늘과 땅을 하나로 연결했다. 따라서 그는 이제 모방에 지나지 않았던 습관적 행위에 자기만의 고유성을 불어넣을 수도 있을 것이다. 말하자면, 외부 인격체의 자질을 완전히 소화하여 자기 것으로 만든 것이다.

그렇다면 양심은 어떻게 되는가? 양심은 가치관과 다른 것일까? 그렇지는 않은 듯하다. 양심이란 것은 아마도 가치관의 총체에 붙은 이름일 것이다. 각각의 가치관 전체를 포괄하면서 지탱하는 뿌리, 그것이 곧 양심인 셈이다. 따라서 각 영역에서 가치관이 이전되는 과정을 하나의 전체로서 바라보기만 하면, 양심이 내면화되는 양상도 즉시 파악하게 될 것이다.

하지만 이렇게 양심 기능이 확립된다고 해서 행위의 완결성이 보장되는 것은 물론 아니다. 본능적 충동이 여전히 살아남아 새로 들어선 불청객과 세력 다툼을 벌이기 때문이다. 게다가 이 본능은 요란하기까지 해서 쾌락이나 이득을 그야말로 뜨겁게 약속하면서 당사자를 강압적으로 몰아붙인다. 하지만 어쩐 일인지 양심은 목소리가 별로 크지 않다. 그저 당사자에게 자신의 소견을 넌지시 제안할 뿐이다. 자신의 권유대로 따르는 것이 모두를 위한 최선이긴 하지만, 그렇다고 따르지 않을 자유까지 침해하고 싶지는 않다는 식이다. 이런 이유들로 인해 당사자는 일종의 갈등기에 접어들게 되는데, 사실 대부분의 죄책감은 바로 이 시점에 터져 나온다. 양심과 본능 사이의 이 같은 대치 상태야말로 죄책감 형성을 위한 전제 조건이기 때문이다. 하지만 이 양심 기능은 이 이상으로 순화되고 강화될 수 있다. 현 상태의 양심은 정신적 측면으로만 지나치게 치우친 것으로서, 여전히 인위적 요소를 내포하고 있기 때문이다. 결국, 당사자의 신체적 의지와 양심 사이에 일종의 틈이 존재하는 셈인데, 이 틈은 오직 본능의 지분을 끌어들임으로써만 메울 수 있다.

다시 개별적 가치관으로 나눠서 생각해보기로 하자. 일단 한 영역에서 가치관이 불러일으켜지고 나면 그 순간부터 당사자는 그 행위를 한결 의식적으로 수행하게 될 것이다. 시야가 트임과 동시에 맹목성은 종식되고 행위에는 어떤 확신이 스며든다. 따라서 그는 이제 그 행위를 거의 자발적으로 선택하면서 외부 권위자의 영향력으로부터 벗어나고자 시도할 것이다. 그 외부 인격의 자질을 통합해내는 데 성공했기 때문이다. 하지만 이 같은 독립이 해방감만 안겨주는 것은 아니다. 그것은 자신을 관리할 책임까지 함께 부과한다. 외부 감시자의 보호를 받을 때는 별다른 관심을 기울일 필요 없이 습관적으로 행위를 수행해낼 수 있었지만, 외부 감시자의 역할까지 함께 떠맡은 지금은 그럴 수가 없게 된 것이다. 그는 자신의 행위에 새롭게 관심을 기울일 수밖에 없을 것이고, 행위의 결과에 대해서도 스스로 책임을 져야 할 것이다. 그리고 가끔씩 본능이 끼어들어 가치관의 연약한 본성을 드러낼 때에는 혼자서 고민하며 갈등하는 고통까지 감내해야 할 것이다.

하지만 가치관 발달의 초기 단계도 결국 앞서 말한 것과 유사한 과정을 거치게 될 것이다. 다시 말해, 가치관에 따른 행위는 수행이 반복됨에 따라 점차 습관의 성질을 띠며 신체로 밀착해 들어갈 것이고, 이 같은 습관화는 다시 행위의 수행으로부터 의식을 해방함으로써, 당사자에게 자신이 직면한 상황을 관찰할 수 있도록 여지를 제공해줄 것이다. 이렇게 되면 당사자는 이제 그 가치관이 수행되는 양상을 지켜보면서 추가로 관심을 기울여 넣을 수 있게 되는데, 이 관심은 지적인 관심보다 한층 더 광범위한 상황을 포괄해낼 것이 분명하다. 즉, 그것은 마치 몸을 뚫고 솟아나 흘러넘치기라도 하듯 주변 상황으로까지 퍼져 나갈 것이고, 이를 통해 실행 중인 가치관에 포괄적이고 총체적인 이해를 첨부해줄 것이다. 그리고 아마도 행동 규범에 대한 이 같은 이해는, 한편으로는 그 태도가 취해지는 상황이나 타인과의 완전한 공감에서, 다른 한편으로는 자신의 심적 전체성과의 전적인 합일에서 정점에 달하게 될 것이다. 행동 원칙에 대한 기억들이 축적되어 신체적 습관을 일으키고, 이 습관에 첨부된 관심이 무르익어 가치관을 일깨웠듯이, 가치관과 연관된 주변 정황에 대한 인식도 축적됨에 따라 점점 직관적 성질을 띠다가 종국에는 내·외부적 상황에 대한 공감 능력으로 결실을 맺게 되는 것이다.

일단 이렇게 특정 상황에 대한 전적인 공감이 계발되면 이제 당사자의 관심은 행위 자체에 중심을 두지 않을 것이다. 그의 관심은 자신이 처한 매순간에 대한 공감으로 완전히 쏠리게 될 것이다. 하지만 그렇다고 해서 이런 태도로 인해 행위의 온전한 수행이 저해되지는 않을 것이다. 도리어 그 공감은 공감 영역 내에 포괄된 모든 요소들의 최적 조화를 자연히 불러일으킬 것이고, 그중 한 부분을 이루는 당사자의 신체에도 최선의 행위 의지를 일으킬 것이다. 행위의 교정을 통해 도달한 공감이 이제는 반대로 최선의 상태로 정제된 행위를 자연히 촉발하는 것이다.

아마도 가치관이 완성되는 이 전 과정은 하나의 기예를 습득하는 과정과 근본적으로 유사할 것이다. 잘 알다시피, 특정 기예를 습득하려면 처음에는 외부 권위자의 지도 아래 일정한 행위를 무수히 반복함으로써, 그 기예의 습득을 위한 신체적 기반, 즉 습관을 획득해야 한다. 그런 뒤에는 그 습관에 의지해 행위를 수행하며 여분의 관심을 기울여 넣음으로써, 행위로부터 인위적 경직성을 떨쳐내는 과정을 거치게 된다. 그러다 보면 행위의 수행이 점차 유려해지다가 어느 순간 불현듯 그 기예의 원리 자체를 터득하게 되는데, 무언가를 배웠다는 느낌은 바로 이때 촉발된다. 하지만 여기가 끝은 아니다. 이 최초의 습득에 만족하지 않고 그 원리를 다시 반복적으로 실천하면서 관심을 기울이다 보면, 의식적 관심이 행위 자체로부터 환경과 분위기에 대한 공감으로 이전되는 지점에까지 다다르게 된다. 습관화로 인해 해방된 의식이 공감 기능의 형태로 솟아나는 것이다.

일단 기예의 습득이 이 정도까지 진전되고 나면, 이제는 기예의 대상에 관심을 접촉해 공감해내는 것만으로 그 모든 정교한 행위들이 자연히 일어나는 것처럼 느껴지기 시작할 것이다. 그리고 이런 관점에서 바라보면, 지금까지 수행해 온 무수한 반복이 공감에 의해 유발되는 행위가 흐를 수 있도록 통로를 미리 터놓는 작업이었던 것처럼 여겨질 것이다.

하지만 양자 사이의 이 같은 유사성에도 불구하고 가치관의 습득 과정은 한 가지 중요한 점에서 차별화된다. 언어에 대한 의존성이 바로 그것이다. 다른 기예들과 달리, 가치관은 전달 과정에서 언어에 매우 크게 의존한다. 물론 언어의 도움이 필수적인 것은 아니지만, 이 요인이 개입함으로써 과정이 크게 촉진되는 것 또한 사실이다. 언어라는 수단이 강력한 촉매제 역할을 하는 것이다. 따라서 좀 더 현실에 부합하는 도식을 완성하고자 한다면, 앞선 묘사에 언어라는 요인까지 함께 첨부해야 할 것이다.

그렇다면 이 언어 자극에 어느 정도의 지위를 부여하는 것이 좋을까? 잠시 언어라는 것 자체에 주의를 기울여보기로 하자. 그것은 분명 그 자체만으로는 아무런 힘도 지니지 못한다. 언어가 영향력을 행사할 수 있는 것은 그것이 불러일으키는 기억 덩어리 덕분이다. 만일 언어가 방대한 경험 기억들과의 연계성을 잃어버린다면, 그것은 그야말로 단순한 청각 자극이나 검은 선들의 조합에 지나지 않게 될 것이다. 따라서 언어에 따라붙는 경험 기억의 응축체야말로 언어 자극의 핵심이라고 말해도 좋을 것이다. 그런데 언어의 이런 측면에 주목하다 보면 그것이 습관과 매우 닮아 있다는 인상을 받게 된다. 습관과 마찬가지로 언어도 경험의 저장고처럼 기능하기 때문이다. 하지만 물론 그 저장 방식에서는 서로 차이가 난다. 즉, 습관은 그 전체 경험을 행동의 영역으로 수렴시키는 반면, 언어는 그것을 인식의 영역으로 퍼뜨린다. 발현 양상이 완전히 다른 것이다. 하지만 이런 차이는 도리어 그 둘을 동일한 실체의 두 측면처럼 보이게 만든다. 아마도 각각을 신체와 정신에 대응시키면 꽤나 그럴듯해 보일 것이다.

하지만 그렇다고 언어의 역할을 과대평가해서도 안 될 것이다. 반복하건대, 언어에서 중심이 되는 것은 거기 내포된 경험 기억의 총체, 즉 의미이며, 이 의미는 언어 없이도 전달될 수 있기 때문이다. 언어는 다만 차후에 부과되어 이 전달 과정을 촉진시킬 수 있을 뿐이다. 설령 언어의 형태로 굳어진 가치관을 미리 제시한다 하더라도 그것을 이해할 만한 경험적 기반이 결여되어 있다면, 그 언어 표현은 당사자에게 건조한 관념적 의미만을 불러일으킬 것이다.*

그런데 이처럼 언어를 매개로 해서 끌어들일 수 있는 기억의 총체가 사람마다 제각각이라 하더라도 그 기억의 내용이 고차원적이라는 점에는 변함이 없다. 그 언어는 특정 가치관을 이미 습득한 외부 권위자에게서 나온 것으로서, 자기 안에 가치관에 대한 전이해를 내포하고 있다. 즉, 그것은 습관에 내재된 것보다 더 전체적이고 완전한 행위의 기억들을 드러내주며, 이를 통해 당사자를 위에서 잡아 끌어준다. 연관된 기억의 풍부함에서는 습관에 미치지 못할지 몰라도 적어도 내용 면에서만큼은 한 수 위인 것이다. 그러므로 경험과 습관 너머로 솟아오르는 관심에 언어를 적절히 첨부한다면, 가치관에 대한 전체적 이해를 강력히 촉진할 수 있을 것이다.

하지만 언어 표현에 대한 지적 이해를 진정한 이해로 혼동하는 경우도 매우 빈번히 발생한다. 순간적으로 이해했다 다시 잊어버려도 이해했다는 사실만 기억하고 잊어버렸다는 사실은 기억 못하기 때문이다. 아마도 이 이해를 지속하고 확장하려면 반복적 재접촉을 통해 습관의 성질을 부여해 나가야 할 것이다.

---

* 언어적 표현에 대한 집중과 탐구는 완전히 새로운 의미를 드러내주기도 한다. 이같은 직관적 이해는 집중된 관심을 통로 삼아 주어지는 것으로서, 본질적으로 경험에 선행하며, 때로는 경험을 창조해내기도 한다. 축적된 경험이 습관을 형성하고, 나아가 의미까지 불러일으킬 수 있다는 점을 고려해본다면 집중이라는 태도의 창조적 잠재력이 낯설게만 느껴지지는 않을 것이다.

양심의 가책과 죄책감

지금까지의 설명을 통해 양심과 공감 능력 사이의 연관성이 명백해졌을 것이다. 가치관의 총체인 양심은 공감 능력에서 절정에 달하는 심리 기능으로서 공감과 밀접한 관계를 맺고 있다. 관점만 조금 바꾼다면 발달 상태에 있는 공감 능력이 곧 양심이라고까지 말할 수 있을 것이다. 그렇다면 양심이란 것도 공감의 특성을 그대로 지녀야 하는 것 아닐까? 분명 그럴 것이다. 공감처럼 완결된 형태로는 아니겠지만, 양심에도 공감의 특성 모두가 그대로 들어 있을 것이다. 그런데 앞서 설명했듯, 완전히 무르익은 공감은 대상 속으로 스며들어 그 대상의 느낌을 당사자에게 직접 전달해준다. 게다가 공감은 공감 대상을 향한 최선의 행위 의지와 행위를 연달아 촉발하기도 한다. 공감이란 태도를 통해 그야말로 대상을 내 몸처럼 대하게 되는 것이다. 따라서 우리는 이제 양심에서도 이런 특성들을 그대로 발견하게 되리라 기대해도 좋을 것이다. 그러면 이 같은 사항을 염두에 둔 채 양심이 어떤 식으로 죄의식을 일으키는지 살펴보기로 하자.

일단 양심의 가책과 죄책감 사이의 차이점부터 부각하는 편이 좋을 듯하다. 사람들은 보통 이 두 표현을 섞어 쓰면서 양자의 차이에 별 주의를 기울이지 않지만, 사실 이 두 태도는 느낌도 다르고 작용 방식도 다르다. 그런데도 이처럼 혼동이 쉽게 일어나는 이유는, 단순히 하나에서 다른 하나로의 전환이 급속도로 이루어지기 때문이다. 하지만 발생 과정에서 당사자가 취하는 태도에 주목해보면 별 어려움 없이 양자 사이의 차이점을 식별해낼 수 있다.

먼저 양심의 가책과 관련된 경험 기억부터 더듬어보기 바란다. 그러면 양심의 가책을 받기 전부터 이미 어떤 욕망이든 품고 있었다는 사실을 발견하게 될 것이다. 본능적이거나 이기적인 욕망이 먼저 일어나야 그 욕망을 바탕 삼아 양심의 가책도 촉발될 수 있는 것이다. 하지만 때로는 욕망이 지배하는 이 기간이 상당히 길어지기도 한다. 당사자가 욕망에 완전히 사로잡힌 나머지 그 주변으로만 자신의 정체성을 국한하기 때문이다. 그는 그 욕망을 끊임없이 움켜쥠으로써 자신의 인격적 전체성을 망각하고, 이를 통해 양심 기능과 분리된 부분 인격을 형성해내는데, 이 부분 인격은 금지된 욕망을 충족시키기 위해 부모의 눈을 피하는 어린아이처럼, 자신의 원천을 등진 채 달아나려고만 한다. 하지만 물론 이런 시도는 대체로 실패로 돌아가고 만다. 양심을 포함한 전체적 인격이 끊임없이 침입해 들어오기 때문이다. 이 양심 기능이 솟아나는 것을 막으려면 욕망으로부터 잠시도 한눈을 팔아서는 안 되지만, 이런 일은 다행스럽게도 거의 불가능하다. 전체성으로 되돌아가고자 하는 힘, 또는 양심의 인력이 너무나도 강하기 때문이다. 욕망을 실행에 옮기기 전 잠시라도 긴장의 끈을 늦춘다면, 그는 양심에게 당장 뒷덜미를 잡히고 말 것이다.

그런데 여기서 흥미로운 것은 이렇게 회복된 양심 기능이 당사자의 의지에 제재 조처를 가한다는 사실이다. 양심은 마치 욕망에 굴복할 때 받게 될 처벌을 미리 가하기라도 하듯, 그 욕망을 정면으로 들이받는다. 욕망에 사로잡힌 당사자의 가슴 부근을 찌르기라도 하듯 앞에서 불쑥 솟아오르는 것이다. 이 같은 양심의 측면에 의식적 성질이 없다고는 말할 수 없겠지만, 어쨌든 그것은 이처럼 의지의 영역 쪽으로 밀착해 있다.

하지만 죄책감의 경우는 사정이 좀 다르다. 욕망이 먼저 일어나야 촉발될 수 있다는 점은 양심의 가책과 동일하지만, 발생 과정에서 당사자가 취하는 태도는 전자보다 한층 더 적극적이다. 경험을 되짚어보면 알겠지만, 죄책감 특유의 느낌은 주로 심상이 처리되는 의식의 영역에서 감지된다. 양심의 가책과 마찬가지로, 죄책감도 욕망에 의해 정체성을 제한받았다가 다시 양심 기능을 회복하는 과정에서 촉발되지만, 이 경우에는 당사자가 되살아나는 양심을 훨씬 적극적으로 의식하기 때문에 욕망과 양심 사이의 충돌이 의식의 영역에서 일어나는 것처럼 느껴진다. 그는 욕망을 이끄는 모호한 심상 위에 양심의 성질을 머금은 의식을 덧씌움으로써 거의 자발적으로 심상들 사이에 충돌을 일으키는데, 이때 유발되는 죄책감은 마치 정신이 부서지는 듯한 통증으로 경험된다. 이 통증은 타인이 겪게 될 고통에 대한 예감과도 같은 것으로서, 양심에 내재된 공감적 성질을 뚜렷이 드러내준다. 아마도 대상의 편에 서서 그 욕망이 일으킬 해악을 직접 경험하는 의식체를 떠올려본다면, 상황이 한층 분명히 그려질 것이다.

다시 양심의 가책으로 되돌아와서, 이제 그 작용 방식을 해명해 보기로 하자. 앞서 양심의 가책이 욕망의 앞길을 가로막는다고 말한 바 있다. 양심의 가책은 마치 보호자라도 되는 것처럼 부적절한 행위 의지를 밀쳐냄으로써 당사자의 인식을 일깨워준다. 그렇다면 그것은 왜 하필 앞에서 솟아나는 것일까? 효율성의 관점에서 보면 이보다 더 나은 방식이 없긴 하지만, 그렇더라도 어딘가 낯설다는 느낌을 지울 수가 없다. 양심이 스스로 작용하는 모습은 어떻게 보면 신비스럽기까지 하다. 하지만 죄책감에서 양심의 가책으로 이행하는 과정을 눈여겨본다면 이 같은 인식의 틈은 상당 부분 메워질 것이다.

이미 설명했듯이, 죄책감은 주로 인식의 영역에서 감지되는 고통으로서, 부분에 해당하는 욕망의 심상이 좀 더 전체적인 양심의 심상을 파고드는 형상으로 나타나는 것이 보통이다. 그림이 이렇게 그려지는 것은 물론 경험 당사자가 관심의 초점을 대상 인식의 영역에 두고 있기 때문이다. 하지만 이러한 죄책감에도 의지의 작용은 수반된다. 즉, 죄책감을 느끼는 당사자는, 마치 자신이 발동시킨 본능적 심상을 다시 거둬들이고 싶다는 듯, 대상의 편으로 옮겨 가 그 심상을 절망적으로 밀쳐낸다. 의식의 영역에서 감지되는 고통도 결국 이 같은 분투의 표현에 지나지 않는 것이다. 그런데 여기서 공감과 양심이 자신과 타인 모두를 위한 최선의 행위 의지를 촉발한다고 한 점을 떠올려보면, 본능적 심상을 대상으로 하는 이 저항이 그 자체로 최선의 행위 의지란 점을 이해할 수 있을 것이다. 그것이 저항이란 부정적 속성을 나타내 보이는 것은 이미 본능적 심상의 침입을 받고 있기 때문이다. 최선의 행위 의지가 사태를 되돌리려는 시도로 표현되는 것이다. 하지만 사실 죄책감의 상황에서는 이 의지가 잘 감지되지 않는다. 표면에서 일어나는 심상들 간의 충돌이 모든 관심을 다 끌어들이기 때문이다. 본능을 밀쳐내는 이 의지가 뚜렷이 모습을 드러내려면 대상 인식의 영역으로부터 관심이 완전히 철회되어야 한다.

예컨대, 당사자가 죄책감의 불쾌감을 견디다 못한 나머지 단순히 눈을 감아버린다고 해보자. 그는 눈앞의 현실을 못 본 척하면서 고개를 돌린다. 그러면 그는 아마도 무언가가 가슴을 밀치고 들어오는 듯한 느낌을 받게 될 것이다. 양심이 가하는 질책, 즉 양심의 가책을 느끼게 되는 것이다. 하지만 그것은 분명 양심의 가책이기 이전에 욕망에 저항하던 양심의 의지였다. 이 의지는 최선의 행위 의지가 변형된 것으로서 사실 공격성과는 아무런 상관도 없다. 그것이 질책이란 성질을 띠게 된 것은 대상 인식의 철회와 동시에 관심의 초점이 이동했기 때문이다. 대상에서 주체로, 인식에서 의지로 중심이 이동했기 때문에, 양심이 욕망이라는 몸체를 뚫고 들어오는 것처럼 느껴지는 것이다. 누구든 이 공격적 외관 너머를 들여다볼 수 있다면, 그는 그곳에서 모두를 위한 최선의 행위 의지만을 발견하게 될 것이다.

어쨌든, 양심의 가책이 앞으로부터 솟아나는 건 바로 이 같은 사정 때문이다. 양심 기능을 회복하자마자 양심의 가책부터 받게 된다면, 그것은 아마도 양심을 아직 제대로 인식하지 못했거나, 아니면 순간적으로 인식을 했다가 바로 무시해버렸기 때문일 것이다. 그렇다면 양심의 가책이 다시 죄책감으로 변형될 수도 있는 것일까? 아마 그럴 것이다. 하지만 양심 기능이 앞서 말한 형태의 죄책감을 일으키려면 반드시 대상의 심상 위에 덧씌워져야만 할 것이다.* 만일 그 대상이 없거나 모호하다면, 이 양심적 의식은 죄책감으로 고정되지 못한 채 비난에 대한 불안만을 일으킬 것이다.

여기서 잠시 양심이 작용하는 이 중간적 형태에 관심을 기울여 보기 바란다. 그러면 아마도 그것이 열등감과 지극히 유사하다는 점을 발견할 수 있을 것이다. 비난에 대한 이 같은 불안은, 의지의 영역으로 밀착해 있던 양심의 가책에 의식성을 불어넣는 과정을 통해 형성된 것으로서, 구조적인 면에서 열등감과 완전히 일치한다. 심층에서는 양심의 가책이었던 것이 의식의 영역으로 솟아오름과 동시에 도덕적 성질을 띤 열등감으로 변하는 것이다.** 하지만 물론 이들 사이의 차이는 본질적인 것이 못 된다. 양자 사이

---

* 이 같은 이전 과정은 열등감에서 수치심으로 이전하는 과정과 의미 있는 대조를 이룬다.
** 어쩌면 이 같은 견해에 의문을 제기할지도 모르겠다. 이 중간 단계의 죄의식에는 비난에 대한 예견을 품은 채 밖으로 시선을 향하는 듯한 태도가 종종 수반되기 때문이다. 하지만 열등감을 돌이켜보면 거기에도 이와 거의 동일한 태도가 존재한다는 점을 발견할 수 있을 것이다. 그 태도란 불안의 반작용으로 형성된 일종의 호기심으로서 주로 불안 대상을 고정하는 역할을 수행한다. 이 점에 대해서는 불안을 다룬 부분에서 이미 설명한 바 있다.

에는 의식성의 정도 차이만이 존재한다. 성질 자체가 완전히 변하기 위해서는 양심의 측면이 대상의 심상이나 실제 대상 위로 덧씌워져야만 한다. 그런데도 이 둘을 구분하는 건 단순히 그 유용성 때문이다. 도덕적 열등감이라는 중간 단계를 설정하면 내적 경험을 좀 더 충실히 묘사할 수 있을 뿐만 아니라, 열등감과의 유사성을 바탕 삼아 죄책감과 연관된 다양한 문제들까지 해명해낼 수 있다. 예를 들자면, 죄책감의 특징 중 하나인 자기 비난은 열등감에서와 같은 정체성 이동을 통해 설명할 수 있다. 죄책감에 빠진 당사자가 자신을 남 대하듯 마구 비난할 수 있는 건, 부분 인격에 해당하는 양심적 의식으로 정체성이 완전히 이동해 들어갔기 때문이다. 열등감의 자기 거부 단계가 여기서는 자기 비난의 형태로 나타나는 것이다. 한편, 죄책감에 대한 반작용으로 간주되곤 하는 범죄자들의 징벌 행위*는 열등감에서 언급한 부분 인격의 재점유 현상을 통해 설명할 수 있다. 자신의 모습을 밖에서 보고 공격성을 표출하는 태도는 열등감을 억누른 자의 태도와 완전히 일치하는 것이기 때문이다. 이들의 차이는 오직 내용적인 측면에서만

---

* 잘 알려져 있다시피, 내면에 무언가 떳떳하지 못한 면이 있는 사람은 자신과 비슷한 문제를 드러내 보이는 사람에게 가혹하게 구는 경향이 있다. 타인의 모습에 비친 자신의 모습에 거부감을 느끼면서도 그것이 자기 모습이라고는 생각하지 못하는 것이다. 이런 일이 일어날 수 있는 것은 아마도 당사자의 의식이 그 내면의 문제로부터 상당 부분 괴리되어 있기 때문일 것이다. 이와 연관된 내용은 71쪽의 '부분 의식의 재점유' 후반부를 참조하기 바란다.

발견된다.

이 두 가지 말고도 드러낼 수 있는 내용들이 분명 더 있을 것이다. 하지만 여기서는 일단 양자의 작용 방식이 동일하다는 점을 부각한 것으로 만족해야겠다. 더 세부적인 사항은 관련된 사례들을 직접 관찰해 가며 확인해보기 바란다.

그러면 마지막으로 죄책감에 좀 더 관심을 기울여보기로 하자. 지금까지는 주로 행위가 실행되기 이전에 촉발되는 상상적 죄책감에 대해 다루었지만, 사실 상상적 죄책감은 감지하기가 상당히 힘들다. 앞의 묘사가 과장된 것처럼 느껴졌다면, 아마도 이 같은 사정 때문일 것이다. 하지만 행위가 수행된 후에 일어나는 현실적 죄책감을 살펴본다면, 죄책감의 특성들을 더 명확히 식별해낼 수 있을 것이다.

예를 들어, 욕망에 눈이 먼 누군가가 자기 이득만 추구하다가 오래도록 은혜를 입어 온 인물에게 엄청난 해를 입히게 되었다고 해보자. 그는 자신의 욕망이 그런 결과를 초래할 줄은 상상도 못했다. 하지만 어쨌든 일은 벌어졌고 사태를 돌이키기에는 이미 너무 늦었다. 이때, 그는 고통받는 상대의 모습을 바라보면서 과연 어떤 느낌을 받을까? 아마도 정신 혹은 의식이 산산이 부서지는 듯한 불쾌감에 치를 떨 것이다. 상대방으로 스며든 공감적 양심이 그것과 양립할 수 없는 현실에 의해 처참히 파괴되기 때문이다. 마치 정신적인 눈을 스스로 찌르는 것 같은 상황이 연출되는 것이다. 어쩌면 이 느낌을 견디다 못한 나머지 실제로 눈을 감고 현실을 무시해버리려 할지도 모른다.

하지만 물론 이렇게까지 가는 경우는 드물다. 그는 곧 이 느낌의 의미를 이해하고는 어떻게든 상황을 완화해보려 애를 쓸 것이다. 다시 말해, 상대가 겪는 고통을 어떻게든 대신 떠맡아보려고 발버둥을 칠 것이다. 이 참기 힘든 느낌에 비하면 그런 고통쯤이야 아무것도 아니기 때문이다. 그는 마치 상대의 앞으로 끼어들어 자신이 쏘아 보낸 해악을 대신 받는 사람처럼 행동할 것이고, 이러한 자기 체벌 행위를 통해 자신을 짓누르던 양심의 긴장을 조금이나마 해소해낼 것이다. 그런데 이 같은 태도는 죄책감 밑에 가려져 있던 의지의 태도를 그대로 드러내준다. 상대의 편에 서서 본능적 행동에 저항하던 양심적 의지가 행위의 형태로 자신의 작용 방식을 나타내 보이는 것이다.

그렇다면 양심의 가책의 현실적 형태는 어떤 모습일까? 그것은 우선 외부 인물들로부터 받는 실제 비난이나 처벌의 형태를 띠게 될 것이다. 하지만 분명 이것이 전부는 아닐 것이다. 환경적 이유로 인해 비난이나 처벌을 면제받는다면, 그의 양심이 그를 피해자로 만들고 말 것이다. 위에서 봤듯이, 양심은 가해자가 될 바엔 차라리 피해자가 되는 쪽을 선택하기 때문이다.

웃음

웃음의 질이 다양하다는 점에는 의심의 여지가 없다. 그중에서도 특히 공격적 특성을 띤 비웃음과 그 밖의 웃음은 느낌의 차이가 현저하여 구분하는 데 아무 어려움이 없다. 하지만 비웃음을 제외한 일반적 웃음은 그 안에 내포된 질적 차이를 제대로 인식해내기 힘들 때가 많다. 웃음 전반에 동반되는 쾌활한 느낌의 강도가 워낙 압도적이고, 웃음이 표현되는 외적 형식도 거의 동일해 보이기 때문이다. 게다가 이러한 일반적 웃음은 일상에서 막연히 좋은 것으로 간주되는 경향이 있고 웃음 특유의 쾌감마저 안겨주므로, 잠시나마 내적으로 느낌상의 차이를 감지한다 하더라도 이를 무시해버리기 쉽다. 분위기에 휩쓸린 나머지 무작정 웃음에 동참하는 경우가 생기게 되는 것이다.

하지만 비웃음 이외에도 해로운 영향을 끼칠 수 있는 웃음들이 분명 존재한다. 예컨대, 비교적 구분하기 용이하여 보통 퇴폐적이거나 질이 낮은 것으로 간주되는 웃음이 있는가 하면, 본질적으로 비웃음이 극화된 형태이나 그 강화 효과로 인해 도리어 일상적 웃음과 비슷하게 느껴지는 도취적 웃음도 있다. 이런 웃음들은 무해한 농담이 일으키는 웃음이나 호의적인 관심이 담긴 웃음들과 질적으로 상반되는 특성을 지녔지만, 웃음이라는 긍정적 외관 아래에 다소간 동일한 것으로 묶여 있어 혼동을 일으킬 수가 있다. 그러므로 이들의 차이를 좀 더 분명히 하고 그 차이가 발생하는 과정을 이해하고자 시도해보는 것도 꽤나 의미 있는 일일 것이다.

그러면 웃음의 일반적 특성을 밝히는 데서부터 시작해보기로 하자.

긴 장 의 해 소

웃음이란 현상을 제대로 이해하려면 웃음의 과정 자체에 내포된 본성부터 드러내야 할 것이다. 하지만 단번에 거기 가 닿는다는 것은 쉬운 일이 아니므로, 웃음 전반에 내재하는 보편적 특성 하나를 이끌어낸 뒤 점차 범위를 좁혀 나가는 편이 좋을 것이다. 그러니 먼저 주변에서 발견되는 웃음의 상황들을 관찰하거나 경험 기억을 더듬으면서 웃음의 사례들을 한데 모아보기 바란다. 그런 뒤 그 모두를 포괄적으로 바라보면서 공통된 원리를 끄집어내고자 시도해보기 바란다. 그러면 아마도 웃음의 가장 두드러지는 특성 중 하나가 긴장을 해소하는 느낌이란 점을 발견해낼 수 있을 것이다. 긴장이 해소된다고 해서 항상 웃음이 유발되는 것은 아니지만, 긴장의 해소를 동반하지 않는 웃음은 찾아보기 힘들기 때문이다. 웃음이란 현상은 그 자체 내에 이미 긴장 해소라는 요인을 품고 있다. 따라서 일단 웃음을 긴장이 해소되는 하나의 방식으로 보아도 별 무리가 없을 것이다. 다소 엄숙한 행사를 치르고 난 뒤 모인 사람들이 필요 이상으로 웃음을 터뜨리는 것도, 아마 웃음의 이러한 이완 효과와 연관이 있을 것이다. 그리고 사정이 이러하다면, 모든 웃음이 그에 앞서 지속되어 왔거나 순간적으로나마 존재했던 어떤 형태의 긴장을 전제로 한다는 점은 자명해질 것이다.

그런데 이런 긴장이 웃음을 일으키는 원인으로 작용하려면 특정한 조건들을 만족시켜야 한다. 매우 섬세하게 얽혀 있는 이 조건들은 사실상 나눌 수 있는 성질의 것이 아니지만, 그 특성을 드러내려면 단순한 형태로 쪼개는 수밖에 없다.

우선 웃음에 선행하는 긴장은 반작용으로 웃음을 방출하기에 충분한 강도를 지녀야만 한다. 웃음이 긴장 상태로부터 풀려나는 과정에서 유발되는 반응인 만큼, 그만한 반응을 이끌어낼 수 있는 원천이 분명 있어야 하는 것이다. 아무런 긴장 없이도 웃음이 유발되는 것처럼 보인다면, 그것은 아마도 그 긴장이 관심을 기울이기 힘든 영역, 즉 웃음과 함께 퍼져 나가는 관심이 이미 지나쳐 왔고, 사실상 이 같은 관심 확산의 시발점이기도 한 바로 그 지점에 있기 때문일 것이다. 관심을 팽창시키는 원동력 자체가 바로 긴장인 셈이다. 그렇지만 웃음의 강도가 항상 긴장의 강도에 의존하는 것은 아니다. 긴장의 강도가 너무 지나친 경우에는 웃음이 아예 유발될 수 없다. 긴장이 웃음으로까지 이어지지 못하기 때문이다. 실제로, 선행된 긴장이 너무 심한 경우에는, 비록 해소 후 안도감을 느낀다 하더라도, 어떤 경계심 때문에 웃음을 스스로 한정짓거나 그 긴장을 일으킨 상대에게 다소간의 화를 내게 될 것이다. 심층적이고 신체적인 긴장은 해소되지만, 표층적이고 정신적인 긴장은 상당 부분 그대로 유지되는 것이다.

하지만 적절한 수준의 긴장이 있고 그 긴장이 해소된다고 해도 그것만으로는 웃음을 일으키기에 불충분하다. 긴장의 해소가 웃음을 유발하려면 긴장이 급박하게 해소되어야 한다. 어떤 문제에 의해 긴장이 유발되었다 해도, 문제 해결에 시간이 요구되고, 문제가 해결되어 나감에 따라 긴장이 서서히 풀리게 되는 경우라면, 웃음은 결코 유발되지 않을 것이다. 긴장의 원인이 되는 문제가 해결될 수 있는 성질의 것이 아닌 경우에도 사정은 마찬가지이다. 다소 영속되는 문제를 지닌 타인과 관계를 맺는 경우가 그 예인데, 이런 상황에서는 비록 그를 대하는 당사자가 적정 수준의 긴장을 일으킬 수 있고 이 긴장도 결국에 가서는 해소되겠지만, 상대의 문제에 대한 공감이나 도덕적 배려 등이 이 과정을 지연시켜 그 속으로 웃음의 성질이 배어들지 못하도록 할 것이다.

마지막으로, 웃음에 선행하는 긴장은 그 성질이 반드시 정신적인 것이어야 한다. 위의 모든 조건을 충족시키며 육체적 긴장이 해소된다 해도 웃음은 유발되지 않기 때문이다. 전신의 긴장이 단번에 해소되며 다소간의 웃음을 수반하는 경우라 하더라도, 그 웃음에 관심을 기울여보면, 그것이 몸보다는 정신의 긴장 해소와 더 깊이 연관되어 있음을 느낄 수 있을 것이다. 간지럼을 태우는 경우라면 예외라고 생각할지 모르지만, 이 경우 발생하는 긴장의 성질도 신체적인 것이라기보다는 정신적인 것에 더 가깝다. 동일한 자극이라 할지라도 타인이 가하는 경우와 자신이 직접 가하는 경우의 차이는 현저하기 때문이다. 사실 웃음의 일반적 성질에 관한 위의 설명은, 얼핏 보기에 신체적인 것으로 보이는 간지럼의 경우를 고려해봄으로써 더 분명해진다.

잘 알려져 있다시피, 간지럼을 일으키려면 적절한 세기의 압력을 신체의 특정한 부위에 가해야 한다. 여기서 특정 신체 부위란, 기본적으로 타인에게 침해당함으로 인해 자신의 영역이 제약받는다고 느끼며, 따라서 신체적 긴장뿐 아니라 정신적 긴장도 함께 일으키는 부위를 말한다. 하지만 물론 그 자극의 강도가 적절하다 하더라도 지나치게 민감한 부위에 자극을 가해서는 안 된다. 그렇게 하면 상대가 결코 정신적 긴장을 놓지 않을 것이기 때문이다. 게다가 간지럼을 자극하는 당사자는 이렇게 단순히 압력을 가하는 데서만 그쳐서도 안 된다. 상대를 웃게 만들려면 간지럼을 당하는 자가 그 압력을 즉시 극복하도록 허용해야만 한다. 그래야 상대가 순간적으로 유발된 긴장을 해소하면서 웃음을 터뜨릴 수 있을 것이기 때문이다. 자극의 철회 없이도 웃음이 일어나는 것처럼 보이는 경우가 있긴 하지만, 그것은 사실 철회라는 이 요인이 불필요해서가 아니라, 간지럼당하는 상대가 그 역할을 대신 떠맡아서 수행했기 때문이다. 간지럼이란 이 단순한 행위조차 웃음의 모든 전제 조건을 전부 필요로 하는 것이다.

그런데 이렇게 간지럼을 통해 웃음이 유발되는 과정을 바라보다 보면, 그 과정이 모든 종류의 정신적 자극, 특히 농담이 웃음을 일으키는 과정과 매우 유사하다는 점을 발견할 수 있을 것이다. 왜냐하면 농담은 언어라는 정신적 장애물로 상대방의 정신을 순간적으로 긴장시키는 행위에 다름 아니기 때문이다. 긴장을 일으킴과 동시에 그 긴장에 대한 해결책까지 함께 제시해주는 언어 자극, 그것이 바로 농담의 본성이다. 그러므로 언어라는 수단을 동원해 정신을 간지럽히는 행위가 곧 농담이라고 해도 크게 틀린 말은 아닐 것이다.

지금까지 다룬 내용들을 하나의 전체로서 보아주기 바란다. 그러면 웃음이란 것이 한곳으로 집중되며 팽팽히 긴장했던 주의력의 폭발적인 확산으로부터 비롯되는 반응이란 사실을 확인해볼 수 있을 것이다. 어떻게 보면 간단한 것일 수도 있는 이런 특성이 제대로 드러나 보이지 않는 것은, 관심의 긴장 해소에 소모되는 시간이 관심의 응축에 소모되는 시간에 비해 터무니없이 길고 그 효과 또한 인상적이어서 대개의 경우 긴장 해소 과정만이 의식되기 때문일 것이다.

그런데 여기서 중요한 건 웃음에 대한 이러한 이해로부터 웃음의 원인이 되는 자극의 특성까지 함께 밝혀낼 수 있다는 점이다. 결과에서 원인을 추론해내는 것은 그다지 어려운 일이 아니기 때문이다. 결과 속에는 원인의 흔적이 고스란히 간직되어 있다. 따라서 웃음 전체의 전개 과정을 거꾸로 더듬어 올라가다 보면 그 원인이 되는 자극의 특성은 자연히 밝혀지게 될 것이다. 그렇다면 웃음의 대상들이 공유하는 그 특성이란 대체 어떤 것일까? 그 특성은 아마도 거품 같다는 말로 가장 잘 묘사할 수 있을 것이다. 커다란 공간을 점유하다가 즉시 한 점으로 수축해버리는 거품은 웃음이란 반응과 아귀가 잘 맞아 떨어지기 때문이다. 실제로도 이런 특성을 지닌 자극들은 그 자극을 수용하는 당사자를 웃게 만드는 경향이 있다. 예컨대, 처음에는 위협적으로 보였으나 사실 조금도 해롭지 않은 것으로 드러나는 상황이나 진지한 관심을 기울일 필요가 있는 고차원적 대상인 듯했으나 조금만 주의해서 보면 반대되는 본성이 드러나는 인식의 대상들은, 비록 그것이 취하는 형태와 가치 등이 다르다고는 하더라도, 결국 동일한 방식으로 정신을 조였다 풀면서 웃음이 일어나도록 자극하곤 한다. 거품처럼 터져버리는 문제, 그것이 바로 웃음의 대상들을 관통하는 중심 원리인 것이다.

그렇다면 타인에게 속한 문제는 어떨까? 그것도 웃음의 원인으로서 이 같은 조건을 충족시키는 것일까? 분명 그럴 것이다. 잘 알다시피, 사람들은 심각하지 않은 타인의 정신적, 신체적 결점이나 행동의 실수를 보고도 웃기 때문이다. 하지만 이 경우에는 문제가 한층 더 복잡해진다. 하나의 결점을 둘러싼 두 인격체의 관계 문제로까지 그 범위가 확대되기 때문이다. 그러니 이 상황을 좀 더 들여다보면서 상대의 결점이 어떤 식으로 웃음을 유발하는지 파악해보기로 하자.

이를 위해, 우선 결점 자체만 고립시켜놓고 보면, 그것이 해결을 요구해 오는 일종의 문제로서의 성격을 지닌다는 점부터 발견할 수 있을 것이다. 결점이란 것은 주변의 비난을 받을 소지가 있는 하나의 작은 위험 요인이기 때문이다. 따라서 결점은, 그것이 자신의 것이건 타인의 것이건 상관없이, 일단 당사자의 관심을 집중시키게 될 것이다. 이렇게 관심이 모아져야 그 문제 또는 위험에 대처할 가능성이 생기기 때문이다. 이 과정은 살아가는 데 필수적인 것으로서, 거의 본능적으로 이루어진다고 봐야 할 것이다. 하지만 물론 이 본능적인 관심이 전부는 아니다. 즉흥적으로 집중된 이 관심에는 항상 추가적인 관심이 뒤따른다. 정황을 파악하는 의식의 분별 능력이 이 일차적인 관심을 뒤따라와 그 위에 더해지면서 주변을 밝혀주는 것이다.

그런데 여기서 중요한 것은 이렇게 첨부된 주체의 의식이 그 결점을 타인의 것으로 드러내기도 한다는 점이다. 만일 추가적인 관심에 의해 그 결점이 자신의 것으로 드러났다면, 그것을 발견한 당사자는 그 문제를 해결하고 개선하는 데 관심을 쏟느라 긴장을 놓아버릴 수 없었겠지만, 이처럼 결함이 타인의 것으로 밝혀진다면 그는 순간적으로 집중되었던 관심의 긴장을 일시에 해소하면서 웃음을 터뜨릴 수 있을 것이다. 그 결함은 타인의 것이고, 따라서 굳이 교정할 필요가 없으므로, 그 결점으로 집중되며 제약받았던 자기 의식의 전체성을 즉시 회복하면서 웃는 것이다. 따라서 이 경우에는 문제에 대한 소유권 이전이 문제 그 자체의 즉각적 해소를 대체한다고 말할 수 있을 것이다.

하지만 이 과정은 대부분 알아차릴 수 없을 정도로 순식간에 이루어지기 때문에, 때로는 결점 자체가 오직 긴장을 해소해주는 역할만 하는 듯 보이기도 한다. 사실 상대방의 결점이 긴장을 완화해주는 기능을 주로 담당하는 때도 있기는 하다. 진지한 연설을 열정적으로 이어가던 연사의 목소리가 갑자기 헛나오는 상황이 그런 경우이다. 하지만 이런 경우라 하더라도 그 결점은 긴장 분출의 통로로 작용하기에 앞서, 환경에 의해 미리 조성되고 고조되어 온 주의력의 긴장을 거의 대부분 일시에 떠맡으며 긴장을 강화하는 역할을 항상 먼저 수행한다. 평소 같았다면 목소리가 좀 이상하게 나온다 해도 별 문제가 안 될 것이고, 따라서 그다지 관심을 집중시키지도 못하겠지만, 위와 같은 상황에서는 그 결함이 자리하는 배경 맥락과 대비를 이루며 문제의 심각성이 순간적으로 증대되는 것이다. 그러므로 자신의 온전한 주의력을 상대방의 실수 행위 위로 단순히 내려놓으며 긴장을 해소하고, 그 과정에서 웃음을 터뜨린다는 식으로 생각하는 것은 잘못일 것이다. 웃음은 도리어 그 결점에 순간적으로 사로잡혀 잠시 아래로 잡아당겨졌던 의식이 원위치를 회복하는 과정에서 유발되는 것이기 때문이다.

웃음의 종류

이처럼 타인의 문제를 바탕으로 해서 유발되는 웃음은 웃음의 상황 속에 관계라는 요인을 끌어들임으로써 관심의 흐름에 일종의 역동성을 부여해준다. 둘 이상의 인격체가 하나의 결점을 에워싸고 있는 만큼, 집중되었던 관심의 확산 경로도 더욱 다양해지는 것이다. 그러므로 웃음의 종류와 관련된 이해를 심화하고자 한다면, 이 경우를 더 구체적으로 살펴볼 필요가 있을 것이다. 웃음이 어떤 성질을 띠는지는 전적으로 관심의 확산 양식에 달려 있기 때문이다.

일단 가장 기본적인 경우부터 들여다보기로 하자. 여기서 기본적인 경우란, 타인의 결점을 보는 순간 일시적으로 강화되었던 주의력의 긴장이 그 결점으로부터 자유로운 자신의 본래 상태를 향하여 퍼져 나가는 상황을 말한다. 즉, 이 경우 당사자는 그 결점을 결점으로 단정 짓는 기준 자체인 상식적 현실 인식을 향해 관심을 흘려보내게 되는데, 이 과정에는 그 상식을 제외한 어떤 가치 판단도 개입되지 않는다. 오직 순간적 경계에서 비롯된 긴장과 그 긴장으로부터 회복하는 과정만이 존재하는 것이다. 하지만 그렇다고 이런 웃음에 아무런 소득도 없다는 말은 아니다. 이 과정은 공상이나 잡념 따위로 흩어진 정신을 다소간 쇄신하는 결과를 가져다준다. 작은 위험 덕에 상식적 인식만도 못한 상태에 있던 정신이 다시 원위치를 회복하게 되는 것이다. 아마도 웃음에 수반되는 쾌락의 상당 부분이 바로 이 같은 재생과 집중 과정에서 비롯될 것이다. 그런데 여기서 흥미로운 점은 이 상식적 인식 속에서 어떤 신체적 특성이 발견된다는 점이다. 웃음의 바탕이 되는 이 인식은 이질적 자극을 피해 원위치를 되찾는 신체의 일부에 그대로 대응된다. 상식적 인식이란 것도 결국, 한곳에 응축되어 있는 상식의 총체로서 기억, 즉 일종의 정신적 몸이 각 상황에 맞게 전개되어 나온 것에 다름 아닌 것이다. 따라서 이 경우에는, 타인의 결점이라는 이질적 인식이 몸을 간질이는 이질적 대상을 대신한다고 말해도 좋을 것이다.

하지만 정신적 자극에 의한 웃음은 신체적 자극에 의한 웃음과는 달리 제약받았던 의식을 단순히 원위치로 복구하는 데서 그치지 않는다. 긴장에서 풀려나는 관심에 당사자의 의향이 첨부될 경우, 그 관심의 일부 혹은 상당 부분이 타인의 인격으로 향할 수도 있고, 자신의 우월성이나 자의식으로 향할 수도 있다. 타인과의 관계에서 일어나는 웃음의 질은 주로 이 방향성에 의해 결정되는데, 이처럼 관심을 두 방향으로 갈라놓는 분기점이 되는 것은 바로 상대의 결점에 대한 주체의 태도이다.

그렇다면 이 태도를 결정짓는 요인에는 어떤 것들이 있을까? 우선, 가장 기본이 되는 요인으로는 결점을 지닌 상대방과 그를 대하는 당사자의 관계를 들 수 있다. 그 관계는 여성과 남성, 어른과 아이 사이의 관계처럼 본질적인 것일 수도 있고, 사전에 친밀하거나 적대적인 관계를 맺고 있던 사람을 대하는 경우처럼 후천적인 것일 수도 있지만, 그 성격이 어떠한 것이든 여기서 핵심이 되는 사항은 양자가 맺고 있는 관계의 질과 특성이 결점을 바라보는 방식에 영향을 끼쳐 결점을 대하는 주체의 태도를 크게 좌우한다는 점이다. 같은 실수를 저지른다 해도 그 상대방이 호감을 지닌 이성인 경우라면, 그렇지 않을 때보다 주체 입장에서 그 실수 행위에 별 반감 없이 대응할 가능성이 더 커지는 것이다.

주체의 태도에 영향을 끼치는 또 다른 요인으로는, 상대방의 결점과 그것을 인식하는 당사자의 내면 여건 사이의 관계를 들 수 있다. 이 내면 여건은 사실 인간으로서 지니는 보편적 가치 기준을 근간으로 하는 것이지만, 각 개인에게 고유한 개별적 여건이 덧붙여질 경우 동일 상황을 대하는 사람들의 반응 방식을 얼마든지 다변화시켜 놓을 수 있다. 예컨대, 특정한 결점이 일반적으로 별 반감 없이 받아들여진다 하더라도 그것이 당사자의 경계심을 자극하는 경우에는 거부감의 원인으로 작용할 수 있지만, 다소 문제가 될 수 있는 결점이라도 주체가 그 성향을 충분히 통제할 수 있는 경우에는 그의 반감을 거의 자극하지 않을 수 있다.

마지막으로 세 번째 요인으로는, 웃음의 구체적 상황에서 상대에게 기울이는 관심의 강도와 포용 범위를 들 수 있다. 내·외부적으로 미리 설정되어 있는 조건들이 상대의 결점에 대한 태도를 상당 부분 결정지어놓았다 하더라도, 웃음의 순간에 기울이는 당사자의 실제적 관심이 그 태도를 다소간 바꾸어놓을 수 있는 것이다. 미리 설정된 기존 여건이란 것이 마치 특정한 질과 강도를 내포한 채 굳어져 있는 응고된 관심과도 같다는 점을 고려해본다면, 그리고 그것이 현실에서 풀려날 경우 자신이 내포하고 있던 성질의 관심을 이끌어내는 경향이 있다는 점을 고려해본다면, 새로이 첨부되는 이 관심이 어떤 식으로 영향력을 행사하는지 더 분명해질 것이다.* 어쨌든 실제 상황으로 향하는 이 관심은, 이처럼 기존 여건에 의해 습관적으로 불러일으켜진 관심보다 더 높은 수준의 관심을 기울이느냐 더 빈약한 관심을 기울이느냐 하는 문제를 주체 스스로 선택할 수 있도록 해주는 동적 요인으로 작용하므로, 상대방과 결점에 대한 태도가 중립적인 성격을 띠는 상황에서라면 웃음의 질을 결정하는 데서 특히나 주도적인 역할을 담당하게 될 것이다.

이상의 세 가지 요인은 웃음의 상황에서 복합적으로, 그리고 즉흥적으로 작용하여 상대의 결점에 대한 포용과 거부라는 두 가지

---

* 예컨대 이런 관점을 취한 당사자의 눈에는 적대적 관계를 맺고 있는 타인이 평소에도 마치 응고된 상태의 거부감을 뒤집어쓰고 다니는 것처럼 보일 것이다. 어쨌든 그를 보면 반감부터 일어나기 때문이다. 하지만 물론 그것은 타인에게 속한 것이 아니라, 자신의 내면에 굳어져 있다 되살아나는 일종의 고정 관념일 뿐이다.

주된 반응을 이끌어낼 것이다. 주체의 의향이 개입됨과 동시에 중립적 태도가 함께 취해짐으로써 관심의 흐름이 좀 더 다양해질 수도 있겠지만, 이런 경우는 결정적인 두 태도에다 상식의 긍정이란 중간 단계를 섞어 넣기만 하면 되는 것이므로 굳이 따로 설명하지 않으려 한다. 하지만 웃음의 대상이 된 당사자 입장에서 환상적 조합을 만들어낼 수도 있다는 사실, 즉 자신의 불안을 상대방의 공격성으로 착각하거나 해서 상대의 웃음에 의향을 부여하게 될 수도 있다는 사실만큼은 특별히 강조해 둘 필요가 있을 것이다.

그러면 먼저 상대의 결점을 포용하면서 웃는 경우부터 살펴보기로 하자. 이처럼 결점에 대한 포용과 웃음이 동시에 일어나려면, 먼저 그 문제를 매개로 집중되었던 관심의 긴장이 그것을 감싸 안고 넘어서는 과정을 통해 해소되어야 한다. 즉, 이 경우에는 긴장했던 관심이 집중을 철회하며 원위치를 회복하는 것이 아니라 상대의 인격을 향하여 그대로 분출됨으로써 긴장 상태에서 풀려나게 되는 것이다. 하지만 이 같은 관심의 침투는 영역 침해와는 성질 자체가 다르다. 그 관심은 결점에 대한 포용적 태도의 연장선상에 있는 온화한 관심이기 때문이다. 그것은 상대의 결점을 넘어 그의 인격 전체를 포용하는 특수한 관심으로서, 상대를 향한 호감을 강하게 자극하는 경향이 있다. 겉으로 드러난 결점이 도리어 상대에 대한 애정이나 사랑을 촉진해주는 것이다. 하지만 그렇다고 해서 이런 웃음에 어떤 우월감이 전제되어야 하는 것은 아니다. 그 웃음은 웃는 당사자의 전체 인격과 상대방의 결점 사이에서 촉발되는 것이기 때문이다. 전반적인 면에서 상대방이 더 성숙하다 하더라도 이런 종류의 웃음은 얼마든지 일어날 수 있다. 이 점은 다수의 존경을 받는 누군가가 작은 실수를 저지른 뒤 사랑까지 더불어 받는 경우를 떠올려본다면 쉽게 납득이 갈 것이다.

이런 호의적 웃음은 미리 주어진 조건들이 당사자의 포용적 태도를 이끌어내기 충분할 경우 즉각적으로 유발될 것이다. 하지만 때에 따라서는 상대가 지닌 결점의 배경을 드러내는 인위적 간여의 과정을 통해 간접적으로 촉발되기도 한다. 기존 상황에 추가적인 관심이 개입함으로써 감정을 변화시키거나 증폭시키는 것이다. 그런데 여기서 흥미로운 것은 이 같은 과정이 제삼자에 의해 매개되기도 한다는 점이다. 그 과정은 물론 당사자의 내면에서 직접 촉발될 수도 있지만, 타인의 간여를 통해 우회적으로 일어날 수도 있다. 이런 일이 가능한 것은 양자 모두가 근본적으로는 동일한 하나의 과정이기 때문이다. 내면에서 이루어지는 심리 과정이 외부 현실에도 그대로 반영되어 나타나는 것이다.

그렇다면 이 과정은 어떤 식으로 일어나는 것일까? 우선 가슴을 트이게 하는 어떤 풍경을 하나 설정해보기로 하자. 그런 뒤 그 풍경 중 임의의 지점을 따로 떼어내어 그 광경을 본 적이 없는 사람에게 제시한다고 해보자. 그러면 그는 분명 어떤 불편한 느낌을 받을 것이다. 그가 발견하는 것은 오직 인식상의 부조화와 혼돈뿐이기 때문이다. 상대에 대해 중립적인 당사자가 그의 결점을 발견하고 받는 느낌이 바로 이와 같다. 하지만 그에게 특별한 관심을 품고 있던 사람이라면 그 결점을 완전히 다르게 인식할 것이다. 즉, 그에게는 최초의 전체적 풍경이 단번에 펼쳐진다. 그 결점과 상대의 인격을 조화롭게 연관 지어 하나의 전체로서 바라보는 것이다. 이때 그가 이 인식에 만족하지 않고 그 느낌을 공유하고자 한다면, 그는 자신의 관심을 통해 드러난 배경 맥락 전체를 상대의 결점에 압축해 제시함으로써 상대에 대한 포용적 관심과 호감을 이끌어낼 것이다. 이 경우, 상대에게 먼저 관심을 품고 있던 그 사람은 주변 인물들의 관심을 일시적으로 고양하는 역할을 떠맡게 되는데, 이 같은 역할은 한 개인의 내면에서 추가적으로 덧붙여진 관심이 수행하는 역할과 본질적으로 다를 바가 없다.

그런데 이 같은 인위적 간여는 자기 자신을 대상으로 할 수도 있다. 자신의 서툰 측면이나 모습을 본인 스스로 긍정하는 내부 인격과 연계해 제시함으로써* 타인의 호감을 이끌어내는 경우가 여기 해당된다. 이 태도를 취하는 당사자는 이렇게 흘러드는 관심을 자신의 관심으로 포용해냄으로써 여성적이고 수동적인 형태의 사랑을 완성하는데, 이 과정은 가끔씩 애교라는 이름으로 불리기도 한다. 당사자가 상대의 관심을 도취의 수단으로 삼지만 않는다면, 이런 웃음도 질적인 면에서 호감 표현으로서 웃음과 본질적으로 일치하게 될 것이다.

---

* 이 두 요인이 완전히 융합되어 눈에 띄지 않을 수도 있다. 이 점에 대해서는 285쪽 '이행' 부분에서 다룰 것이다.

지금까지 말한 호의적인 웃음은, 그것이 즉각적으로 일어나건 우회적으로 일어나건 간에, 문제시되는 성질에 대한 이해나 포용을 기본 조건으로 한다. 결점을 포용하는 당사자가 그 결점을 교정해줄 수도 있고 그대로 내버려 둘 수도 있지만, 기본적으로 그것이 문제라는 사실 만큼은 분명히 인식하고 있기 때문에 결코 그 결점에 동조하지는 않는 것이다. 만일 상대의 결점으로 향하는 관심이 그것을 이해하고 넘어서는 전체적 관심이 아니라 결점 자체를 긍정하는 제한적 관심이라면, 그 웃음은 비록 전반적 분위기가 호의적이라 하더라도 동조하는 바로 그만큼 불순한 성질을 띠게 될 것이다. 이처럼 문제시되는 태도나 특성 자체를 긍정하는 태도로부터 또 다른 질적 특성을 지니는 웃음이 갈라져 나오는데, 그것이 통상 질이 낮은 것으로 간주되는 퇴폐적 웃음이다.

　이 과정은 보통 일상의 가치 기준에 대한 침해를 긴장 유발의 수단으로 삼아 웃음을 일으킨 뒤, 웃음과 함께 떨어져 나가는 관심을 다시 그 침해 행위로 끌어들이는 것이 특징이다. 즉, 이 웃음을 촉발하는 당사자는 이성은 거부하지만 본능은 긍정할 만한 대상을 도발적으로 제시한 뒤 본능의 편에 섬으로써 이성을 웃음거리로 만드는데, 이 과정은 대상으로 향하던 고차원적 관심을 대상 밖으로 걷어버리는 효과를 가져다준다. 대상으로부터 공감 기능을 떼어냄으로써 죄의식을 마비시키는 것, 그것이 바로 이런 웃음의 목적인 것이다. 따라서 이 웃음에 노출된 주체가 제시된 대상의 부적설성을 즉시 파악하고 상식의 기반으로 떨어져 나오며 웃음을 일으킨다 하더라도, 결국에 가서는 그 대상을 긍정하는 쪽으로 기울기 쉬울 것이다. 대상을 향해 빨려드는 본능적 관심에 이끌려, 떨어져 나가는 공감 기능을 단순히 뒤로 제쳐버릴 가능성이 높기 때문이다. 아마도 경험을 통해 이 같은 관련성을 이미 직감하고 있는 사람이라면, 애초에 이런 웃음에 동참하는 것 자체를 거부할 것이다.

이 퇴폐적 웃음을 기점으로 삼아서, 이제 관심의 확산 방향이 지금까지와 반대되는 웃음들로 넘어가보기로 하자. 긴장에서 풀려나는 관심이 상대의 인격이나 결점과 반대 방향으로 향한다는 것은 결국 자기 자신의 자아를 긍정하는 쪽으로 기운다는 것을 뜻하는데, 이런 식으로 웃음이 촉발되려면 당사자가 상대의 결점을 어떤 식으로든 거부해야 한다. 즉, 반감 표현으로서 웃음에서는 상대의 결점을 향해 집중되었던 관심의 긴장이 그곳으로부터 단순히 떨어져 나오는 것이 아니라, 그 결점을 거부하며 밀어내는 식으로 해소되는 것이다.

그렇다면 이런 유형의 웃음에는 어떤 것들이 있을까? 우선 상대를 향한 거부가 화의 성격을 지닌 채 대상을 향해 직접 표출된다면, 그 웃음은 흔히들 말하는 냉소 또는 비웃음의 특성을 지니게 될 것이다. 웃으면서 화를 내는 것, 그것이 바로 냉소인 셈이다. 이 냉소 또는 비웃음은 보통 자신의 영역으로 침입해 들어온 불쾌한 인식 대상을 밖으로 격하게 밀쳐내는 식으로 일어나는데, 이런 태도의 근간이 되는 것은 바로 자신의 기존 인식 상태를 고수하고자 하는 정신적 경직성과 상대로부터 거리를 두는 형태로 표현되는 일종의 무관심이다. 각각 화와 웃음의 원인으로 작용하는 이 두 측면은 냉소 속에서 분간할 수 없는 형태로 융합됨으로써 그 웃음에 말 그대로 차가운 성질을 부여한다. 왜냐하면 문제가 된다는 점을 인식해놓고 그것을 단순히 자신의 관심 밖으로 밀쳐내는 태도는 매정하다고밖에는 할 수 없기 때문이다. 상대를 진심으로 배려하는 자라면 그의 문제를 비웃기보다는 차라리 적절한 선에서 화를 내줄 것이다. 다른 사람들처럼 그 문제로부터 떨어져 나오며 긴장을 해소하는 대신, 상대와 밀착된 상태를 계속 유지하며 나름의 교정 시도를 지속하는 것이다. 그러므로 이런 상황에서 촉발되는 화는 그 이면에 진심 어린 관심을 내포하고 있다고 봐도 좋을 것이다.

어쨌든, 이 같은 냉소는 당사자의 관심이 결점으로 밀착되면 될수록 화에 가까운 성질을 띠게 될 것이고, 따라서 겉으로 표현되는 공격성도 그만큼 더 증대될 것이다. 하지만 결점과의 거리가 멀어진다고 해서 반드시 공격적인 성질이 줄어드는 것은 아니다. 자신의 우월성을 매개로 하여 완전히 우회적인 방식으로 공격성이 표출될 수도 있기 때문이다. 이렇게 거부 의사를 역으로 표출하는 웃음이 바로 도취적 웃음인데, 이 웃음은 상대에 대한 무시, 또는 관심의 차단을 주된 공격 수단으로 삼는다.

앞서 말했다시피, 관심을 가로막는 요인은 그것이 무엇이든 간에 그 관심을 잇따르는 의지와 충돌을 일으킴으로써 의지에 상처를 남긴다. 이는 무시의 경우에도 마찬가지여서, 상대에 대한 무시는 그 소극적이고 단순한 차단 행위만으로 자신으로 향하는* 상대의 의지에 고통을 가한다. 상대방의 의지가 스스로를 해하도록 방치함으로써 상대의 내면에 불쾌감을 일으키는 것이다. 그런데 도취적 웃음에서는 웃음의 당사자가 위의 두 역할을 동시에 수행한다. 즉, 그는 우월감의 과시에 다름 아닌 도취적 태도를 통해 관심을 끌어당기는 동시에, 자신과 타인 사이에 무시라는 장벽을 설치함으로써 자신의 자아를 향해 빨려 들어가는 상대의 관심 중 일부가 거기 가로막혀 부서지도록 만든다. 인식이란 수단으로 상대의 결점을 원래 자리에 붙들어 맴으로써 자신을 향해 이끌리는 상대의 관심과 의지가 그 결점을 스스로 거부하도록 만드는 것이다.

이처럼 도취적 웃음은 비웃음과 정반대되는 방식으로 비슷한 유형의 공격성을 표출해낸다. 그것은 수치심과 완전히 아귀가 맞아떨어지는 태도로서, 그 영향력 면에서도 결코 비웃음에 뒤지지 않는다. 하지만 이 도취적 웃음의 상황에서는 정작 그 태도를 취하는 당사자가 이런 사실들을 인식하지 못할 수 있다. 그것이 단순한 냉소였다면 거기 섞여 있는 화를 통해 자신의 웃음이 일종의

---

* 상대가 당사자에게 먼저 관심을 기울이지 않는 한 무시는 성립되지 않는다.

공격임을 의식하지 않을 수 없겠지만, 도취를 통해 간접적으로 공격성을 표출하는 웃음의 상황에서는 당사자가 도취적 웃음의 쾌감에 취한 나머지 그 웃음의 본성과 영향력을 완전히 망각해버릴 수 있는 것이다. 따라서 그 성질을 충분히 파악하지 못한 채 이런 웃음을 남발한다면 본의 아니게, 또는 의도했던 것보다 훨씬 더 심하게 상대에게 정신적 상처를 주게 될 것이다. 이 도취적 웃음에는 기본적으로 상대에 대한 공감이 완벽하게 결여되어 있기 때문이다.

그러면 이제 이와 같은 반감 표현으로서의 웃음들이 인위적인 간여를 통해 촉발되는 경우를 들여다보기로 하자. 앞서 설명한 호의적 웃음이 그랬다면 냉소나 도취적 웃음 또한 상대의 결점과 연계된 인식 내용을 암시하는 과정을 통해 간접적으로 유발될 수 있을 것이다. 사실 공격적 의도를 내포한 농담들은 대부분 여기에 해당된다. 다만 이 경우 차이가 있다면 결점에 대한 가공 과정에 상대에 대한 포용 대신 거부를 촉진하려는 의도가 개입된다는 점인데, 이 차이는 미묘한 것이기는 하지만 그 웃음에 동조하는 사람들의 태도를 완전히 상반된 두 방향으로 갈라놓을 수 있다는 점에서 중대한 것이기도 하다.

앞서 들었던 비유적 예시를 반대로 생각해보는 것이 이 둘을 구분 짓는 데 도움이 될지 모른다. 그러니 이번에는 그 인식 내용이 상당히 불쾌하고, 따라서 심적 거부감을 일으키는 하나의 광경을 떠올려보기 바란다. 그런 뒤, 그 시야를 임의의 지점으로 한정 지어보기 바란다. 그러면 비록 인식상의 혼돈은 가중되겠지만 그 대상 자체가 유발하는 반감은 도리어 처음보다 줄어들게 될 것이다. 상대방의 결점을 처음 보는 사람들이 아마도 이와 같은 반감을 느낄 것이다. 하지만 누군가가 그 대상을 다시 부정적으로 확대하여 인식한 뒤, 그 전체 내용을 결점 속에 응축해 제시한다고 가정해보자. 그러면 상대의 결점을 인식하는 타인들은, 마치 농담의 주체와 반감을 공유하기라도 하듯, 그 결점과 상대를 모두 밀쳐내는 방향으로 웃음을 터뜨리게 될 것이다. 그러니까 이런 상황에서는 상대의 결점에 대해 이미 평균 이상의 거부감을 느끼는 자가 바로 그 거부감을 표현하기 위해, 그리고 다른 한편으로는 자신의 공격 행위에 주변 인물들의 동참을 유도하기 위해 웃음을 동원하는 것이다.

그런데 때로는 주체가 이 같은 공격 수단으로 자기 자신을 직접 겨냥하기도 한다. 즉, 이 경우 당사자는 자신의 일부를 대상화한 뒤 그것을 공격함으로써 인격을 둘로 분절시키는데, 이 터무니없는 과정에 의해 유발되는 웃음은 애교의 성질을 띤 기교에 의해 촉발되는 웃음과는 또 다른 특성을 드러내 보인다. 자학적이라고밖에는 말할 수 없는 이런 조처는 물론 자기 자신에 대한 공격을 유발하기 위한 것은 아니며, 도리어 그 어처구니없는 행위를 통해 일종의 호감을 끌어들이도록 의도된 것이지만, 이런 태도의 배후에서 발견되는 것은 애정이 아닌 일종의 자의식이다. 공격 대상을 자기 자신으로 변경함으로써 도취적 웃음의 폭력성은 거의 완전히 제거되지만, 그 도취적 측면은 여전히 남아 계속 영향력을 행사하는 것이다. 그래서인지 이런 식으로 유발된 웃음에는 얼굴이 화끈거리는 불쾌감이 함께 수반되는 경우가 많다. 아마 끔찍하거나 괴팍한 대상들을 웃음의 도구로 활용하는 농담들도 이런 자학적 기교의 연장선상에 있을 것이다.*

이 행

　　　　　　　　다시 호의적 웃음으로 되돌아가서 이제 그 웃음에 내포된 특성들을 좀 더 구체적으로 파악해보기로 하자. 앞서 호의적 웃음이 상대의 결점에 대한 포용을 전제로 한다고 말한 바 있다. 이 포용이란 태도는 웃음의 질을 결정짓는 핵심 요인으로서, 웃음의 선두에 서서 모든 웃음 반응들을 이끌어내준다. 그렇다면 포용이란 무엇일까? 감싸 안고 넘어선다는 말이 의미하는 바는 대체 무엇일까? 그것은 일단 결점 자체에 대한 긍정은 아니다. 결점 자체를 긍정한다면 그것은 포용이 아닌 동조로 전락해버릴 것이기 때문이다. 이 점에 대해서는 퇴폐적 웃

---

* 이 유형의 농담을 통해 유발되는 웃음은 퇴폐적 성향을 지닌 웃음과 방향성이 정반대이다. 농담의 대상에 동조하기는커녕 그 대상으로부터 완전히 자유로운 자아의 입지를 확인하고 안심하면서 웃는 웃음이기 때문이다. 이런 농담을 던지는 사람들 역시 그 농담의 대상을 긍정하는 것이 사실상 불가능하다는 점을 은연중에 인식하고 있다.

음을 다루면서 이미 설명했다. 하지만 포용은 결점에 대한 거부를 의미하지도 않는다. 거부는 애초에 포용과 양립 자체가 불가능하기 때문이다. 그것은 동조와 거부, 즉 휩쓸림과 밀쳐냄 양자 모두를 넘어선 무엇이다. 그렇다면 그것은 무엇일까?

결점의 인식과 관련된 비유를 다시 떠올려보기로 하자. 앞서 상대에게 특별한 관심을 품은 사람의 눈에는 그 결점이 전혀 다르게 인식된다고 이야기했다. 즉, 다른 사람들에게는 상대의 결점이 시야를 임의적으로 국한했을 때 드러나는 부조화처럼 인식되지만, 그에게는 그 결점이 결점이 아닌 것으로 인식된다. 미리 품고 있던 태도의 영향을 받아 조화로운 전체 풍경을 단번에 인식하게 되는 것이다. 그런데 전체에 대한 이 같은 인식은 사실 매우 독특한 종류의 인식이다. 그 안에 포함된 부분적 인식 내용을 소멸시키는 동시에 보존해내기도 하기 때문이다. 즉 그것은 혼돈으로 인식되는 그 부분을 특별히 긍정하지도 않고, 특별히 부정하지도 않는다. 완전한 무관심 상태로 떨어지지 않으면서도 동조와 거부의 양극단을 넘어서는 것이다.

아마도 포용이란 태도에는 바로 이와 같은 속성이 내포되어 있을 것이다. 어느 한쪽 극단으로도 치우쳐 있지 않지만, 그렇다고 중간이라고 말하기도 애매한 그 무엇, 그것이 바로 포용의 속성일 것이다. 포용은 조화로운 전체를 향해 문제를 녹여내는 일종의 이해 과정으로서, 대상에 대한 무집착을 전제로 한다.

하지만 이 포용이란 태도 자체만으로는 의지에 아무런 파장도 일으킬 수 없다. 아직 의식적 이해의 차원을 넘어서지 못하기 때문이다. 위의 예에서도 당사자가 상대에게 특별한 관심을 품고 있지 않았다면, 즉 그에게로 미리 관심을 집중해놓지 않았다면, 그 결점에 대한 이해가 호감으로까지 이어지지는 못했을 것이다. 단편적인 포용만으로는 아무런 감흥도 일어나지 않는 것이다. 하지만 웃음의 상황에서 일어나는 포용은 이성적 차원의 포용을 훨씬 더 넘어선다. 포용 대상에 해당하는 그 결점을 중심으로 관심이 강하게 집중되기 때문이다. 이렇게 집중된 관심은 의식의 포용적 태도를 따라 차후 저절로 포용에 가담하게 되는데, 이 과정은 포용이란 태도를 엄청난 규모로 증폭시켜준다. 공간상의 한 지점에 응축되어 있던 관심의 총체가 의식의 차원에서 일어나는 단편적 포용에 몸체를 부여해주는 것이다.

그런데 여기서 주목할 점은 이처럼 대규모로 일어나는 포용의 연쇄가 흔히 사랑이라 부르는 것과 비슷한 어떤 느낌을 불러일으킨다는 사실이다. 비교적 순식간에 일어났다 사라진다는 점만 제외하면, 그것은 사랑이라는 느낌과 상당히 흡사하다. 문제를 포용하거나 이해하는 데 필요한 것보다 더 큰 관심을 끌어들인 결과, 관심이 넘쳐흘러 상대의 의지 속으로 스며들면서 사랑 특유의 합일감마저 불러일으키게 된 것이다. 하지만 그 느낌이 단순히 사랑과 유사하기만 한 것은 아니다. 호의적 웃음에 동반되는 이 느낌은 특정한 유형의 사랑을 향해 무한히 밀착해 들어간다.

가령 웃음을 촉발하는 그 문제 또는 결점을 마음대로 조작할 수 있다고 해보자. 그 문제는 온갖 종류의 인위적 변형을 견뎌낼 수 있다. 이때 그 문제를 둘로 나누어 시간선상에 일정 간격으로 배치한다고 해보자. 그러면 그것과 마주하는 당사자는 호의적 성질의 웃음을 두 차례에 걸쳐 나누어 터뜨리게 될 것이다. 하지만 아직 눈에 띄는 질적 변화는 일어나지 않았다. 그렇다면 이번에는 그 수를 다시 두 배 더 늘려보기로 하자. 그러면 그것과 연달아 접촉하는 당사자는 한결 약한 강도의 호의적 웃음을 네 차례에 걸쳐 터뜨리게 될 것이다. 빈도를 늘리는 대신 강도를 희생하면서, 웃음이 다소 시간상으로 늘어지게 되는 것이다. 그럼 이제 아예 이 문제 또는 결점에 탄성을 부여한 뒤 시간 축 선상으로 길게 잡아 늘어뜨려보기로 하자. 그런 뒤 현악기를 켜듯 관심의 활로 그 줄을 죽 긁어보기로 하자. 그러면 그곳에서는 지금까지와는 사뭇 다른 어떤 웃음이나 미소가 연쇄적으로 흘러나오게 될 것이다.

이 독특한 웃음의 정체는 무엇일까? 그것은 한마디로 다소 소극적인 형태의 사랑, 즉 작은 동물이나 아기 등과 마주했을 때 일어나는 바로 그 유형의 사랑이다. 정신을 지속적으로 간질이는 그 자극은 분명 이런 형태의 사랑을 불러일으킬 것이다. 단순히 호의적 웃음의 자극원을 변형하는 것만으로, 흔히 귀여움 또는 문자 그대로 사랑스러움이라 부르는 그 속성을 얻어낼 수 있는 것이다. 이 유형의 사랑이 소극적인 것도 바로 그 전제 조건이 되는 주의력의 고양과 해소 과정이, 웃음의 경우와 마찬가지로, 대상 자체의 속성에 의해 다소 저절로 일어나기 때문이다.

그렇다면 이 속성은 어떤 식으로 상대의 사랑을 이끌어내는 것일까? 앞서 호의적 웃음의 대상에 대해 말한 내용을 떠올려보기 바란다. 호의적 웃음을 촉발하는 대상은 문제처럼 보이는 겉모습으로 관심을 끌어들인 뒤 그 관심의 영향아래 스스로 녹아버림으로써, 다시 말해 그 관심의 능력 범위 내에다가 품고 있던 자신의 전체 모습을 펼쳐 보임으로써, 상대방의 호감과 애정을 이끌어낸다. 그런데 이는 소극적 사랑의 대상의 경우에도 마찬가지이다. 즉, 그 대상은 자신의 불완전한 속성으로 이목을 집중시킨 뒤 즉시 녹아버리는 과정을 끊임없이 거듭함으로써 상대의 사랑을 이끌어낸다. 결국 이 경우에는 사랑이 특정한 형태의 본능, 즉 불안에 근접한 일종의 경계심으로부터 후원을 받는 것이다.

하지만 분명 사랑이란 태도는 이 수준에만 머물지 않는다. 당사자가 애정을 불러일으키는 과정에서 대상 자체의 속성에 덜 의존하면 덜 의존할수록, 다시 말해 포용적 관심의 지속적 집중이란 역할을 스스로 떠맡으면 떠맡을수록, 그 사랑은 소극적 사랑을 넘어 한층 성숙한 형태의 사랑으로까지 고양되어 나간다.

그렇다면 다시 이 포용적 관심이란 어떤 성질의 관심을 말하는 것일까? 우선 그 관심은 포용이란 태도의 원인이 되는 관심이어야 할 것이다. 자발적으로 포용당하는 자극을 대체하는 관심이기 때문이다. 포용적 관심은 포용과 이해를 이끌어내는 독특한 관심으로서 일상적 관심과는 성질 자체가 다르다. 그런데 이처럼 포용의 원인으로 작용하는 관심이라면 자체 내에 이미 그와 같은 속성을 내포하고 있어야 할 것이다. 원인에 없는 것이 결과에 묻어나올 리는 없기 때문이다. 따라서 포용적 관심이란, 일단 눈앞에 놓인 대상이나 문제를 특별히 긍정하지도 않고 특별히 부정하지도 않는 관심이라 할 수 있을 것이다. 그것은 대상 속으로 말려들지도 않고 그 대상을 거부하며 저항하지도 않는 수동적 관심으로서, 행위의 부재를 자신의 본질로 삼는다.*

하지만 이 관심은 냉담한 무관심과 다르며, 어떤 의미에서는 무관심과 정반대이다. 행위의 측면에서는 완전히 수동적이지만 인식의 측면에서는 고도로 능동적이기 때문이다. 포용적 관심은 대상을 원상태 그대로 내버려 둔 채 그저 바라보기만 하는 일종의 관조로서, 인식 확장의 잠재력을 자체 내에 품고 있다.

잘 알다시피, 대상 쪽으로 가까이 붙을수록 인식 범위는 좁아진다. 좀 더 전체적인 상을 드러내려면 대상으로부터 다소간 뒤로 물러서야한다. 그런데 이 경우에는 포용적 관심이 바로 그와 같은 태도를 촉진해준다. 즉, 포용적 관심은 부분적 인식에 매몰되는 대신 그 현상 너머의 것이 드러나도록 압력을 가함으로써 정체성

---

* 이성 간에 발생하는 본능적 관심이나 욕망은 대체로 바로 충족되지 못한다. 온갖 종류의 현실적인 제약이 잇따르기 때문이다. 그런데 이성 간의 사랑은 바로 이 같은 상황에 의해 도리어 더 촉진되는 듯하다. 본능을 거스르는 과정에서 획득된 주의력이 포용적 관심의 장을 형성하여 성욕으로 하강하던 본능적 관심을 이성 간 사랑의 차원으로까지 고양해주는 것이다. 아마도 본능적 관심이 즉시 행위로 표출되는 상황에서는 상대를 향한 사랑도 일어나기 힘들 것이다.

의 중심을 기존의 습관적 행동 영역 밖으로 다소 밀어내준다. 대상을 향해 나름의 의사 표시를 하는 기억 덩어리, 즉 자아로부터 당분간만이라도 벗어날 수 있도록 해주는 것이다.

그런데 사실은 그 반대도 마찬가지다. 즉, 기존의 정체성으로부터 떨어져 나오면 대상에 간섭한다는 것 자체가 불가능해진다. 대상에 참여하면서 의향을 나타내는 것은 자아의 고유한 기능이기 때문이다. 만일 어떤 식으로든 대상에 의사 표시를 했다면 이미 다시 기존의 영역 속으로 빨려 들어간 것이다. 하지만 그 자리에 계속 머무는 것은 가능하며, 그곳에 오래 머물면 머물수록 인식 기능도 그만큼 더 강화된다. 행위에 소용되던 관심 전체가 순수한 바라봄으로 흘러들어감에 따라 인식 기능이 깨어나 대상을 더욱 섬세하게 바라보게 되는 것이다.

포용이나 이해는 바로 이 같은 인식의 단절 없는 연쇄로부터 촉발된다. 섬세해진 인식이 대상을 뚫고 들어가 전체적인 광경을 펼쳐 보이면, 당사자는 그 전체를 향해 부분에 해당되는 대상을 단순히 놓아버릴 수 있게 된다. 어쨌든 기존의 기억 속에 잠긴 상태에서 빠져나와야 타인을 향해 스며들어갈 가능성도 생겨나는 것이다. 따라서 이 포용적 관심이야말로 사랑이라는 태도를 일으키는 원인 또는 그 씨앗이라 할 수 있을 것이다. 고귀한 원인인 만큼 밖에서 찾기 쉽지만 그것은, 문자 그대로, 생각보다 가까이 있다.

르네 데카르트, 《정념론》, 김선영 옮김, 문예출판사, 2013.

베네딕트 데 스피노자, 《에티카》, 강영계 옮김, 서광사, 1990.

아상가 & 바수반두, 《섭대승론석 외》, 변상섭 옮김, 동국역경원, 1998.

앙리 베르그송, 《물질과 기억》, 박종원 옮김, 아카넷, 2007.

_____, 《웃음》, 정연복 옮김, 세계사, 1992.

_____, 《창조적 진화》, 황수영 옮김, 아카넷, 2006.

에리히 프롬, 《인간의 마음》, 황문수 옮김, 문예출판사, 2002.

지크문트 프로이트, 《정신분석학의 근본 개념》, 윤희기, 박찬부 옮김, 열린책들,
    2004.

_____, 《정신 병리학의 문제들》, 황보석 옮김, 열린책들, 2009.

_____, 《정신분석 강의》, 임홍빈, 홍혜경 옮김, 열린책들, 2012.

카를 구스타프 융, 《인격과 전이》, 이부영, 김충열 옮김, 솔출판사, 2004.

플로티노스, 《영혼 정신 하나》, 조규홍 옮김, 나남, 2010.

헤네폴라 구나라타나, 《위빠사나 명상》, 손혜숙 옮김, 아름드리미디어, 2007.

Fromm, Erich, *The Anatomy of Human Destructiveness*, Holt, 1992.

Jung, Carl Gustav, *Collected Papers on Analytical Psychology*, London, 1920.
    특히 14장에 수록된 'The Psychology of the Unconscious Processes'

Kongtrul, Jamgon, *The Great Path of Awakening*, McLeod, Shambhala, 2005.

Plotinos, *Ennead III*, Armstrong, Harvard University Press, 1993.

_____, *Ennead IV*, Armstrong, Harvard University Press, 1984.

김성환

1980년 서울 출생. 연세대학교에서 건축을 공부했다. 한때는 고요하고 감성적인 공간을 설계하는 건축가를 꿈꾸며 실력을 갈고닦는 데 헌신했다. 하지만 무언가가 빠진 것 같다는 허전함과 혼란스럽고 불안정한 마음 상태 때문에 점차 전공보다는 인간 내면의 문제에 더 큰 관심을 갖게 되었다. 이후 졸업을 하고 설계 일을 시작했지만, 이 고질적인 불만족감은 사그라들 기색을 보이지 않았다. 게다가 당시 실천하던 불교식 내관법은 심리 문제에 대한 종래의 관심과 흥미를 한층 더 증폭시켜놓았다. 내면의 그 훼방꾼들은 관심을 기울이면 기울일수록 새로운 사실들을 드러내주었고, 이 의미 또는 원리들은 마음을 온통 사로잡아 그것을 표현해내지 않으면 안 되겠다는 어떤 의무감마저 느끼게 했다. 그래서 무작정 회사를 뛰쳐나와 몸담을 곳을 찾기 시작했는데, 이는 엄청난 실수였다. 관련된 분야를 이곳저곳 기웃거려봤지만 아무리 돌아다녀봐도 마음에 맞는 곳을 찾을 수가 없었다. 스스로 절실히 원하던 그것은 심리학, 철학, 종교 등으로 세분화되기 이전의 그 원형 자체였다. 그래서 어쩔 수 없이 혼자서 글을 써 내려가기 시작했다. 완전히 대책 없고 무모하다는 점을 잘 알고 있었지만 다른 방도가 없었다. 하지만 글을 쓰는 동안 발견하게 된 의미들은 이런 불안을 잠재우기에 충분한 것이었다. 그것은 개인적 능력 범위를 넘어서 있는 무엇, 거의 주어지다시피 한 그 무엇이었다. 그래서 이후 약 6년에 걸쳐 번역 작업과 독서를 병행하면서 글쓰기에 헌신해왔고, 그 결과 그동안의 경험이 농축된 책 한 권을 완성해낼 수 있었다. 이 책이 그 결과물이다.

감정들

2016년 10월 15일 초판 1쇄 발행

- 엮은이 ──────── 김성환
- 펴낸이 ──────── 한예원
- 편집 ────────── 이승희, 조은영, 윤슬기
- 본문 조판 ────── 성인기획
- 펴낸곳 교양인
  우 04020 서울 마포구 포은로 29 신성빌딩 202호
  전화 : 02)2266-2776 팩스 : 02)2266-2771
  e-mail : gyoyangin@naver.com
  출판등록 : 2003년 10월 13일 제2003-0060

ⓒ 김성환, 2016
ISBN 979-11-87064-04-6   03180

이 도서의 국립중앙도서관 출판예정도서목록(CIP)은 서지정보유통지원시스템 홈페이지(http://seoji.nl.go.kr)와 국가자료공동목록시스템(http://www.nl.go.kr/kolisnet)에서 이용하실 수 있습니다.(CIP제어번호: CIP2016023390)